Helmut Schmidt

Die Lehre von der Sittenwidrigkeit der Rechtsgeschäfte in historischer Sicht

Münchener Universitätsschriften · Juristische Fakultät

Abhandlungen zur rechtswissenschaftlichen Grundlagenforschung

herausgegeben im Auftrag der Juristischen Fakultät

von

Sten Gagnér

Arthur Kaufmann

Dieter Nörr

Band 8

1973

J. Schweitzer Verlag · Berlin

Helmut Schmidt

Die Lehre von der Sittenwidrigkeit der Rechtsgeschäfte in historischer Sicht

1973

J. Schweitzer Verlag · Berlin

Gedruckt mit Unterstützung aus den Mitteln der Münchener Universitätsschriften

ISBN 3 8059 0275 1

Satz: Studio Feldafing – Druck: W. Hildebrand, Berlin.

Vorwort

Die vorliegende Arbeit stellt es sich zur Aufgabe, die Lehre von der Sittenwidrigkeit der Rechtsgeschäfte in historischer Sicht darzustellen. Ausgangspunkt der Untersuchungen bildet die Kasuistik, die Frage also, welche Rechtsgeschäfte überhaupt in den verschiedenen Epochen als sittenwidrig oder zumindest als sittlich bedenklich bezeichnet werden. Darüber hinaus interessiert vor allem die Entwicklung der Generalklausel, nämlich ob, wann und in welcher Formulierung ein allgemeiner Satz von der Nichtigkeit der sittenwidrigen Rechtsgeschäfte in den Gesetzen normiert wird bzw. in der theoretischen Literatur, den Kommentaren, Monographien und systematischen Darstellungen Berücksichtigung findet. Eine weitere Fragestellung ergibt sich aus dem Begriff der guten Sitten: Untersuchungskriterium ist dabei, ob und in welcher Weise man die guten Sitten allgemein zu definieren versucht, um so generell brauchbare Anhaltspunkte für die Beurteilung eines sittlich zweifelhaften Rechtsgeschäfts in jedem Einzelfall zu erhalten. Unter einem letzten Untersuchungsgesichtspunkt sollen in der Arbeit schließlich alle Ansätze einer Fallgruppenbildung herausgestellt werden, womit man ebenfalls allgemeine Kriterien für die Qualifizierung eines Rechtsgeschäfts als sittenwidrig zu gewinnen versucht.

Aus dieser Aufgabenstellung ergeben sich bereits die wichtigsten, für eine sinnvolle Abrundung des Themas notwendigen Abgrenzungen: Die historische Entwicklung der Sittenwidrigkeit von Rechtsgeschäften soll nur hinsichtlich seiner Tatbestandsseite erörtert werden, außer Betracht bleiben die Fragen der Rechtsfolgen und der Kondiktionsansprüche. Im Verhältnis zur Rechtsphilosophie liegt das Schwergewicht der Arbeit im juristischen Bereich. Dies erscheint insofern gerechtfertigt, als die Auswertung von Quellen und Literatur ergeben hat, daß das Problem der gegenseitigen Beziehung von Recht und Moral – als der mögliche Berührungspunkt dieses Themas zur Rechtsphilosophie – lediglich bei den Autoren des Naturrechts eine gewisse Bedeutung erlangt hat, wie die entsprechenden Kapitel zeigen werden. Im übrigen aber hat sich die Entwicklung, sei es in der Lehre, in den Gesetzen oder in der Rechtsprechung, unabhängig von rechts- und moralphilosophischen Einflüssen vollzogen.

In zeitlicher Hinsicht beginnt die Arbeit mit den Juristen und Kodifikationen der Rezeptionszeit und findet ihren Abschluß mit der Darstellung der Probleme, die die Diskussion um die Formulierung des § 138 BGB bestimmen. Von einer Einbeziehung unseres Jahrhunderts bis zur Gegenwart wurde abgesehen, weil eine derartige Ausweitung nur zu Lasten der historisch wichtigeren Erörterung früherer Epochen gegangen wäre.

Die Arbeit wurde, von einigen geringfügigen Veränderungen abgesehen, im Oktober 1971 der Juristischen Fakultät der Universität München als Dissertation vorgelegt. In diesem Zusammenhang spreche ich Herrn Prof. Dr. Gagnér für die wissenschaftliche Betreuung und meinen Eltern für die finanzielle Unterstützung den herzlichsten Dank aus. Ferner habe ich an dieser Stelle die Besprechungen mit Frau von Chiari und Herrn Dr. Honsell zu erwähnen, denen ich viele wertvolle Hinweise verdanke.

München, September 1972 Helmut Schmidt

Inhaltsübersicht

Abkürzungsverzeichnis

A.A.	Anderer Ansicht
a.a.O.	am angegebenen Ort
ABGB	Allgemeines Bürgerliches Gesetzbuch Österreichs von 1811
AbR	Archiv für bürgerliches Recht
Abs.	Absatz
Abt.	Abteilung
AG	Appellationsgericht
ALR	Allgemeines Landrecht für die Preußischen Staaten von 1794
Anm.	Anmerkung
art.	articulus
Art.	Artikel
ARWP	Archiv für Rechts- und Wirtschaftsphilosophie
Aufl.	Auflage
Bd.	Band
BGB	Bürgerliches Gesetzbuch
Bolze	Die Praxis des Reichsgerichts in Civilsachen; bearbeitet von A. Bolze
ByObLG	Bayerisches Oberstes Landesgericht
bzw.	beziehungsweise
C	Codex Justinians
cap.	caput
Cap.	Capitel
C.c.	Code civil von 1804
Class.	classis
comment.	commentarius
concl.	conclusio
cons.	consilium
Consult	Consultatio veteris cuiusdam iurisconsulti
D	Digesten Justinians
ders.	derselbe
d.h.	das heißt
diss.	dissertatio
DJZ	Deutsche Juristen-Zeitung
Ex.	Exercitatio
f.	folgende
fol.	folium

Gai	Institutionen des Gaius
Halbbd.	Halbband
HSt.	Hauptstück
I	Institutionen Justinians
i.V.m.	in Verbindung mit
Jgg.	Jahrgang
JW	Juristische Wochenschrift
Kap.	Kapitel
l.	lex
lib.	liber
LOGOS	Internationale Zeitschrift für Philosophie der Kultur
membr.	membrum
Nov	Novellen
nr.	numerus
Nr.	Nummer
OAG	Oberappellationsgericht
obs.	observatio
Obs.	Observation
Obtrib.	Obertribunal
OG	Obergericht
o.J.	ohne Jahresangabe
OLG	Oberlandesgericht
p	principium
Resp.	Responsum
RG	Reichsgericht
RGZ	Entscheidungen des Reichsgerichts in Zivilsachen
Rnr.	Randnummer
ROHG	Reichsoberhandelsgericht
RPO	Reichspolizeiordnung
Rspr.	Rechtsprechung
s.	siehe
S.	Seite
SC.	Senatusconsultum
sect.	sectio
Seuff.Arch.	J.A. Seuffert's Archiv für Entscheidungen der obersten Gerichte in den deutschen Staaten
Seuff. Bl.	Seuffert's Blätter für Rechtsanwendung
sog.	sogenannt
Sp.	Spalte
Spec.	specimen

thes.	thesis
tit.	titulus
tom.	tomus
u.a.	unter anderem
vgl.	vergleiche
z.B.	zum Beispiel
ZFC	Zeitschrift für Französisches Civilrecht
ZRG Germ.	Zeitschrift für Rechtsgeschichte, Germanistische Abteilung
ZRG Rom.	Zeitschrift für Rechtsgeschichte, Romanistische Abteilung

Literaturverzeichnis

(Die Oberzeile entspricht der Zitierweise)

Achenwall	Prolegomena Gottfried Achenwall, Prolegomena Juris naturalis, Göttingen 1767
Arndts	Lehrbuch der Pandekten Ludwig Arndts, Lehrbuch der Pandekten, 5. Aufl., München 1865
Asmußen	Rechtsgeschäft gegen die guten Sitten Eduard Asmußen, Das gegen die guten Sitten verstoßende Rechtsgeschäft, Dissertation, Rostock 1908
Baron	Pandekten J. Baron, Pandekten, 9. Aufl., Leipzig 1896
Bekker	System des Pandektenrechts Ernst Immanuel Bekker, System des heutigen Pandektenrechts, Weimar 1889
Beseler	Erbverträge Georg Beseler, Die Lehre von den Erbverträgen, 2 Bände, Göttingen 1835–1840
Beseler	System des deutschen Privatrechts Georg Beseler, System des gemeinen deutschen Privatrechts, Berlin 1885
Bielitz	Kommentar zum ALR Gustav Alexander Bielitz, Praktischer Kommentar zum allgemeinen Landrechte für die preußischen Staaten, 8 Bände, Erfurt 1823–1830
Bloch	Thomasius Ernst Bloch, Christian Thomasius, ein deutscher Gelehrter ohne Misere, Frankfurt/Main 1961
Blodig	Wucher Hermann Blodig, Der Wucher und seine Gesetzgebung, Wien 1892
Bluntschli	Deutsches Privatrecht Johann Kaspar Bluntschli, Deutsches Privatrecht, 3. Aufl., München 1864
Boehmer	Consultationum Justus Henning Boehmer, Consultationum et Decisionum, Halle/Magdeburg 1733/1734
Boehmer	Exercitationes Justus Henning Boehmer, Exercitationes ad Pandectas, Hannover/Göttingen 1745/1751
Bornemann	Preußisches Civilrecht Johann Wilhelm Jakob Bornemann, Systematische Darstellung des Preußischen Civilrechts, 6 Bände, Berlin 1834–1839
Brinz	Lehrbuch der Pandekten Alois Brinz, Lehrbuch der Pandekten, 2. Aufl., 4. Bd., Erlangen/Leipzig 1892

Brunnemann	Commentarius in Codicem Johann Brunnemann, Commentarius in Codicem Justinianeum, Leipzig 1717
Brunnemann	Commentarius in Pandectas Johann Brunnemann, Commentarius in Pandectas, Frankfurt/-Leipzig 1701
Brunnemann	Consilia Johann Brunnemann, Consilia sive Responsa Academica, Frankfurt/Oder 1704
Brunnquell	Conditio si non nupserit Johann Salomon Brunnquell, De Conditione: Si non nupserit, ultimis voluntatibus adiecta, Jena 1745
Brunnquell	Historia Juris Johann Salomon Brunnquell, Historia Juris Romano – Germanici, Jena 1727
Bucher	Recht der Forderungen Karl Bucher, Das Recht der Forderungen, 2. Aufl., Leipzig 1830
Caro	Wucher, Leopold Caro, Der Wucher, Leipzig 1893
Carpzov	Jurisprudentia Benedict Carpzov, Jurisprudentia forensis Romano – Saxonica, Frankfurt/Main 1644
Carpzov	Responsa Juris Benedict Carpzov, Responsa Juris electoralia, Leipzig 1642
Connanus	Commentarii Franciscus Connanus, Commentarii Juris civilis, Paris 1558
Conrad	Geistige Grundlagen des ALR Hermann Conrad, Die geistigen Grundlagen des Allgemeinen Landrechts für die preußischen Staaten von 1794, Köln/Opladen 1958
Conrad	Rechtsgeschichte Hermann Conrad, Deutsche Rechtsgeschichte, Band I, 2. Aufl., Karlsruhe 1962
Cuiacius	Opera Jacobus Cuiacius, Opera, 6. Bd., Prati 1838
Dabelow	Civil-Recht Christoph Christian Dabelow, System des gesammten heutigen Civil-Rechts, 2. Ausgabe, Halle 1796
Dabelow	Pandektenrecht Christoph Christian Dabelow, Handbuch des Pandekten-Rechts, Halle 1817
Danz	Handbuch des deutschen Privatrechts Wilhelm August Friederich Danz, Handbuch des heutigen deutschen Privatrechts, 9 Bände, Stuttgart 1796–1822
Dernburg	Pandekten Heinrich Dernburg, Pandekten, 5. Aufl., 3 Bände, Berlin 1896/97
Dernburg	Preußisches Privatrecht Heinrich Dernburg, Lehrbuch des Preußischen Privatrechts und der Privatrechtsnormen des Reichs, 3 Bände, Halle 1875–1880

Dick	Verstoß gegen die guten Sitten Otto Dick, Der „Verstoß gegen die guten Sitten" in der gerichtlichen Praxis, AbR 33 (1909) /S. 74 f.
Dniestrzanski	Die natürlichen Rechtsgrundsätze Stanislaus Dniestrzanski, Die natürlichen Rechtsgrundsätze (§ 7 ABGB), Festschrift zur Jahrhundertfeier des Allgemeinen Bürgerlichen Gesetzbuches, 2. Teil, Wien 1911, S. 3 f.
Donellus	Opera omnia Hugo Donellus, Opera Omnia Commentariorum de Jure civili, Florenz 1840–1847
Eggers	Naturrecht Christian Ulrich Detlev von Eggers, Lehrbuch des Natur- und allgemeinen Privatrechts, Berlin 1797
Eichhorn	Einleitung in das deutsche Privatrecht Carl Friedrich Eichhorn, Einleitung in das deutsche Privatrecht, Göttingen 1823
Endemann	Besprechung von Lotmars „Der unmoralische Vertrag" Friedrich Endemann, Besprechung von Lotmars „Der unmoralische Vertrag" in: Kritische Vierteljahresschrift für Gesetzgebung und Rechtswissenschaft, 3. Folge, 5. Bd., Freiburg 1899
Entwurf eines BGB	Entwurf eines bürgerlichen Gesetzbuches für das Deutsche Reich, Berlin/Leipzig 1888
Faber	Conditio mutandae religionis Johann Gottlieb Faber, An in negotiis humanis conditio mutandae vel non mutandae religionis per leges Christianismi honesta sit. Tübingen 1766
Federer	Badisches Landrecht Julius Federer, Beiträge zur Geschichte des Badischen Landrechts, in: Baden im 19. und 20. Jahrhundert; Verfassungs- und verwaltungsrechtliche Studien, 1948, S. 81 f.
Fichard	Consilia Johann Fichard, Consilia, Frankfurt 1590
Fichard	Receptarum Sententiarum Johann Fichard, Receptarum Sententiarum, sive, ut nunc loquuntur, communium opinionum iure consultorum utriusque iuris, opus, 2 Bände, Frankfurt 1568/1569
Fichard	Tractatus Cautelarum Johann Fichard, Tractatus Cautelarum omnium Jureconsultorum, Frankfurt 1582
Fischer	Leibniz Kuno Fischer, Gottfried Wilhelm Leibniz, Leben, Werke und Lehre, 5. Aufl., Heidelberg 1920
Fitting	Unsittliche Bedingung Fitting, Über den Begriff der unsittlichen Bedingung, AcP 56 (1872), S. 399 f.
Fleischmann	Thomasius Max Fleischmann, Christian Thomasius, Halle 1931
Förster	Preußisches Privatrecht Franz Förster, Preußisches Privatrecht, 6. Aufl., 4 Bände, Berlin 1892/93

Förster — Theorie
Franz Förster, Theorie und Praxis des heutigen gemeinen preußischen Privatrechts, 4 Bände, Berlin 1864–1873

Francke — Entwurf
B. Francke, Entwurf eines allgemeinen deutschen Gesetzes über Schuldverhältnisse, Dresden 1866

Freigius — In Pandectas Commentarii
Johann Thomas Freigius, In Pandectas Juris Civilis Commentarii, Basel o.J.

Froben — Einzelne Lehren des römischen Rechts
H. Froben, Erörterungen einzelner Lehren des römischen Rechts, Stuttgart 1836

Fuld — Recht und Moral
Ludwig Fuld, Recht und Moral im neuen Gesetzbuche, Seuff.Bl. 64. Bd., 1899, S. 171 f.

Gagnér — Ideengeschichte
Sten Gagnér, Studien zur Ideengeschichte der Gesetzgebung, Stockholm, Uppsala, Göteborg 1960

Gail — Camerae Imperialis Observationes
Andreas Gail, Camerae Imperialis Observationes; Deutsch von Tobias Loncium, Hamburg 1601

Gail — Practicarum observationum
Andreas Gail, Practicarum observationum, Köln 1690

Gail — Practicarum observationum Speyer
Andreas Gail, Practicarum observationum des Hochlöblichen Kammergerichts Speyer, München 1673

Gengler — Lehrbuch des deutschen Privatrechts
Heinrich Gottfried Philipp Gengler, Lehrbuch des deutschen Privatrechts, Erlangen 1854

Gerber — System des deutschen Privatrechts,
Carl Friedrich Wilhelm von Gerber, System des deutschen Privatrechts, 12. Aufl., Jena 1875

Gierke — Deutsches Privatrecht
Otto von Gierke, Deutsches Privatrecht, 3 Bände, Leipzig 1895–1917

Gierke — Entwurf des BGB
Otto von Gierke, Der Entwurf eines bürgerlichen Gesetzbuchs und das deutsche Recht, Leipzig 1889

Gierke — Recht und Sittlichkeit
Otto von Gierke, Recht und Sittlichkeit, in LOGOS, Internationale Zeitschrift für Philosophie der Kultur, Bd. VI, 1916/17, Tübingen 1917, S. 211 f.

Gierke — Soziale Aufgabe des Privatrechts
Otto von Gierke, Die soziale Aufgabe des Privatrechts, Vortrag 1889, Frankfurt 1948

Girard/Mayr — Römisches Recht
Girard/Mayr, Geschichte und System des römischen Rechtes, Berlin 1908

Glück — Erläuterung der Pandekten
Christian Friedrich Glück, Ausführliche Erläuterung der Pandekten, 2. Ausgabe, 25 Teile, Erlangen 1797–1824

Göschen — Vorlesungen über das gemeine Civilrecht
Johann Friedrich Ludwig Göschen, Vorlesungen über das gemeine Civilrecht, Göttingen 1839

Grotius — De Jure Belli
Hugo Grotius, De Jure Belli ac Pacis, Paris 1625, Ausgabe von B.J.A. de Kanter – van Hettinga Tromp, Lugduni Batavorum 1939

Grotius — Inleydinge
Hugo Grotius, Inleydinge tot de Hollandtsche Regtsgeleertheyt, Amsterdam 1672; Translated by R.W. Lee, Volume I, Oxford 1926

Gruchot — Erläuterung des Preußischen Rechts
J.A. Gruchot, Beiträge zur Erläuterung des Preußischen Rechts, I. Jahrgang 1857

Gruchot — Verträge gegen das Sittengesetz
Julius Albert Gruchot, Über die Ungültigkeit der gegen das Sittengesetz verstoßenden Verträge, in: Gruchot, Beiträge zur Erläuterung des Preußischen Rechts; 15. Jgg., Berlin 1871, S. 145 f.

Gründler — Preußisches Recht
C.A. Gründler, System des Preußischen Rechts, Bayreuth 1797

Gundling — Jus Naturae
Nicolaus Hieronymus Gundling, Jus Naturae et Gentium, Halle, Magdeburg 1736

Günther — Wucher
Johann Arnold Günther, Versuch einer vollständigen Untersuchung über Wucher und Wucher-Gesetze, Hamburg 1790

Gutachten der Anwälte
Gutachten aus dem Anwaltstande über die erste Lesung des Entwurfs eines Bürgerlichen Gesetzbuchs, Berlin 1889

Hachenburg-Rspr.
Max Hachenburg, Das Badische Landrecht annotiert nach der Rechtsprechung der deutschen Gerichte, 2 Bände, Mannheim 1887 und 1896

Haloander Narisco — Institutionum Imperialium
Jo. A. Haloander Narisco, Institutionum Imperialium seu Resolutiones Novae, Argentorati 1575

Harrasowsky — Codex Theresianus
Philipp Harras Ritter von Harrasowsky, Codex Theresianus, Wien, 5 Bände, 1., 2., 3. Band 1883/84: Codex Theresianus; 4. Bd. 1886: Entwurf Hortens; 5. Bd. 1886: Entwurf Martinis

Hartmann Pistoris — Opera omnia
Hartmann Pistoris, Opera omnia, Leipzig 1621

Hasenöhrl — Oesterreichisches Obligationenrecht
Victor Hasenöhrl, Das Oesterreichische Obligationenrecht, 2 Bände, Wien 1881/1890

Hasse — Erbvertrag
Johann Christian Hasse, Über Erbvertrag, Vertrag über eine fremde Erbschaft, Schenkung Todes halber und wechselseitiges Testament; in: Rheinisches Museum für Jurisprudenz, 2. Jgg., Bonn 1828

Hedemann — Fortschritte
Justus Wilhelm Hedemann, Die Fortschritte des Zivilrechts im XIX. Jahrhundert, 1. Teil, Berlin 1910, unveränderter Nachdruck Frankfurt/Main 1968

Heineccius — Akademische Reden
Johann Gottlieb Heineccius, Akademische Reden über Desselben Elementa Juris Civilis secundum ordinem Institutionum, 2. Aufl., Frankfurt/Main 1758

Heineccius — Elementa Institutionum
Johann Gottlieb Heineccius, Elementa Juris Civilis secundum ordinem Institutionum, Göttingen 1778

Heineccius — Elementa Juris Germanici
Johann Gottlieb Heineccius, Elementa Juris Germanici tum veteris, tum hodierni, 1. Bd., Halle 1734

Heineccius — Elementa Juris Naturae
Johann Gottlieb Heineccius, Elementa Juris Naturae et Gentium, Neapel 1764

Heineccius — Elementa Pandectarum
Johann Gottlieb Heineccius, Elementa Juris civilis secundum ordinem Pandectarum, Bassani 1858

Hellfeld — Jurisprudentia forensis
Johann August Hellfeld, Jurisprudentia forensis secundum Pandectarum ordinem, 5. Aufl., Jena 1779

Heumann/Seckel — Quellen
H. Heumann, E. Seckel, Handlexikon zu den Quellen des römischen Rechts, 10. Aufl., Graz 1958

Heydemann — System des Preußischen Civilrechts
Ludwig Eduard Heydemann, Einleitung in das System des Preußischen Civilrechts, 2. Aufl., 1. Bd., Leipzig 1861

Hillebrand — Lehrbuch des deutschen Privatrechts
Julius Hubert Hillebrand, Lehrbuch des heutigen gemeinen deutschen Privatrechts, Leipzig 1849

Hölder — BGB-Entwurf
Eduard Hölder, Zum allgemeinen Theile des Entwurfes eines bürgerlichen Gesetzbuches für das Deutsche Reich, AcP 73. Bd., 1888, S. 1 f.

Höpfner — Commentar zu Heineccius
Ludwig Julius Friedrich Höpfner, Theoretisch-practischer Commentar über die Heineccischen Institutionen, 7. Aufl., Frankfurt/Main 1803

Hofacker — Principia Juris Civilis
Carl Christoph Hofacker, Principia Juris Civilis Romano-Germanici, Tübingen 1800/1801

Hommel — Rhapsodia Quaestionum
Carl Ferdinand Hommel, Rhapsodia Quaestionum, 4. Ausgabe, 6 Bände, Bayreuth 1785–1797

Huber — Praelectiones
Ulrich Huber, Praelectiones Juris Civilis secundum Institutiones et Digesta Justiniani, Neapel 1787/1788

Hübner — System des ALR
Joachim Ludwig Gottlieb Hübner, System des allgemeinen Landrechts für die Preußischen Staaten, 2 Bände, Hildesheim 1806

Jacobi — Recht, Sitte und Sittlichkeit
Leonhard Jacobi, Recht, Sitte und Sittlichkeit, Jherings Jahrbücher für die Dogmatik des bürgerlichen Rechts, 41. Bd., Jena 1900, S. 68 f.

Jhering — Zweck im Recht
Rudolph von Jhering, Der Zweck im Recht, 2. Bd., Leipzig 1883

Jörs/Kunkel/Wenger — Römisches Privatrecht
Jörs/Kunkel/Wenger, Römisches Privatrecht, 3. Aufl., Berlin/-Göttingen/Heidelberg 1949

Kaser — Rechts- und Sittenwidrigkeit
Max Kaser, Rechtswidrigkeit und Sittenwidrigkeit im klassischen römischen Recht, ZRG Rom., Bd. 60 (1940), S. 95 f.

Kaser — Römisches Privatrecht
Max Kaser, Das römische Privatrecht, München/Berlin, Bd. I 1955, Bd. II 1959

Keller — Pandekten
Friedrich Ludwig von Keller, Pandekten, 2. Aufl., 2 Bände, Leipzig 1866/1867

Kittelmann — Laesio enormis
Hellmuth Kittelmann, Laesio enormis, Aarau 1916

Klein — Lebenskraft des ABGB
Franz Klein, Die Lebenskraft des allgemeinen bürgerlichen Gesetzbuches, Festschrift zur Jahrhundertfeier des Allgemeinen Bürgerlichen Gesetzbuches, 1. Teil, Wien 1911, S. 1 f.

Klusmann — §§ 134, 138 BGB
Heinrich Klusmann, Die Tragweite der §§ 134, 138 BGB, Dissertation Erlangen 1909

Knopff — Conditio de assumenda religione
Christianus Alardus Knopff, Dei et superiorum benevolo permissu Nullitatem Conditionis de assumenda religione pontificia heredi vel legatario adscriptae in foro Romano, Jena 1687

Koch — ALR-Kommentar
Christian Friedrich Koch, Allgemeines Landrecht für die preußischen Staaten, Kommentar in Anmerkungen, 6. Aufl., 4 Bände, Berlin 1874–1876

Koch — Lehrbuch des Preußischen Privatrechts
Christian Friedrich Koch, Lehrbuch des Preußischen gemeinen Privatrechts, 2 Bände, Berlin 1845/46

Koch — Recht der Forderungen
Christian Friedrich Koch, Das Recht der Forderungen nach gemeinem und nach preußischem Rechte, 3 Bände, Breslau 1836–1843

Kohl — Tractationes
Andreas Kohl, Tractationes duae, Prior de pactis dotalibus. Altera de successione conjugium, 2. Ausgabe, Leipzig 1671

Kohler — Die Ideale im Recht
Josef Kohler, Die Ideale im Recht, AbR 5, (1891), S. 161 f.

Koschembahr-Lyskowski — Römisches Recht im ABGB
J. v. Koschembahr-Lyskowski, Zur Stellung des römischen Rechts im allgemeinen bürgerlichen Gesetzbuche für das Kaiser-

	tum Österreich, Festschrift zur Jahrhundertfeier des Allgemeinen Bürgerlichen Gesetzbuches, 1. Teil, Wien 1911, S. 209 f.
Kreittmayr	Anmerkungen Wigiläus Xaverius Aloysius Freiherr von Kreittmayr, Anmerkungen über den Codicem Maximilianeum Bavaricum civilem, München 1844
Krüll	Teutsches Privatrecht Krüll, Teutsches Privatrecht, Landshut 1805
Kuhlenbeck	Das gegen die guten Sitten verstoßende Rechtsgeschäft Ludwig Kuhlenbeck, Das gegen „die guten Sitten" verstoßende Rechtsgeschäft, JW 1896/S. 221
Kuhlenbeck	Römisches Privatrecht Ludwig Kuhlenbeck, Das System des Römischen Privatrechts, 2. Bd., München 1913
Kuhlenbeck	Von den Pandekten zum BGB Ludwig Kuhlenbeck, Von den Pandekten zum Bürgerlichen Gesetzbuch, 1. Teil, Berlin 1898
Kunkel/Thieme/Beyerle	Quellen Kunkel/Thieme/Beyerle, Quellen zur Neueren Privatrechtsgeschichte Deutschlands; I. Bd., 1. Halbbd., Ältere Stadtrechtsreformationen, Weimar 1936, I. Bd., 2. Halbbd., Landrechte des 16. Jahrhunderts, Weimar 1938, II. Bd., Polizei- und Landesordnungen, 1. Halbbd., Reich und Territorien, Weimar 1968, 2. Halbbd., Einzelverordnungen, Köln/Graz 1969
Landsberg	Festschrift zum ABGB Ernst Landsberg, Besprechung der Festschrift zur Jahrhundertfeier des ABGB, ZRG Germ., 32. Bd., (1911), S. 457 f.
Lang	Römisches Recht Johann Jacob Lang, Lehrbuch des Justinianisch Römischen Rechts, 2. Ausgabe, Stuttgart/Tübingen 1837
Larenz	Sittlichkeit und Recht Karl Larenz, Sittlichkeit und Recht, in: Reich und Recht in der Deutschen Philosophie, Stuttgart/Berlin 1943
Lauterbach	Compendium Juris Wolfgang Adam Lauterbach, Compendium Juris, Tübingen/-Frankfurt 1711
Lauterbach	Collegium Pandectarum Wolfgang Adam Lauterbach, Collegium Pandectarum, 6. Ausgabe, Tübingen 1784
Leyser	Meditationes ad Pandectas Augustin Leyser, Meditationes ad Pandectas, 12 Bände, Leipzig/-Gießen 1741–1774
Locher	Unsittliche Rechtsgeschäfte Eugen Locher, Unsittliche Rechtsgeschäfte, in: Rechtsvergleichendes Handwörterbuch für das Zivil- und Handelsrecht, 6. Bd., Berlin 1938, S. 776 f.
Löher	System des Preußischen Landrechts Franz Löher, Das System des Preußischen Landrechts in deutschrechtlicher und philosophischer Begründung, Paderborn 1852

Lotmar	Philipp Lotmar, Der unmoralische Vertrag, Leipzig 1896
Lyncker	De mandato rei turpis Nikolaus Christophorus Lyncker, De mandato rei turpis, Editio III, Jena 1748
Maurenbrecher	Lehrbuch des deutschen Rechts Romeo Maurenbrecher, Lehrbuch des heutigen gemeinen deutschen Rechts, 2 Bände, Bonn 1832/34
Mevius	Decisiones David Mevius, Decisiones super causis praecipuis, Frankfurt/Main 1740
Mevius	Jus Lubucense David Mevius, Commentarii in Jus Lubucense, Frankfurt/Leipzig 1700
Mevius	Wucherliche Contracte David Mevius, Vollständiger Commentarius von wucherlichen Contracten, Frankfurt/Leipzig 1710
Mezger	Stipulationen contra bonos mores Hans-Robert Mezger, Stipulationen und letztwillige Verfügungen „contra bonos mores" im klassisch-römischen und nachklassischen Recht, Dissertation Göttingen 1929
Mitteis	Deutsches Privatrecht Heinrich Mitteis, Deutsches Privatrecht, München/Berlin 1950
Mitteis	Naturrecht Heinrich Mitteis, Über das Naturrecht, Berlin 1948
Mittermaier	Grundsätze des deutschen Privatrechts, Carl Joseph Anton Mittermaier, Grundsätze des gemeinen deutschen Privatrechts, 7. Aufl., 2 Bände, Regensburg 1846/1847
Molitor	Privatrechtsgeschichte Erich Molitor, Grundzüge der Neueren Privatrechtsgeschichte, Karlsruhe 1949
Mommsen	Die Unmöglichkeit der Leistung Friedrich Mommsen, Die Unmöglichkeit der Leistung in ihrem Einfluß auf obligatorische Verhältnisse, Braunschweig 1853
Montesquieu	De l'esprit des lois Montesquieu, De l'esprit des lois, Ausgabe von Gonzagne Truc, Paris o.J.
Motive	Motive zu dem Entwurfe eines Bürgerlichen Gesetzbuches für das Deutsche Reich, 2. Aufl., Bd. I, Berlin 1896
Mugdan	Materialien B. Mugdan, Die gesammten Materialien zum Bürgerlichen Gesetzbuch für das Deutsche Reich, I. Bd., Berlin 1899
Mühlenbruch	Lehrbuch des Pandektenrechts Christian Friedrich Mühlenbruch, Lehrbuch des Pandektenrechts, 3. Aufl., 3 Teile, Halle 1839/1840
Müller	Lehrbuch der Institutionen Carl Otto Müller, Lehrbuch der Institutionen, Leipzig 1858
Musculus	De successione conventionali Bartholomaeus Musculus, De successione conventionali et anomala, Osnabrück 1674

Mynsinger	Apotelesma Joachim Mynsinger von Frundeck, Apotelesma sive corpus perfectum scholiorum ad quatuor libros Institutionum Juris civilis, Basel 1569
Mynsinger	Responsa Juris Joachim Mynsinger von Frundeck, Responsa Juris sive Consilia, Basel 1580
Mynsinger	Singularium observationum Joachim Mynsinger von Frundeck, Singularium Observationum Judicii Imperialis Camerae Centuriae, Basel 1580
Nef	Recht und Moral Hans Nef, Recht und Moral in der deutschen Philosophie seit Kant, Dissertation Zürich 1932
Neumann	Geschichte des Wuchers Max Neumann, Geschichte des Wuchers in Deutschland, Halle 1865
Nevizanus	Consilia D. Johann de Nevizanus, Consilia sive Responsa, 1560
Nippel	Erläuterung des ABGB Franz Xaver Nippel, Erläuterung des allgemeinen bürgerlichen Gesetzbuches, 6. Bd., Graz 1833
Ofner	Urentwurf Julius Ofner, Der Ur-Entwurf und die Berathungs-Protokolle des Oesterreichischen Allgemeinen bürgerlichen Gesetzbuches, Wien 1887
Ogris	Österreichische Privatrechtswissenschaft Werner Ogris, Der Entwicklungsgang der österreichischen Privatrechtswissenschaft im 19. Jahrhundert, Berlin 1968
Otte	Privatrecht bei Vitoria Gerhard Otte, Das Privatrecht bei Francisco de Vitoria, Köln/Graz 1964
Otto/Schilling/Sintenis	Corpus Juris Carl Otto, Bruno Schilling, Ferdinand Sintenis, Das Corpus Juris ins Deutsche übersetzt, Leipzig 1831/1832
Pfaff-Hofmann	ABGB Pfaff-Hofmann, Commentar zum österreichischen allgemeinen bürgerlichen Gesetzbuche, 2 Bände, Wien 1877–1885
Phillips	Grundsätze des Deutschen Privatrechts Georg Phillips, Grundsätze des gemeinen Deutschen Privatrechts, 2 Bände, Berlin 1838/39
Plathner	Geist des Preußischen Privatrechts Otto Plathner, Der Geist des Preußischen Privatrechts in Vergleichung mit dem Römischen, Oesterreichischen und Französischen Recht, 2 Bände, Berlin 1854
Protokolle	Protokolle der Kommission für die zweite Lesung des Entwurfs des Bürgerlichen Gesetzbuchs, Bd. I, Berlin 1897
Puchta	Institutionen Georg Friedrich Puchta, Cursus der Institutionen, 10. Aufl., Leipzig 1893

Puchta — Pandekten
Georg Friedrich Puchta, Pandekten, 8. Aufl., Leipzig 1856

Puchta — Vorlesungen des Römischen Rechts
Georg Friedrich Puchta, Vorlesungen über das heutige römische Recht, 2 Bände, Leipzig 1847/48

Pufendorf — De Jure Naturae
Samuel Pufendorf, De Jure Naturae et Gentium, Frankfurt/Leipzig 1759

Pufendorf — De officio hominis
Samuel Pufendorf, De officio hominis et civis, Frankfurt/Main 1715

Ravit — Unsittliche Bedingungen
A. Ravit, Zur Lehre von den unsittlichen Bedingungen und unsittlichen Verträgen, AcP 58 (1875), S. 1 f.

Regelsberger — Pandekten
Ferdinand Regelsberger, Pandekten, 1. Bd., Leipzig 1893

Rehbein/Reincke — ALR
Rehbein/Reincke, Allgemeines Landrecht für die Preußischen Staaten, 5. Aufl., 2 Bände, Berlin 1894

Reinharth — De Pacto circa haereditatem tertii
Tobias Jacob Reinharth, De Pacto circa haereditatem tertii, ignorantis, certi, bonis moribus non refragante, adeoque tam jure naturae, quam moribus Germanorum, valido, Erfurt 1718

Renaud — Lehrbuch des Deutschen Privatrechts
Achill Renaud, Lehrbuch des gemeinen Deutschen Privatrechts, 1. Bd., Pforzheim 1848

Rönne — Allgemeines Landrecht
Ludwig von Rönne, Ergänzungen und Erläuterungen des Allgemeinen Landrechts für die Preußischen Staaten, 7. Ausgabe, 4 Bände, Berlin 1885–1888

Runde — Grundsätze des deutschen Privatrechts
Justus Friedrich Runde, Grundsätze des gemeinen deutschen Privatrechts, 7. Aufl., Göttingen 1824

Rüping — Naturrechtslehre Thomasius'
Heinrich Rüping, Die Naturrechtslehre des Christian Thomasius und ihre Fortbildung in der Thomasius-Schule, Bonn 1968

Sauerland — Ordre public
Günther Sauerland, Der Begriff des ordre public interne im französischen Privatrecht nach Inhalt und Wirkungsweise, Dissertation Frankfurt/Main 1937

Savigny — Das Obligationenrecht
Friedrich Carl von Savigny, Das Obligationenrecht, 2 Bände, Berlin 1851/1852

Savigny — System
Friedrich Carl von Savigny, System des heutigen Römischen Rechts, 8 Bände, Berlin 1840–1849

Schätzel — Grotius-Ausgabe
Walter Schätzel, Hugo Grotius, De Jure Belli ac Pacis, Tübingen 1950

Schelhass — Conditio religionis
Johann Wilhelm Schelhass, Quaestio utrum conditio qua certa religio in subiecto requiritur pro turpi vel honesta sit habenda, Erfurt 1752

Scheurl — Nebenbestimmungen
Christoph Gottlieb Adolf Freiherr von Scheurl, Zur Lehre von den Nebenbestimmungen bei Rechtsgeschäften, Erlangen 1871

Schey — Obligationsverhältnisse
Josef von Schey, Die Obligationsverhältnisse des österreichischen allgemeinen Privatrechts, Wien 1890–1907

Schilling — Aphorismen
B. Schilling, Aphorismen zu dem Entwurf eines bürgerlichen Gesetzbuches für das Deutsche Reich, Köln 1888

Schilter — Praxis Juris Romani
Johann Schilter, Praxis Juris Romani in Foro Germanico iuxta ordinem edicti perpetui et pandectarum Justiniani, Jena 1698

Schweppe — Römisches Privatrecht
Albrecht Schweppe, Das Römische Privatrecht in seiner heutigen Anwendung, 4. Ausgabe, Göttingen 1828

Schwerin — Deutsches Privatrecht
Claudius Freiherr von Schwerin, Grundzüge des deutschen Privatrechts, 2. Aufl., Berlin/Leipzig 1928

Sell — Unmögliche Bedingungen
Wilhelm Sell, Die Lehre von den unmöglichen Bedingungen, Gießen 1834

Seuffert — Pandektenrecht
Johann Adam Seuffert, Praktisches Pandektenrecht, 4. Aufl., 3 Bände, Würzburg 1860–1872

Sichard — Praelectiones
Johann Sichard, Praelectionum Clarissimi Jureconsulti in libros Codicis, Basel 1565

Sichard — Responsa Juris
Johann Sichard, Responsa Juris, Frankfurt 1599

Siebenhaar — Lehrbuch des Sächsischen Privatrechts
Eduard Siebenhaar, Lehrbuch des Sächsischen Privatrechts, Leipzig 1872

Siebenhaar — Sächsisches BGB
Eduard Siebenhaar, Commentar zu dem bürgerlichen Gesetzbuch für das Königreich Sachsen, 3 Bände, Leipzig 1864/65

Sintenis — Gemeines Civilrecht
Carl Friedrich Ferdinand Sintenis, Das practische gemeine Civilrecht, 3 Bände, 2. Aufl., Leipzig 1860/61

Sliosberg — Gute Sitten im Zivilrecht
Mark Sliosberg, Die guten Sitten im Zivilrecht, Dissertation Heidelberg 1910

Steinbach — Die guten Sitten im Recht
Emil Steinbach, Die „guten Sitten" im Rechte, DJZ IV. Jgg., 1899, S. 47 f.

Steinbach — Die Moral
Emil Steinbach, Die Moral als Schranke des Rechtserwerbs und der Rechtsausübung, Wien 1898

Steinwenter	Römisches Recht in Österreich Artur Steinwenter, Der Einfluß des römischen Rechtes auf die Kodifikation des Bürgerlichen Rechtes in Österreich, Studi Koschaker, Bd. 1, Mailand 1954, S. 405 f.
Stenographische Berichte	IX, IV Stenographische Berichte über die Verhandlungen des Reichstags, IX. Legislaturperiode, IV. Session 1895/1897, 4. Band und 3. Anlagenband, Berlin 1896
Stintzing/Landsberg	Stintzing/Landsberg, Geschichte der deutschen Rechtswissenschaft, 3 Bände, München/Leipzig 1880–1910
Stobbe	Deutsches Privatrecht Otto Stobbe, Handbuch des Deutschen Privatrechts, 3. Aufl., 4 Bände, Berlin 1878–1884
Stobbe	Deutsches Vertragsrecht Otto Stobbe, Zur Geschichte des deutschen Vertragsrechts, Leipzig 1855
Stobbe	Rechtsquellen Otto Stobbe, Geschichte der Deutschen Rechtsquellen, 2. Abteilung, Braunschweig 1864
Strecker	De doctrina Successionis pactitiae Conrad Wilhelm Strecker, De doctrina Successionis pactitiae eiusque usu et abusu in Germania, Erfurt 1738
Struv	Jurisprudentia Romano-Germanica Georg Adam Struv, Jurisprudentia Romano-Germanica Forensis, 4. Ausgabe, Jena 1683
Struv	Syntagma Jurisprudentiae Georg Adam Struv, Syntagma Jurisprudentiae secundum ordinem Pandectarum concinnatum, Jena 1663
Stryk	De cautelis contractuum Samuel Stryk, De cautelis contractuum, Berlin 1741
Stryk	De cautelis testamentorum Samuel Stryk, De cautelis testamentorum, Halle 1726
Stryk	De mandato delinquendi Samuel Stryk, De mandato delinquendi, Frankfurt 1690
Stryk	Justiniani Institutionum Samuel Stryk, Justiniani Institutionum, 4. Ausgabe, Magdeburg 1715
Stryk	Tractatus de Successione Samuel Stryk, Tractatus de Successione ab Intestato, Frankfurt 1719
Stryk	Usus modernus Samuel Stryk, Specimen usus moderni Pandectarum, 8. Ausgabe, Halle/Magdeburg 1787/1788
Stubenrauch	ABGB Moriz von Stubenrauch, Commentar zum österreichischen allgemeinen bürgerlichen Gesetzbuche, 2 Bände, 7. Aufl., Wien 1898/99
Svarez	Schlußrevision des ALR Carl Gottlieb Svarez, Amtliche Vorträge bei der Schlußrevision des Allgemeinen Landrechts, Berlin 1833

Temme	Preußisches Civilrecht Jodokus Deodatus Hubertus Temme, Lehrbuch des Preußischen Civilrechts, 2. Bd., 2. Aufl., Leipzig 1846
Thibaut	Pandektenrecht Anton Friedrich Justus Thibaut, System des Pandektenrechts, 6. Aufl., Jena 1823
Thomasius	Fundamenta Juris Naturae Christian Thomasius, Fundamenta Juris Naturae et Gentium, 4. Aufl., Halle 1718, Neudruck Aalen 1963
Thomasius	Institutiones Christian Thomasius, Institutiones Jurisprudentiae divinae, Frankfurt/Leipzig 1688
Unger	Österreichisches Privatrecht Joseph Unger, System des österreichischen allgemeinen Privatrechts, 5. Aufl., 2. Bd., Leipzig 1892
Vangerow	Lehrbuch der Pandekten Karl Adolph von Vangerow, Lehrbuch der Pandekten, 6. Aufl., 3 Bände, Marburg 1851/52
Vangerow	Vorlesungen über Pandekten Karl Adolph von Vangerow, Vorlesungen über Pandekten, gehalten im Wintersemester 1847/48 in Heidelberg
Vering	Römisches Privatrecht Friedrich Heinrich Vering, Geschichte und Institutionen des Römischen Privatrechts, 3. Aufl., Mainz 1870
Vinnius	Institutionum Imperialium Commentarius Arnold Vinnius, Institutionum Imperialium Commentarius Academicus et forensis, Nürnberg 1726
Vogel	Begriff des Rechtsgeschäfts gegen die guten Sitten Paul Wilhelm Vogel, Der Begriff des gegen die guten Sitten verstoßenden Rechtsgeschäftes nach § 138 Abs. I BGB, Dissertation Leipzig 1906
Voltelini	Codex Theresianus Hans von Voltelini, Der Codex Theresianus im österreichischen Staatsrat; Festschrift zur Jahrhundertfeier des Allgemeinen Bürgerlichen Gesetzbuches, 1. Teil, Wien 1911, S. 33 f.
Wächter	Württembergisches Privatrecht Carl Georg Wächter, Geschichte, Quellen und Literatur des Württembergischen Privatrechts, 2 Bände, Stuttgart 1839–1842
Walter	System des deutschen Privatrechts Ferdinand Walter, System des gemeinen deutschen Privatrechts, Bonn 1855
Wellspacher	Naturrecht und ABGB Moriz Wellspacher, Das Naturrecht und das ABGB; Festschrift zur Jahrhundertfeier des Allgemeinen Bürgerlichen Gesetzbuches, 1. Teil, Wien 1911, S. 175 f.
Welzel	Naturrecht Hans Welzel, Naturrecht und materiale Gerechtigkeit, 4. Aufl., Göttingen 1962
Welzel	Naturrechtslehre Pufendorfs Hans Welzel, Die Naturrechtslehre Samuel Pufendorfs, Berlin 1958

Wendt | Lehrbuch der Pandekten
Otto Wendt, Lehrbuch der Pandekten, Jena 1888

Wesenberg | Gerhard Wesenberg, Neuere deutsche Privatrechtsgeschichte, 2. Aufl., Lahr 1969

Wieacker | Franz Wieacker, Privatrechtsgeschichte der Neuzeit, 2. Aufl., Göttingen 1967

Windscheid | Lehrbuch des Pandektenrechts
Bernhard Windscheid, Lehrbuch des Pandektenrechts, 1. Bd., 5. Aufl., Frankfurt 1882; 2. und 3. Bd., 1. Aufl., Düsseldorf 1865/70

Winiwarter | Das Oesterreichische buergerliche Recht
Joseph Winiwarter, Das Oesterreichische buergerliche Recht, 5 Teile, Wien 1831–1838

Wolf | Grotius
Erik Wolf, Grotius, Pufendorf, Thomasius, Tübingen 1927

Wolf | Naturrechtslehre
Erik Wolf, Das Problem der Naturrechtslehre, 3. Aufl., Karlsruhe 1964

Wolf | Rechtsdenker
Erik Wolf, Große Rechtsdenker der deutschen Geistesgeschichte, 4. Aufl., Tübingen 1963

Wolff | Gemeines deutsches Privatrecht
Carl Wilhelm Wolff, Lehrbuch des gemeinen deutschen Privatrechts, 1. Bd., Göttingen 1843

Wolff | Institutiones
Christian Wolff, Institutiones Juris Naturae et Gentium, Halle/-Magdeburg 1750

Wolff | Jus Naturae
Christian Wolff, Jus Naturae, Methodo scientifica pertractatum, 8 Bände, Halle/Magdeburg 1742–1748

Zasius | Responsa Juris
Ulrich Zasius, Responsa Juris sive Consilia de Re Judicata lectura, Basel 1538

Zeidler | Übersetzung der Institutiones
J.G. Zeidler, Deutsche Übersetzung der Institutiones Jurisprudentiae divinae von Christian Thomasius, Halle 1709

Zeiller | Commentar über das AGBG
Franz Edler von Zeiller, Commentar über das allgemeine bürgerliche Gesetzbuch für die gesammten Deutschen Erblaender der oesterreichischen Monarchie, 4 Bände, Wien/Triest 1811/13

Zeiller | Das natürliche Privat-Recht
Franz Edler von Zeiller, Das natürliche Privatrecht, 3. Aufl., Wien 1819

Zitelmann | BGB-Entwurf
Ernst Zitelmann, Die Rechtsgeschäfte im Entwurf eines Bürgerlichen Gesetzbuches für das Deutsche Reich, 2. Theil, Berlin 1890

I. DIE REZEPTION DES RÖMISCHEN RECHTS

Für die Erörterung des sittenwidrigen Rechtsgeschäfts in der Rezeptionszeit sollen die Hauptwerke der Rezeptionsliteratur und die wichtigsten Land- und Stadtrechte sowie Landesordnungen auf ihre Aussagen zu diesem Problemkreis hin untersucht werden. Hauptaufgabe ist dabei nicht nur eine Zusammenstellung der wesentlichen Fundstellen, sondern darüber hinaus deren textlicher Vergleich mit den entsprechenden Quellen des römischen Rechts sowie der Hinweis auf Ausführungen, die im römischen Recht nicht oder modifiziert zu finden sind. Damit soll herausgestellt werden, ob und inwieweit die Juristen der Rezeptionszeit sich mit einer bloßen Wiedergabe der römischen Textstellen begnügen oder bereits neue Wege gehen.

Die besondere Problematik dieser Untersuchung besteht darin, daß im römischen Recht die Sittenwidrigkeit der Rechtsgeschäfte nicht in einem geschlossenen Abschnitt, sondern an zahlreichen verschiedenen Stellen im Corpus Juris fast ausschließlich kasuistisch erläutert wird. Nur unter Berücksichtigung dieser fallweisen Erörterung ermöglicht sich ein Vergleich der Rezeptionsliteratur und -kodifikationen mit dem römischen Recht.

A. Die Literatur der Rezeptionsjuristen

Zur Darlegung der Sittenwidrigkeit von Rechtsgeschäften aus der Sicht der Rezeptionsliteratur sollen ihre deutschen Hauptvertreter zu Wort kommen, insbesondere Ulrich Zasius, Johann Fichard, Johann Sichard, Mynsinger von Frundeck und Andreas Gail. Auch Donellus soll in diesem Abschnitt berücksichtigt werden, was sich aus dem Umstand rechtfertigt, daß er von 1573 bis 1579 in Heidelberg und von 1588 bis 1591 in Altdorf lebte[1]. Außerdem finden in den folgenden Kapiteln über die sittenwidrigen Rechtsgeschäfte in der Rezeptionsliteratur auch noch die Aussagen von weniger bekannten Autoren Erwähnung, soweit es zur Verdeutlichung oder Vervollständigung notwendig erscheint.

1. Die Generalklausel und der Begriff der guten Sitten

Bei den Rezeptionsjuristen finden sich nur wenige Stellen, die von der Formulierung her als Generalklausel, die die sittenwidrigen Rechtsgeschäfte allgemein für nichtig erklärt, aufzufassen sind.

---

1 vgl. Stintzing/Landsberg, Bd. I, 10. Kap., 3., S. 377

Mynsinger formuliert an einer Stelle in seinem Apotelesma ad libros Institutionum Juris civilis: „Generaliter pacta contra leges, senatusconsulta, et bonos mores non valent“[2]. Er schreibt diesen Satz im unmittelbaren Anschluß an das Zitat der Institutionenstelle I 3, 26, 7, die lediglich die Unverbindlichkeit sittenwidriger Aufträge feststellt[3] und die Mynsinger zunächst wörtlich wiedergibt. Aus der Formulierung und der Stellung des zitierten Satzes kann man entnehmen, daß Mynsinger vom speziellen Fall der mandata contra bonos mores auf die allgemeine Ungültigkeit sittenwidriger pacta schließen will.

In einem größeren Kapitel über den unzulässigen Gegenstand von Obligationen weist Donellus zweimal auf die generelle Anwendung des Rechtssatzes über die sittenwidrigen Rechtsgeschäfte hin: „Haec sententia de illicitis, et turpibus conventionibus, . . . , generalis est, pertinetque non ad stipulationes tantum“[4]. Und nach einigen Spalten desselben Kapitels heißt es: „Quod attinet ad turpes conventiones, quae eaedem sunt contra bonos mores, non dubitamus definire generaliter et sine exceptione, quod supra, omnes ipso jure non valere“[5]. Von der Formulierung her läßt Donellus keinen Zweifel, daß es ihm hier um ein allgemeines Prinzip geht und nicht um eine fallweise Regel.

In der Reihe dieser Texte ist schließlich noch eine Stelle aus Sichards Praelectiones in libros Codicis zu erwähnen, in der er zwar nicht die Worte „generaliter“ oder „sine exceptione“ verwendet, wo er aber ohne irgendwelche erläuternden Beispiele behauptet: „Pacta quae contra leges publicas, vel bonos mores ineuntur, sunt invalida“[6]. Das Kapitel, an dessen Anfang Sichard diesen Satz stellt, ist freilich eine Erläuterung zur Codexstelle 2, 3, 6, die ebenfalls die Unwirksamkeit gesetz- und sittenwidriger pacta, wenn auch mit geringfügig anderem Wortlaut, zum Gegenstand hat[7]. Sichard bezieht sich also wohl nur auf eine der vielen Stellen im Corpus Juris, die sich mit den sittenwidrigen Rechtsgeschäften befassen, wobei es zweifelhaft ist, ob er dieser Aussage einen grundsätzlichen, allgemeingültigen Charakter geben will.

Als Fundstellen für den Nachweis, daß der Satz von der Nichtigkeit sittenwidriger Rechtsgeschäfte bereits in seiner generellen Bedeutung erkannt wird, bleiben somit, soweit ersichtlich, nur die erwähnten Zitate von Mynsinger und Donellus. Somit kann von einer Verbreitung oder regelmäßigen Anwendung der Generalklausel in der Rezeptionsliteratur noch keine Rede sein. Obwohl diese Stellen

---

2 Mynsinger, Apotelesma, lib. III, tit. XXVII, § Illud quoque, S. 423

3 I 3, 26, 7: Illud quoque mandatum non est obligatorium, quod contra bonos mores est, veluti si Titius de furto aut damno faciendo aut de iniuria facienda tibi mandet.

4 Donellus, Opera omnia, 3. Bd., lib. XII, ca. XXI, § XII, Sp. 639

5 Donellus, a.a.O., § XVI, Sp. 642

6 Sichard, Praelectiones, tom. I, lib. 2, tit. 3, Rnr. 1, Sp. 25

7 C 2, 3, 6: Pacta, quae contra leges constitutionesque vel contra bonos mores fiunt, nullam vim habere indubitati iuris est.

von ihrer Formulierung her ziemlich eindeutig als Generalklauseln anzusehen sind, kann man auch ihnen diesen Charakter nicht ohne Vorbehalt belassen. Der Grund liegt darin, daß auch Mynsinger und Donellus wie die anderen Rezeptionsjuristen, wie im folgenden noch gezeigt wird, sich über die erwähnten Stellen hinaus an den Beispielen des römischen Rechts orientieren und sich nicht mit einer einmaligen Abhandlung der sittenwidrigen Rechtsgeschäfte in einem dafür bestimmten Abschnitt oder Kapitel begnügen. Nur unter dieser Voraussetzung aber könnte man von wirklichen Generalklauseln sprechen. Auch das römische Recht kennt einige Stellen wie z.B. D 45, 1, 26[8], C 2, 3, 6[9], Consult 4, 7[10], Consult 4, 8[11], in denen entweder in allgemeiner Formulierung oder ohne irgendeinen Bezug auf praktische Anwendungsfälle pacta bzw. Stipulationen für nichtig erklärt werden. Da sie aber nur neben vielen anderen kasuistischen Erörterungen sittenwidriger Rechtsgeschäfte stehen und diese nicht überflüssig machen, kann man sie noch nicht als richtige Generalklauseln bezeichnen. Der gleiche Einwand richtet sich auch gegen die erwähnten Texte von Mynsinger und Donellus: Diese haben zwar die Allgemeingültigkeit des Satzes von der Ungültigkeit sittenwidriger Rechtsgeschäfte begriffen und diese Erkenntnis auch mit deutlichen Worten hervorgehoben, aber daraus nicht die notwendigen Folgerungen gezogen, d.h. sich nicht auf eine einmalige grundsätzliche Erörterung der sittenwidrigen Rechtsgeschäfte beschränkt, sondern nach wie vor an der Darstellung von Einzelfällen festgehalten, wie in den nächsten Kapiteln noch verdeutlicht wird.

Neben diesen Ansätzen zu einer Generalklausel gibt es bereits einige Versuche, sich nicht bloß mit den Termini „contra bonos mores", „turpis", „inhonestus" zu begnügen, sondern dafür Definitionen und Erklärungen zu finden.

Connanus nennt „contra bonos mores" das, „quod vel flagitiosum est vel ad flagitium pellicit"[12]. Sichard versteht in seinen Praelectiones in libros Codicis bei den Anmerkungen zum 7. Titel des 4. Buches, also zur condictio ob turpem causam, unter „Turpia" alles, was man „contra pietatem, patriam, contra religionem deorum" unternimmt[13]. Bei der Erläuterung der ungültigen Bedingungen bezeichnet Donellus diejenigen als contra bonos mores, die contra pietatem, religionem, humanitatem verstoßen[14]. Eine ausführlichere Erörterung bringt er in einer Kommentierung zur Codexstelle C 2, 3, 6[15], wo er zunächst

8 D 45, 1, 26: Generaliter novimus turpes stipulationes nullius esse momenti.

9 siehe Anm. 7, S. 2

10 Consult 4, 7: Neque contra leges neque contra bonos mores pacisci possumus.

11 Consult 4, 8: Pacta vel condiciones contra leges vel decreta principum vel bonos mores nullius sunt momenti.

12 Connanus, Commentarii, lib. V, cap. XI, fol. 325

13 Sichard, Praelectiones, tom. I, lib. 4, tit. 7, Rnr. 6, Sp. 846

14 Donellus, Opera omnia, 2. Bd., lib. VIII, cap. XXXII, § XII, Sp. 1111

15 siehe Anm. 7, S. 2

die „mores" gleichsetzt der consuetudo, der täglichen Gepflogenheit[16]; davon unterscheidet er dann die „boni mores", die mit der Ehrbarkeit, mit der Natur und dem Jus gentium verbunden sind und die man befolgt, weil es der Natur gemäß und ebenso nach dem Jus gentium richtig und ehrenvoll ist[17]. Unter „bonum" versteht er dann ausdrücklich „religionem, pietatem, gratiam, vindicationem, observantiam, veritatem", weist aber noch besonders darauf hin, daß es sich nur um Beispiele, nicht also um eine erschöpfende Aufzählung handelt[18].

Das römische Recht kennt nur eine vergleichbare Stelle, in der der Ausdruck „contra bonos mores" umschrieben wird, nämlich D 28, 7, 15[19], wo die Handlungen als sittenwidrig angesehen werden, „quae pietatem, existimationem, verecundiam nostram laedunt". Ein Vergleich dieser Stelle mit den entsprechenden Zitaten von Sichard und Donellus zeigt mit Ausnahme des überall vorkommenden Begriffs der pietas keine Ähnlichkeit, so daß hier wohl keine Anlehnung an das römische Recht erfolgt ist. Dafür spricht auch noch der Umstand, daß das Wort „pietas" im Zusammenhang mit der Digestenstelle in der Regel übersetzt wird mit „frommer Sinn"[20], während die Rezeptionsjuristen für die Frömmigkeit als Moment der „boni mores" dafür eigens den Ausdruck „religio" in ihre Definitionen einführen. Lediglich Donellus' Definition des „bonum" läßt sich im Original bereits bei Cicero (De inventione, L. 2) nachlesen.

Juristisch sind ihre Begriffsbestimmungen freilich ohne große Bedeutung, denn es handelt sich ausschließlich um allgemeine moralische Werte, die sie den boni mores gleichsetzen. Auffallend ist die immer wiederkehrende Betonung der Religion, gegen die zu verstoßen offenbar als besonders sittenwidrig angesehen wird. Auch das Jus gentium, das Donellus, wie bereits gezeigt, mit den guten Sitten in engen Zusammenhang bringt, versteht er im religiösen Sinn: In dem schon erwähnten Kapitel über den unzulässigen Gegenstand von Obligationen setzt er „turpia" nochmals gleich dem Jus gentium, das er dann definiert als das ewige und unveränderliche, den Herzen aller Menschen eingeschriebene Gesetz

---

16 „Mores idem sunt quod consuetudo, id quod diuturnus usus et consensus utentium comprobavit".

17 „Boni mores ii, qui sunt honestate conjuncti, vel potius cum natura et jure gentium; quibus sequimur id quod natura rectum et honestum est, quod ex gentium jure".

18 Donellus, a.a.O., 7. Bd., lib. II, tit. III, § 4, Sp. 129; diese Definition ist allerdings kein Originärzitat von Donellus, sondern lediglich eine Wiedergabe aus Ciceros „De inventione" (L. 2)

19 D 28, 7, 15: Filius, qui fuit in potestate, sub condicione scriptus heres, quam senatus aut princeps improbant, testamentum infirmet patris, ac si condicio non esset in eius potestate: nam quae facta laedunt pietatem existimationem verecundiam nostram et, ut generaliter dixerim, contra bonos mores fiunt, nec facere nos posse credendum est.

20 Lotmar, S. 25; Otto/Schilling/Sintenis, Corpus Juris, 3. Bd., S. 111; anders dagegen Heumann/Seckel, Quellen, S. 430: „Pflichtgefühl im menschlichen Zusammenleben" unter ausdrücklicher Bezugnahme auf D 28, 7, 15

Gottes[21]. Hier zeigt sich nochmals der stark religiöse Bezug des Begriffs der guten Sitten, wie er von den Rezeptionsjuristen verstanden wird.

Für das Verständnis des Begriffs der guten Sitten in der Rezeptionsliteratur aufschlußreicher als die gerade behandelten verbalen Umschreibungen sind einige Versuche, die sittenwidrigen Rechtsgeschäfte in Fallgruppen zusammenzufassen. Donellus unterscheidet in dem bereits genannten Kapitel über den zulässigen Gegenstand von Obligationen zwei Hauptarten von sittenwidrigen Stipulationen und Conventionen, nämlich solche nach dem Jus gentium und nach dem Jus civile[22]. Er gibt allerdings keine Definition dieser beiden Arten des Rechts, sondern erläutert sie lediglich an Hand von Beispielen. Unter den nach dem Jus gentium schändlichen Rechtsgeschäften versteht er solche, in denen eine schon in sich selbst schändliche Handlung („quod ipsum per se sit turpe") versprochen wird wie etwa ein Diebstahl, Mord oder Inzest. Rechtsgeschäfte mit einem derartigen Inhalt nennt er offensichtlich und außerhalb jeder Diskussion für sittenwidrig, gerade im Hinblick auf das Jus gentium, das allen Menschen bekannt sei[23]. Als Anwendungsfall für Rechtsgeschäfte, die nach dem Jus civile ungültig sind, bringt er Verträge, die in Widerspruch zur römischrechtlichen Freiheit der Eheschließung stehen, Verträge also, in denen sich jemand verpflichtet, irgendeine Frau gegen seinen Willen zu heiraten oder eine Ehe aufrechtzuerhalten, an der er nicht mehr festhalten will.

Möglicherweise handelt es sich bei dieser Unterscheidung um eine in der Literatur der französischen humanistischen Jurisprudenz übliche Einteilung, denn auch Cuiacius differenziert in seinem Kommentar zur Digestenstelle D 45, 1, 26 zwischen Stipulationen natura turpes[24] einerseits und civiliter turpes andererseits. Ähnlich wie Donellus zählt Cuiacius in der beispielhaften Erläuterung zu den ersteren solche Rechtsgeschäfte, die einen Mord, ein Sakrileg oder einen Diebstahl enthalten; zur Verdeutlichung der stipulationes turpes civiliter verweist er auf D 45, 1, 35, 1[25] – die Stipulation, die eigene Schwester zu

---

21 „. . . turpia . . . , quae sunt adversus jus gentium, idest contra legem Dei inscriptam omnium hominum cordibus, perpetuam et immutabilem." Donellus, Opera omnia, 3. Bd., cap. XXI, § XVI, Sp. 642

22 Donellus, a.a.O., 3. Bd., lib. XII, cap. XXI, § VII, Sp. 634

23 „Hoc genus conventiones tamquam aperte turpes, et contra bonos mores citra controversiam inutiles esse convenit. At quae sint factu turpia juregentium, propemodum omnibus notum est naturae lege omnium hominum mentibus insita." Donellus, a.a.O., Sp. 634

24 „natura turpis" setzt Cuiacius gleich „contra jus gentium"; vgl. Cuiacius, Opera, 5. Bd., comment. in lib. III Pauli ad Edictum; Ad § Pacta quae turpem; Sp. 128

25 D 45, 1, 35, 1: Veluti si quis sororem nupturam sibi aliquis stipuletur. Quanquam etiam si non sit perpetua causa, ut accidit in sorore adoptiva, idem dicendum sit: quia statim contra mores sit.

heiraten, gilt als sittenwidrig – sowie auf D 45, 1, 61[26], die sittenwidrige Vertragsstrafe für den Fall, den Versprechensempfänger nicht zum Erben einzusetzen[27].

Trotz dieser Parallelen zwischen Donellus und Cuiacius begegnen der Schlußfolgerung, es könnte sich bei dieser Differenzierung um eine typische Betrachtungsweise französischer Juristen handeln, deshalb Bedenken, weil diese Einteilung auch bei dem deutschen Rezeptionsjuristen Fichard zu finden ist. In dem Kapitel über die nach römischem Recht verbotenen Ehegattenschenkungen versteht er unter einem Rechtsgeschäft „contra bonos mores naturales" beispielsweise die Tötung eines Menschen, während eben eine donatio inter virum et uxorem oder ein Vertrag über eine zukünftige Erbschaft „contra bonos mores civiles" verstößt[28]; über eine allgemeine Definition äußert er sich freilich ebensowenig wie Donellus und Cuiacius.

Da diese Einteilung der sittenwidrigen Rechtsgeschäfte demnach auch im deutschen Rechtsraum bekannt war, entspringt sie mit ziemlicher Wahrscheinlichkeit keiner Übung speziell französischer Juristen, sondern ist wohl eher auf die römischrechtliche Unterscheidung des Privatrechts in ius civile und ius gentium zurückzuführen. Das ius civile bedeutete solches Recht, das dem jeweiligen Gemeinwesen eigentümlich und nur seinen Bürgern vorbehalten war, im Gegensatz zum ius gentium, dem seiner gedanklichen Wurzel nach überstaatlichen, allen Menschen gemeinsamen Idealrecht[29]. In diesem Zusammenhang werden auch die von den erwähnten Rezeptionsjuristen angeführten Beispielsfälle verständlich: Mord oder Diebstahl sind nach der Ansicht aller Menschen verwerflich und werden deswegen als Beispiele für einen Sittenverstoß nach dem Jus gentium vorgetragen. Andererseits stellen die Schenkungen unter Ehegatten oder Verträge über irgendwelche Bindungen hinsichtlich der Eheschließung oder der Erbeinsetzung Rechtsgeschäfte dar, die speziell aus römischrechtlicher Sicht für sittenwidrig angesehen wurden, ohne daß diese Auffassung von anderen Völkern geteilt werden mußte. Unter Berücksichtigung dieser Zusammenhänge kann man die dargestellten Einteilungsversuche freilich nur mit Vorbehalt als Fallgruppenbildungen ansehen. Diese Differenzierungen bedeuten an sich nur eine beispielhafte Verdeutlichung der sittenwidrigen Rechtsgeschäfte in den zwei Bereichen des römischen Privatrechts, dem ius civile und dem ius gentium, und sind ohne diese vom römischen Recht vorgegebene Unterscheidung gar nicht denkbar. Neu ist lediglich die Gruppierung von bereits in den Quellen

---

26 D 45, 1, 61: Stipulatio hoc modo concepta: si heredem me non feceris, tantum dare spondes? , inutilis est, quia contra bonos mores est haec stipulatio.

27 Cuiacius, a.a.O., 6. Bd., Comment. ad Titulum de Verborum Obligationibus, Ad 1. Generaliter 26.; Sp. 731

28 Fichard, Tractatus Cautelarum, Cautela CXII, Rnr. 4, S. 48

29 vgl. im einzelnen Kaser, Römisches Privatrecht, Bd. I, § 49 III 1, S. 178 und § 50 IV, S. 182

aufgeführten Beispielen sittenwidriger Rechtsgeschäfte in solche contra bonos mores iure civili und iure gentium.

Der Vollständigkeit halber ist noch eine Einteilung bei Sichard zu nennen. In seiner Kommentierung der Codexstelle 2, 3, 6 unterscheidet er gute Sitten nach dem Jus civile und nach dem kanonischen Recht: Nach dem Jus civile ist sittenwidrig, was gegen den öffentlichen Nutzen verstößt, wie z.B. die Schenkungen unter Ehegatten, nach dem Jus canonicum das, was zur Sünde verleitet[30]. Auch hier handelt es sich noch um keine wirkliche Fallgruppenbildung, sondern wiederum nur um den Versuch einer Exemplifizierung sittenwidriger pacta in zwei verschiedenen Rechtsgebieten.

2. Sittenwidrige Stipulationen

Auch die Zitate der Rezeptionsjuristen zu den sittenwidrigen Stipulationen sollen gemäß der Aufgabenstellung dieses Kapitels darauf untersucht werden, ob und inwieweit sie mit dem römischen Recht übereinstimmen.

Freigius beschränkt sich in seinem Pandekten-Kommentar überwiegend auf die bloße Wiedergabe der entsprechenden Stellen im Corpus Juris. Wie in den Pandekten bleiben auch in diesem Werk der Rezeptionszeit die verschiedenen Fundstellen sittenwidriger Stipulationen verstreut und können nur gefunden werden, wenn man sich an den entsprechenden Digestentiteln orientiert. Lediglich bei D 45, 1, 26 und 27 p, der wichtigsten, weil allgemeingültig formulierten Stelle hinsichtlich der Ungültigkeit schändlicher Stipulationen[31], zieht Freigius die Stelle D 45, 1, 123 heran[32], die diesen Satz in ähnlicher Formulierung enthält[33]. An dieser Stelle macht er auch noch einige prinzipielle, über die bloße Textwiedergabe hinausgehende Ausführungen, worauf noch zurückzukommen sein wird. Im übrigen begnügt er sich mit der Abschrift der

---

30 „Sciendum est breviter, aliter accipi bonos mores in iure civili, aliter in iure canonico. Nam iure civili quicquid est contra publicam utilitatem etiam indirecta, hoc habetur improbum et contra bonos mores, ut est . . . donatio inter virum et uxorem, quae sunt inhonesta . . . De iure autem canonico illud tantum contra bonos mores dicitur, quod inducit peccatum." Sichard, Praelectiones, tom. I, lib. 2, tit. 3, Rnr. 8, Sp. 26/27

31 D 45, 1, 26 und 27 p: Generaliter novimus turpes stipulationes nullius esse momenti. Veluti si quis homicidium vel sacrilegium se facturum promittat.

32 Freigius, In Pandectas Commentarii, lib. XLV, tit. I, l. XXVI, XXVII, CXXIII, S. 715

33 D 45, 1, 123: Si flagitii faciendi vel facti causa concepta sit stipulatio, ab initio non valet.

34 D 45, 1, 35, 1: Siehe Anm. 25, S. 5; Freigius, a.a.O., lib. XLV, tit. I, l. XXXV, S. 718. An sich wird diese Stipulation nur als „contra mores" verworfen. Lotmar, S. 151, Anm. 127, bringt allerdings triftige Gründe, diesen Fall trotzdem unter den sittenwidrigen Beispielen aufzuführen.

Texte, wie bei D 45, 1, 35, 1[34], D 45, 1, 61[35] und D 45, 1, 134 p[36]; soweit er sich zu diesen Stellen in Anmerkungen äußert, sind diese für die Problematik des Themas in der Regel ohne Bedeutung. Lediglich zu D 45, 1, 134 p – es geht darin um Leute, die die Heirat ihrer Kinder vertraglich vereinbaren und diese Abmachung durch eine Strafstipulation bekräftigen, die aber eben in dieser Digestenstelle für „non secundum bonos mores" erklärt wird – kommentiert er, daß die Ehen frei sein müßten, und fügt daran den Satz, daß jede unzulässige Beschränkung der Freiheit einen Verstoß gegen die guten Sitten darstelle[37], eine Erläuterung, die im römischen Recht nicht zu finden ist.

Im Gegensatz zu Freigius faßt Connanus in seinem Kommentar zum Zivilrecht die meisten der erwähnten Digestenstellen in einem besonderen Kapitel „De inutilibus stipulationibus" zusammen. Dabei zitiert er D 45, 1, 26 und 27 sowie lex 61 und 123 neben anderen Gesetzen jeweils desselben Titels, allerdings ohne irgendeine textliche Abweichung[38]; weitere Aussagen zu diesen Stellen oder über das Problem der Sittenwidrigkeit überhaupt trifft er in diesem Kapitel nicht. Sieht man von der Gruppierung unter dem Oberbegriff „Unwirksame Stipulationen" ab, läßt sich auch hier keine Abweichung vom römischen Recht feststellen.

Lediglich Donellus widmet den Digestenstellen D 45, 1, 26 und 27 p ein eigenes Kapitel, in dem er zunächst den Begriff der guten Sitten und dann der schändlichen Stipulationen zu erklären versucht: „Est autem contra bonos mores, ut Papinianus definire videtur in d.L. filius, quod factum laedit pietatem, existimationem, verecundiam nostram, in summa quidquid est turpe, et cum maleficio conjunctim"[39]. Diese Begriffsbestimmung stellt also lediglich eine Wiedergabe der Papinianstelle D 28, 7, 15 dar[40] und läßt damit jede eigene Aussage vermissen; der eigene Nachsatz „in summa . . ." ist nur eine verbale Umschreibung des Zitats. Bei der Erläuterung der sittenwidrigen Stipulationen geht er zunächst von denen aus, in denen etwas versprochen wird, was schon an

35 D 45, 1, 61: Siehe Anm. 26, S. 6; Freigius, a.a.O., lib. XLV, tit. I, l. LXI, S. 739

36 D 45, 1, 134 p: Titia, quae ex alio filium habebat, in matrimonium coit Gai Seio habenti filiam: et tempore matrimonii consensuerunt, ut filia Gaii Seii Titiae desponderetur. Et interpositum est instrumentum, et adiecta poena, si quis eorum nuptiis impedimento fuisset. . . . Respondit, ex stipulatione quae proponeretur, quae non secundum bonos mores interposita sit, agenti exceptionem doli mali obstaturam: Quia inhonestum visum est vinculo poenae matrimonia obstringi, sive futura, sive iam contracta. Freigius, a.a.O., lib. XLV, tit. I, l. CXXXIV, S. 791

37 „Matrimonia debent esse libera. Stipulatio contra bonos mores est inutilis. Contra bonos mores est, non esse liberum quod liberum esse debet." Freigius, a.a.O., lib. XLV, tit. I, l. CXXXIV, S. 791

38 Connanus, Commentarii, lib. VI, cap. IV, fol. 347

39 Donellus, Opera omnia, 11. Bd., tit. Digestarum de Verborum Obligationibus, l. 27, Sp. 737

40 s. Anm. 19, S. 4

sich schändlich ist („quod per seipsum sit turpe") wie die Zusage eines Mordes oder Sakrilegs[41]. Im folgenden nennt er dann Stipulationen, die von ihrem Versprechensinhalt noch nicht als schändlich zu bezeichnen sind wie etwa ein Strafversprechen für den Fall, eine bestimmte Frau nicht zu heiraten oder sich von seiner Gemahlin scheiden zu lassen, Stipulationen also, die darauf abzielen, eine bestimmte Frau zur Gattin zu nehmen bzw. die bestehende Ehe nicht zu scheiden. Beides ist aber nach seinen Worten nicht schändlich, unter Umständen sogar als ehrenvoll zu bezeichnen. Das Unehrenhafte und nach Ansicht der Römer dem Gemeinwesen Schädliche dieser Strafversprechen liege jedoch darin, jemand gegen seinen Willen zu etwas anzuhalten, was nur nach ehrbaren Grundsätzen des Lebens, aus dem Bewußtsein gemeinsamer Pflichten und aus gegenseitiger Liebe geschehen könne[42]. Gemeint ist damit, daß Eheschließung oder Scheidung nur freiwillig und nicht unter Strafstipulationen erfolgen dürfen. Schließlich hebt er unter Berufung auf D 45, 1, 123[43] noch die Stipulationen hervor, in denen zwar nicht etwas an sich Schlechtes versprochen wird, wo aber die Verbindlichkeit entweder eine Belohnung für ein vergangenes Verbrechen enthält oder zu einem zukünftigen anreizt[44].

Jedoch bringen auch diese Abhandlungen, insbesondere im Verhältnis zum römischen Recht, kaum wesentlich neue Gedanken. Bei der Unterscheidung in Stipulationen, die schon vom Inhalt des Versprechens her („per se") als sittenwidrig anzusehen sind, und solche, die es erst dadurch werden, daß ein zulässiger Inhalt mit einem Strafversprechen verknüpft wird, könnte Donellus auf seine bereits in einem früheren Kapitel getroffene Differenzierung in Sittenwidrigkeit nach dem Jus gentium und Jus civile zurückgegriffen haben[45]. Auch dort nämlich kennzeichnet er die nach dem Jus gentium sittenwidrigen Rechtsgeschäfte als „turpe per se", während er als Beispiele für Rechtsgeschäfte, die er iure civili turpes nennt, Verträge wie im zuletzt besprochenen Kapitel anführt, die gegen die römischrechtliche Freiheit der Eheschließung verstoßen, nämlich vertragliche Verpflichtungen, eine Frau gegen seinen Willen zu heiraten oder an einer Ehe festzuhalten, die man gerne beenden möchte. Die Ähnlichkeit der Beispiele fällt umso mehr auf, als Donellus auch bei der zuletzt wiederge-

---

41 Donellus, a.a.O., Sp. 738

42 „Neque uxorem ducere, neque ab ea, quam duxeris, non divertere turpe est: honestum est etiam, si volens facias. Sed invitum quemquam cogere, ut haec faciat, quae honestate vitae, et mutuis officiis, ac mutuo amore provocanda sunt, et inhonestum et Reip. inutile Romanis judicatum est."

43 s. Anm. 33, S. 7

44 „Sed non minus et illae turpes, ac contra bonos mores habendae sunt, in quibus nihil quidem per se praestitu aut exactu turpe promittitur; verum ipsa rei obligatio aut maleficii admissi praemium continet, aut ad futurum invitat." Donellus, a.a.O., Sp. 739

45 vgl. S. 5

gebenen Erläuterung sittenwidriger Stipulationen wiederum die speziell römische Anschauung hervorhebt, die derartige gegen die Libertät der Ehe gerichtete Abmachungen für unehrenvoll hält, und damit zu verstehen gibt, daß er diese Art sittenwidriger Rechtsgeschäfte insbesondere dem römischen Rechtskreis zuordnet.

Während also Connanus die römischen Quellen nur abschreibt und Donellus dazu Anmerkungen vorträgt, die noch weitgehend am römischen Recht orientiert sind, versuchen einige andere Autoren bereits eine systematische Einteilung der sittenwidrigen Stipulationen zu geben.

Wie schon angedeutet, bringt Freigius die Kommentierung zu D 45, 1, 26 und 27 in Form eines Schemas sittenwidriger Rechtsgeschäfte, das er überschreibt mit „De Promißionibus turpibus"[46]. Zunächst unterscheidet er Versprechungen, die direkt, und solche, die versteckt unsittlich sind. Die ersteren zielen ihrem Inhalt nach direkt ab auf die immer wieder angeführten Straftaten wie Mord, Sakrileg oder Diebstahl. Dabei differenziert er, auf welcher Seite der Vertragsparteien die Schändlichkeit zu erblicken ist: Nichtigkeit des Versprechens ipso iure bei beidseitiger Schändlichkeit, bei nur einseitiger lediglich Gewährung einer Einrede. Versteckt sittenwidrig dagegen sind zum einen Versprechen propter causam turpem und propter factum turpe. Zu denen mit einer schändlichen causa zählen die Geldversprechen für ein vergangenes oder zukünftiges Verbrechen; Versprechen dagegen, die mit Hilfe von Gewalt, Drohung oder Arglist zustandegekommen sind, gehören wegen dieser verabscheuungswürdigen Handlungsweise, „propter factum turpe", zur zweiten Untergruppe dieser indirekt unsittlichen Versprechen[47].

---

46 Freigius, In Pandectas Commentarii, lib. XLV, tit. I, l. CXXIII, S. 715

47 Zur Verdeutlichung die genaue Wiedergabe seines Schemas:

- Promissio turpis
  - Directo ex Parte
    - Utraque, promittentis scilicet et stipulantis: est ipso iure nulla, ut promissio homicidij, sacrilegij, furti
    - Altera
      - Stipulantis: valet quidem ipso iure, sed potest repelli ope exceptionis
      - Promittentis: valet itidem ipso iure, sed potest repelli per exceptionem
  - Oblique propter
    - Causam turpem: est ipso iure nulla, si turpitudo est ex utraque parte. l. si flagitij hic. Nec refert utrum de praeterito aut de futuro intelligatur. Nulla enim debet fieri remuneratio sceleris
    - Factum turpe, ut vim, metum, dolum: valet ipso iure. Sed irritatur exceptione

Mynsinger bildet in seinem Institutionen-Kommentar zur Stelle I 3, 19, 24, die er als Überschrift wörtlich zitiert[48], drei Hauptgruppen sittenwidriger Stipulationen[49]: Erstens diejenigen, die schon auf schimpfliche Weise entstanden sind („quia turpiter sit orta"); darunter versteht er diejenigen, denen schon bei Vertragsabschluß irgendeine Anwendung von Zwang, Drohung oder Täuschung zugrunde liegt.

Zweitens solche, die schon in sich selbst etwas Schändliches enthalten („quia scilicet contineat in se turpe aliquid") wie die schon bekannten Versprechen eines Mordes, Diebstahls oder Ehebruchs. Ein drittes Einteilungskriterium sieht er schließlich in der Unanständigkeit der dem Vertrag zugrundeliegenden causa („turpis stipulatio ratione causae finalis"). Dabei sind nach seinen Ausführungen wiederum drei Unterfälle auseinander zu halten: Der erste, bei dem die Schändlichkeit bei beiden Vertragspartnern liegt, so etwa das Geldversprechen für die Ausführung eines Mordes. Von dieser Gruppe unterscheidet Mynsinger dann weiterhin die Stipulationen ob turpem causam, bei denen die Schändlichkeit lediglich auf seiten des Stipulators zu sehen ist: Wer sich Geld versprechen läßt, damit er keine Straftat begehe oder aber eine bei ihm in Verwahrung oder leihweise befindliche Sache zurückgebe, vereinbart eine Stipulation mit einer schändlichen causa. Da er diese Unterlassungen bzw. Handlungen aus freien Stücken begehen muß, verstößt ein Rechtsgeschäft, das ihn um Geldes wegen dazu anhält, gegen die guten Sitten. Im dritten Unterfall schließlich handelt nur der Promissor schimpflich, so etwa beim Versprechen eines Hurenlohns.

Diese letzte Untergliederung der ihrer causa nach sittenwidrigen Stipulationen orientiert sich freilich nur an den Rechtsfolgen, nämlich an der condictio ob turpem causam im römischen Recht, D 12, 5 f.: Liegt die Schändlichkeit nur auf seiten des Empfängers, so ist eine Kondiktion möglich, nicht aber, wenn auch bzw. nur den Leistenden der Vorwurf der Unsittlichkeit trifft.

Beim Vergleich der Einteilungsschemata von Freigius und Mynsinger zeigt sich eine Ähnlichkeit insofern, als sie beide die Unterscheidung sittenwidriger Stipulationen nach dem Gegenstand einerseits und nach der causa andererseits herausstellen, eine Differenzierung, die freilich im römischen Recht und seiner Kondiktionenlehre begründet ist. Die Unterscheidung nach dem sittenwidrigen Verhalten der am Rechtsgeschäft beteiligten Parteien trifft Freigius allerdings nicht bei der Promissio propter causam turpem, sondern bei der direkt, also dem Gegenstand nach sittenwidrigen Stipulation. Auffallend ist schließlich noch, daß beide Rezeptionsjuristen das durch Zwang, Drohung und Arglist zustandegekommene Rechtsgeschäft in die sittenwidrigen Stipulationen mit einbeziehen. Das

48 I 3, 19, 24: Quod turpi ex causa promissum est: veluti si quis homicidium, sacrilegium se facturum promittat: non valet.

49 Mynsinger, Apotelesma, lib. III, tit. XXI, § Quod turpi, S. 391

50 Haloander Narisco, Institutionum Imperialium, libri III, Schematismi, S. 57

römische Recht verwendet bei derartigen Willensmängeln jedenfalls nicht die Bezeichnung turpis, contra bonos mores, inhonestus und dergleichen. Der entscheidende Unterschied zum römischen Recht liegt bei beiden Autoren in der Tatsache der Systematisierung überhaupt, in dem Versuch, die sittenwidrigen Stipulationen nach übergeordneten Kriterien einzuteilen.

Hierher gehört auch noch ein Schema von Haloander Narisco im Kapitel ,,De inutilibus Stipulationibus" seines Institutionen-Kommentars, wo er zwar nicht die schändlichen Stipulationen selbst aufgliedert, sie aber unter die verschiedenen Arten unwirksamer Stipulationen einordnet[50]. Er unterscheidet grundsätzlich zwischen der Unwirksamkeit, die sich von den vertragschließenden Parteien her ergibt – z.B. minderjähriger Geschäftspartner – und derjenigen auf Grund eines rechtlich ungeeigneten, nicht stipulierbaren Vertragsgegenstandes. Hierzu rechnet er u.a. Sittenwidrigkeit, Unmöglichkeit und Rechtswidrigkeit[51].

Als Zwischenergebnis bei den sittenwidrigen Stipulationen läßt sich festhalten, daß der Ausgangspunkt und die Grundlage aller rechtlichen Erörterungen nach wie vor im römischen Recht, insbesondere bei den Digestenstellen des 45. Buchs, 1. Titel zu finden ist. Als wichtige entscheidende Neuerung sind die beschriebenen Versuche der Schematisierung und Systematisierung anzusehen, die sich von der rein kasuistischen Darstellung des römischen Rechts deutlich abheben.

3. Sittenwidrige Rechtsgeschäfte anderer Art

Die Frage ,,An rei turpis ullum sit mandatum" erläutert Connanus im Kapitel über die mandata lediglich durch eine Folge wörtlicher Zitate aus den

---

51 Haloander Narisco, a.a.O.:

- Quot modi stipulationes fiant inutiles?
  - Ratione rerum fit inutilis, si fiat stipulatio de re non stipulabili. Tales res sunt, res
    - Sacra
    - Religiosa
    - Publica
    - Mea
    - Omnes, quae dominio nostro non sunt subjectae: quae alioqui ex contractu acquiri non possunt
    - *Turpis*
    - *Impoßibilis*
    - *Injusta*
  - Ratione personae fit inutilis, si fiat stipulatio a personis ad stipulationem non idoneis. Tales sunt,
    - Pater cum filio
    - Prorsus mutus
    - Prorsus surdus
    - Minor septem annis

Digesten[52]. Er beginnt mit den Beispielen aus D 17, 1, 22, 6: „Qui aedem sacram spoliandam, hominem vulnerandum, vel occidendum mandatum suscipiat, nihil mandati iudicio consequi potest, propter turpitudinem mandati." Mit der Wiedergabe von D 17, 1, 6, 3 zieht er dann die allgemeine Schlußfolgerung: „Rei turpis nullum mandatum est." Zur Verdeutlichung bringt er dann noch die zwei Beispiele aus D 17, 1, 12, 11, nämlich den Auftrag eines zur Verschwendungssucht neigenden Jünglings an einen Dritten, für eine Dirne eine Bürgschaft zu übernehmen, und zweitens, dieser ein Darlehen zu gewähren, also einen Kreditauftrag: „Si adolescens luxuriosus mandet tibi ut pro meretrice fideiubas, idque tu sciens mandatum susceperis, non habebis mandati actionem, quia simile est quasi perdituro pecuniam sciens credideris. Sed et si ulterius directo mandaverit tibi ut pecuniam meretrici credas, non obligabitur mandati, quasi adversus bonam fidem mandatum sit."

Bei der Erörterung der improbae societates beschränkt er sich ebenfalls auf die bloße Niederschrift der Ulpianstelle D 17, 2, 57[53]: „Nec praetermittendum esse Pomponius ait, ita demum hoc esse verum, si honestae et licitae rei societas coita sit. Caeterum si maleficij societas coita sit, constat nullam esse societatem. Generaliter enim traditur rerum inhonestarum nullam esse societatem." Und verallgemeinernd fügt er dann mit eigenem Wortlaut hinzu: „Ut conventiones et stipulationes omnes turpes, nullius sunt momenti, ita et contractus: quare sociorum iura non obtinebunt, qui facinorum quasi societatem inter se inierunt."

In einem anderen Kapitel "Quae pacta legibus improbantur" schließlich zitiert er D 2, 14, 27, 4, wiederum in wortgetreuer Wiedergabe: „Pacta, quae turpem causam continent, non sunt observanda, veluti si paciscar ne furti agam, vel iniuriarum poenam"[54]. Diese rein deskriptive, völlig an den Quellentext gebundene Darstellungsweise der sittenwidrigen pacta findet sich allerdings sonst bei keinem Rezeptionsjuristen.

Freigius erklärt in einer Anmerkung zu D 2, 14 seines Pandektenkommentars den vertraglichen Erlaß der Haftung für zukünftigen dolus für rechtsunwirksam: „Dolus futurus paciscendo remitti non potest. Hoc enim invitat ad delinquendum"[55]. Möglicherweise bezieht er sich hier auf D 16, 3, 1, 7, wo allerdings das pactum ne dolus praestetur ausdrücklich für contra bonos mores und nicht nur für rechtswidrig gehalten wird[56]. Auch Fichard verweist in zwei Kautelen seines

---

52 Connanus, Commentarii, lib. VII, cap. XIV, fol. 488

53 Connanus, a.a.O., lib. VII, cap. XIII, fol. 468

54 Connanus, a.a.O., lib. V, cap. V, fol. 302

55 Freigius, In Pandectas Commentarii, lib. II, tit. XIV, S. 83

56 D 16, 3, 1, 7: Illud non probabis, dolum non esse praestandum si convenerit: nam haec conventio contra bonam fidem contraque bonos mores est et ideo nec sequenda est.

Tractatus Cautelarum auf die bloße Rechtswidrigkeit dieser vorsatzausschließenden Verträge, ohne mit der Sittenwidrigkeit zu argumentieren[57].

Als Erklärung dafür, daß beide Autoren derartige Rechtsgeschäfte für rechtswidrig ansehen und eine Begründung der Unwirksamkeit wegen eines Verstoßes contra bonos mores unterlassen, bietet sich an, daß sie dabei auf das klassische römische Recht zurückgegriffen haben, das das pactum ne dolus praestetur ebenfalls aus rein rechtlichen Erwägungen untersagte, während erst in nachklassischer Zeit ethische Begründungen eingeführt wurden[58].

Zasius stellt in einem Kapitel über unzulässige Eheverträge die Frage nach der Rechtswirksamkeit von pacta, in denen vereinbart wird, daß die dos der Ehefrau nach dem Tod ihres Mannes nicht an sie oder ihre Erben zurückfällt, sondern den Erben des Mannes zukommt. Seine Antwort: „Tu dic huismodi pacta non valere, per quae dotis iura et commoda laeduntur et minuuntur"[59]. Auch zu diesem Problem gibt es eine Digestenstelle, die den Dos-Verzicht der Ehefrau aus moralischen Gründen verwirft, allerdings unter der besonderen Fallgestaltung, daß die Ehefrau als Buße für eine von ihr verschuldete Eheverfehlung ihren Anspruch auf Rückgabe der dos preisgibt, D 23, 4, 27[60]. Aus den Sätzen von Zasius geht nicht hervor, ob er auf die spezielle Digestenstelle Bezug nimmt oder nur den allgemeinen römischrechtlichen Grundsatz aufgreift, daß bei Beendigung der Ehe durch den Tod des Mannes die Frau in jedem Fall die dos von dessen Erben herausverlangen kann und in diesen ihren Rechten nicht beeinträchtigt werden darf[61]. Für die Annahme der zweiten Alternative reicht jedenfalls der Umstand, daß bei Zasius moralische Erwägungen fehlen, für sich allein noch nicht aus, denn Zasius könnte sich hier ebenso wie Freigius und Fichard beim vorher erwähnten pactum ne dolus praestetur auf das klassische römische Recht gestützt haben, das auch beim Dos-Verzicht noch keine ethische Begründung seiner Unwirksamkeit kannte[62].

Sichard behandelt in seinen Praelectiones in libros Codicis die sittenwidrige Schenkung: „Quando aliquid inhonesti donatur vel permittitur, tunc donatio

57 „Dolo futuro renunciari non potest, ne quis invitetur ad delinquendum . . ." Fichard, Tractatus Cautelarum, Cautela CXCIX, Rnr. 2, S. 73 und Cautela LI, S. 156

58 Kaser, Rechts- und Sittenwidrigkeit, ZRG Rom. 60 (1940)/S. 141; Mezger, Stipulationen contra bonos mores, S. 28

59 Zasius, Responsa Juris, S. 104

60 D 23, 4, 27: Si liberis sublatis reversa post iurgium, per dissimulationem mulier veluti venali concordio ne dotata sit conveniat, conventio secundum ordinem rei gestae moribus improbanda est.
Lotmar, S. 157, Anm. 138, weist nach, daß hier mit „moribus" nicht Gewohnheitsrecht, sondern die Moral gemeint ist.

61 vgl. im einzelnen Kaser, Römisches Privatrecht, Bd. I, § 81 III 2, S. 289

62 Kaser, Rechts- und Sittenwidrigkeit, ZRG Rom. 60 (1940)/S. 143; Mezger, Stipulationen contra bonos mores, S. 28

non valet"[63]. Sichard kann sich bei diesem Satz nicht am römischen Recht orientiert haben, denn eine entsprechende Fundstelle im Corpus Juris, die die Unwirksamkeit sittenwidriger Schenkungen in dieser allgemeinen Form feststellt, gibt es nicht. Zur beispielhaften Verdeutlichung wählt Sichard dann eine Begebenheit aus der biblischen Geschichte: „Et ideo Herodes dum filiae Herodiadis saltanti promitteret caput Joannis, non habuit necesse hoc implere, quia ea promissio vel donatio erat de re illicita, super qua non cadit donatio."

Als Sonderfall sittenwidriger Schenkungen nennen Sichard[64] und Fichard[65] die donatio inter virum et uxorem. Sichard fügt als Begründung hinzu, „quod eo pacto matrimonia fierent venalia, et praecurrent se coniuges mutuo amore, cum aut donare nollent, aut non possent, d.l. 1 & l. 2 ff. de donat. inter vir. & ux." Sichard bezieht sich mit seiner Begründung also auf D 24, 1, 1 und 2 f.[66], wo zwar das Verbot der Ehegattenschenkungen mit ähnlichen Argumenten erklärt wird, wo aber nicht, wie bei Sichard und Fichard, der Ausdruck „contra bonos mores" Verwendung findet. Andere Autoren, wie Connanus[67], Mynsinger[68] und Gail[69], beschränken sich darauf, die in D 24, 1, 1 und 2 vorgetragenen Gründe wörtlich oder sinngemäß zu wiederholen. Gail faßt sie systematisch zusammen: „Primo, quod donans ad paupertatem reduceretur. Secundo, quia cura educandi liberos negligeretur. Tertio, quia daret occasionem divortii. Quarto, quia matrimonia venalia essent"[70].

Das Verbot erfährt jedoch bereits verschiedene Ausnahmen. Nach Sichard[71], Fichard[72] und Gail[73] kann eine eidliche Bekräftigung die Unwirksamkeit der Schenkung verhindern. Diese Ansicht läßt Mynsinger allerdings nicht gelten, denn ein Eid, der akzessorisch an das Rechtsgeschäft gebunden ist, könne diesem keine rechtliche Wirkung verleihen, wenn es selbst schon wegen Sittenwidrigkeit

---

63 Sichard, Praelectiones, tom. II, lib. 8, tit. 54, Sp. 1368

64 Sichard, a.a.O., tom. I, lib. 2, tit. 3, Rnr. 8, Sp. 27

65 Fichard, Tractatus Cautelarum, Cautela CXII, Rnr. 4, S. 48

66 D 24, 1, 1: Moribus apud nos receptum est, ne inter virum et uxorem donationes valerent. hoc autem receptum est, ne mutuo amore invicem spoliarentur donationibus non temperantes, sed profusa erga se facilitate.

D 24, 1, 2: ne cesset eis studium liberos potius educendi. Sextus Caecilius et illam causam adiciebat, quia saepe futurum esset, ut discuterentur matrimonia, si non donaret is qui posset, atque ea ratione eventurum, ut venalia essent matrimonia.

67 Connanus, Commentarii, lib. VIII, cap. XI, fol. 548

68 Mynsinger, Singularium observationum, obs. XXXIII, S. 123

69 Gail, Practicarum observationum, lib. II, obs. XL, Rnr. 1, S. 358

70 Gail, a.a.O., S. 358

71 Sichard, Praelectiones, tom. I, lib. 2, tit. 3, Rnr. 8, Sp. 27

72 Fichard, Tractatus Cautelarum, Cautela CXII, Rnr. 4, S. 48

73 Gail, Practicarum observationum, obs. XL, Rnr. 5, S. 359

nichtig sei[74]. Als weitere Ausnahme vom Verbot der donatio inter virum et uxorem nennt Sichard schließlich noch in seinen Responsa Juris die wechselseitige Schenkung[75] und in seinen Praelectiones eine solche wegen eines vorausgegangenen remuneratorischen Grundes[76].

Die relativ geringe Anzahl der Fundstellen über die in diesem Kapitel besprochenen pacta gebietet Zurückhaltung bei einem verallgemeinernden Rückschluß über den Einfluß und den Gebrauch der römischen Quellen. Unter diesem Vorbehalt läßt sich vor allem ein freierer Gebrauch der Begriffe Rechts- und Sittenwidrigkeit gegenüber dem römischen Recht beobachten. Während die Ehegattenschenkungen teilweise schlechthin als contra bonos mores bezeichnet werden, verwendet das römische Recht zwar ethische Begründungen, ohne sich aber ausdrücklich auf die Sittenwidrigkeit zu beziehen. Sichard formuliert die Unwirksamkeit der sittenwidrigen Schenkung ohne eine entsprechende Stelle im Corpus Juris[77]; andererseits werden das pactum ne dolus praestetur oder der vertragliche Ausschluß der Dos-Rückgabe ohne Rückgriff auf die Sittenwidrigkeit verboten, die in den Quellen noch das tragende Argument der Untersagung darstellt. Freilich gilt auch hier wieder die schon bei den Stipulationen getroffene Feststellung: Ausgangspunkt und Substrat der Anwendungsbeispiele bleibt nach wie vor das römische Recht.

4. Erbverträge

Fichard[78] und Sichard[79] beschäftigen sich in ihren Consilia und Responsa mehrmals mit den Erbverträgen und halten sie dabei im Regelfall für sittenwidrig. Auch Nevizanus[80] und Hartmann Pistoris[81] bezeichnen die pacta de futura successione mit „contra bonos mores“. Sichard verweist zur Begründung für diese Ansicht auf die Beschränkung der Testierfreiheit durch solche Vereinbarungen[82]. Bei Fichard heißt es zuweilen auch nur: „Pactum vel stipulatio, per quam libera testandi facultas aufertur, contra bonos mores est“[83].

---

74 Mynsinger, Responsa Juris, Resp. XLIX, Rnr. 18 und 19, Sp. 395

75 Sichard, Responsa Juris, Feudalia consilia, Rnr. 14, fol. 138

76 Sichard, Praelectiones, tom. II, lib. 8, tit. 54, Rnr. 14, Sp. 1369

77 s. S. 14/15

78 Fichard, Tractatus Cautelarum, Cautela CXII, Rnr. 4, S. 48

79 Sichard, Responsa Juris, Feudalium Consilium I, Rnr. 6, fol. 137; ebenda, Testamentarium Consilium II, Rnr. 38, fol. 99 und Matrimonalium Consilium XI, Rnr. 34, fol. 83

80 Nevizanus, Consilia, cons. XXIX, Rnr. 13, S. 264

81 Hartmann Pistoris, Opera omnia, lib. 4, Quaestio I, Rnr. 1, S. 2

82 Sichard, Responsa Juris, Feudalium Consilium I, Rnr. 6, fol. 137; ebenda Testamentarium Consilium II, Rnr. 38, fol. 99 und Matrimonalium Consilium XI, Rnr. 34, fol. 83

Im römischen Recht selbst gab es neben der Intestaterbfolge nur eine Erbeinsetzung kraft Testamentes; Begriffe wie pactum de futura successione oder pacta successoria sind den Quellen unbekannt und damit auch der Satz von der Sittenwidrigkeit derartiger Rechtsgeschäfte[84].

Dennoch hat die Ablehnung der Erbverträge aus moralischen Gründen bei den Rezeptionsjuristen ihren Ursprung im römischen Recht: D 45, 1, 61 bezeichnet die Stipulation einer Strafe für den Fall, daß der Stipulator den Versprechensempfänger nicht zum Erben einsetzt, für sittenwidrig[85]. Der gleiche Sachverhalt liegt wahrscheinlich, wenn auch nicht so klar formuliert, der Codexstelle 8, 38 (39), 4 zugrunde, die ebenfalls eine Stipulation de futura successione den sittenwidrigen zuordnet[86]. Das im moralischen Bereich begründete Verbot des römischen Rechts, sich durch eine Strafstipulation eine Erbschaft zu sichern, wird von den Rezeptionsjuristen demnach verallgemeinernd auf die Erbverträge bezogen. Dabei stützen sie sich in ihrer Argumentation auf die Beschränkung der Testierfreiheit, die zwar im römischen Recht zur Untersagung derartiger Vereinbarungen führte, die aber in den Quellen nicht expressis verbis als Begründung verwendet wird.

Eine weitere Erklärung für die Einbeziehung der Erbverträge in die sittenwidrigen Rechtsgeschäfte kann sich auch noch daraus ergeben, daß die Rezeptionsjuristen keine genaue Abgrenzung des Erbvertrags vom pactum de hereditate tertii vornehmen. Diesen Vertrag zwischen Personen, die sich auf Grund ihrer Beziehungen zum Erblasser Hoffnungen auf eine Erbschaft machen und darüber schon zu dessen Lebzeiten rechtsgeschäftliche Anordnungen treffen, erklärt C 2, 3, 30 für sittenwidrig: nobis omnes huiusmodi pactiones odiosae videntur et plenae tristissimi et periculosi eventus . . . sancimus omnimodo huiusmodi pacta, quae contra bonos mores inita sunt, repelli; ähnlich lautet D 39, 5, 29, 2[87].

83 Fichard, Consilia, tom. I, cons. LVI, Rnr. 4, fol. 128 und cons. LVIII, Rnr. 7, fol. 139

84 vgl. im einzelnen Jörs/Kunkel/Wenger, Römisches Privatrecht, § 195, 1, S. 311; Girard-Mayr, Römisches Recht, S. 870. Lediglich Gail und Mynsinger beschränken sich entsprechend dem römischen Recht auf die bloße Feststellung der rechtlichen Unzulässigkeit von Erbverträgen:
Gail, Practicarum observationum Speyer, 2. Buch, 126. Obs., Rnr. 1, S. 452;
Mynsinger, Singularium observationum, obs. XXXIII, S. 123

85 D 45, 1, 61: Stipulatio hoc modo concepta: si heredem me non feceris, tantum dare spondes, inutilis est, quia contra bonos mores est haec stipulatio.

86 C 8, 38 (39), 4: Ex eo instrumento nullam vos habere actionem, quia contra bonos mores de successione futura interposita fuit stipulatio, manifestum est, cum omnia, quae contra bonos mores in pacto vel stipulatione deducuntur, nullius momenti sunt.

87 D 39, 5, 29, 2: Donationem quidem partis bonorum proximae cognatae viventis nullam fuisse constabat: verum ei, qui donavit ac postea iure praetorio successit, quoniam adversus bonos mores et ius gentium festinasset, actiones hereditarias in totum denegandas respondit: nam ei ut indigno aufertur hereditas.

Sichard bezieht sich jedenfalls in einem seiner Testamentaria Consilia ausdrücklich und unter wörtlicher Zitierweise auf C 2, 3, 30, obwohl er in der Überschrift den Ausdruck „Pacta futurae successionis", also die übliche Bezeichnung für Erbverträge verwendet[88]. Möglicherweise erscheint ihm aber auch die aus C 2, 3, 30 entnommene Bezeichnung „pactiones odiosae et plenae tristissimi et periculosi eventus" sowohl für den Erbvertrag wie auch für den Vertrag über die Erbschaft eines Dritten als zutreffend, ohne daß er die beiden Rechtsgeschäfte begrifflich verwechselt. Dafür spricht zumindest ein Absatz aus seinen Praelectiones in libros Codicis, wo er beide Verträge genau unterscheidet: „Nam quidam (contractus) sunt invalidi, qui sunt contra bonos mores: ut si faciam pactum de futura successione viventis (Vertrag über die Erbschaft eines noch lebenden Dritten) vel paciscar cum aliquo, ut non sit mihi libera testamenti factio (Erbvertrag)"[89]. Auch Fichard spricht bei den Verträgen über die Erbschaft eines Dritten ausdrücklich von „pacta futuram alicuius viventis successionem vel haereditatem concernentia"[90] oder „pacta de succedendo tertio"[91].

Obwohl es also den Satz von der Sittenwidrigkeit der Erbverträge im römischen Recht nicht gibt, kann man die moralische Begründung des Verbotes dennoch auf die Quellen zurückführen, die ähnliche Vereinbarungen, nämlich die Strafstipulationen über eine Erbschaft oder das pactum de hereditate tertii für contra bonos mores halten. Auch hier bestätigt sich die schon im vorigen Kapitel über sonstige sittenwidrige Rechtsgeschäfte festgestellte Beobachtung, daß die Rezeptionsjuristen sich mit der Bezeichnung eines Rechtsgeschäftes als sittenwidrig nicht mehr genau an die römischen Quellen halten, wenn sie diese auch noch zum Ausgangspunkt ihrer Begründungen verwenden.

Unter bestimmten Voraussetzungen werden auch schon Ausnahmen von der Ungültigkeit der Erbverträge zugelassen: Fichard glaubt, daß sie durch eine eidliche Bekräftigung Wirksamkeit erlangen könnten[92], stellt sich jedoch mit dieser Ansicht in Gegensatz zu anderen Autoren[93], nach denen selbst ein Eid nichts an der Unwirksamkeit ändern kann. Sichard bejaht die Gültigkeit eines Erbvertrags, der sich nur auf bestimmte Vermögensgegenstände bezieht, weil hier noch andere Güter für den Gebrauch der Testierfreiheit übrig bleiben[94].

88 Sichard, Responsa Juris, Testamentarium Consilium II, Rnr. 39, fol. 99

89 Sichard, Praelectiones, tom. I, lib. 2, tit. 28, Rnr. 11, Sp. 232

90 Fichard, Consilia, tom. I, cons. XXXV, Rnr. 7, fol. 89

91 Fichard, Receptarum Sententiarum, tom. I, Rnr. 1, S. 331

92 Fichard, Tractatus Cautelarum, Cautela CXII, Rnr. 4, S. 48

93 Gail, Practicarum observationum Speyer, 2. Buch, 26. Obs., Rnr. 1, S. 452;
Nevizanus, Consilia, cons. XXIX, Rnr. 13, S. 264;
Sichard, Responsa Juris, Testamentarium Consilium II, Rnr. 39, fol. 99

94 Sichard, Responsa Juris, Matrimonalium Consilium XI, Rnr. 35, fol. 83: „Pactum de futura successione in aliquibus bonis non est improbatum. Quia per illud cum non sit universale, non aufertur libera testandi facultas, cum quis alia bona habet, vel etiam proprietatem, in quibus libere testari possit."

Teilweise befürwortet man auch schon gegenseitige Erbverträge: Gail hält sie für unbedenklich, da wegen der Wechselseitigkeit der Argwohn, auf Grund des Vertrags den Tod des anderen herbeizuwünschen, beseitigt ist[95]; nach Mynsinger gelten sie deshalb, weil sie den Charakter eines Tauschgeschäftes aufweisen[96].

5. Sittenwidrige Bedingungen

Sichard, Freigius und Mynsinger erörtern die sittenwidrigen Bedingungen unter der Überschrift der unmöglichen Bedingungen, als condiciones impossibiles de jure. Sichard nennt in seinen Anmerkungen zum Codex-Titel 6, 25 („De institutionibus, vel substitutionibus seu restitutionibus sub condicione factis") vier Arten unmöglicher Bedingungen, nämlich Natura, Lege vel Jure, Difficultate et Perplexitate: „... Conditio impossibilis dicitur de jure, quam boni mores improbant, ut si dico, lego tibi centum, si pro nullo spondeas: Lego tibi centum, si parentes non alueris, si a captivis non redemeris"[97].

Eine ähnliche Einteilung trifft Freigius im Kapitel „De conditione impossibili" als Kommentierung zu D 45, 1, 7[98]: „Impossibile est quadruplex: nimirum vel Naturae, quod per naturam fieri non potest: ut digito coelum attingere. Juris, quod contra bonos mores est: ut adulterium, homicidium. Contradictionis ... Facti ..."[99]. Die Einordnung der sittenwidrigen Bedingungen unter die unmöglichen beruht wahrscheinlich auf der Papinianstelle D 28, 7, 15 aus dem Titel „De condicionibus institutionum": nam quae ... contra bonos mores fiunt, nec facere nos posse credendum est[100]. Mynsinger, der die sittenwidrigen Bedingungen in seinen Erläuterungen zu I 2, 14, 10[101] ebenfalls als Unterfall der unmöglichen erörtert, zitiert die Stelle sogar ausdrücklich in diesem Zusammenhang, schränkt allerdings zugleich ein, daß es sich hierbei nur in einem weiteren Sinn um ein Problem der Unmöglichkeit handelt: „Inserta conditio, cui Jus, honestas, seu boni mores repugnant, *latiore significatione* impoßibilis etiam dicitur, licet de facto evenire poßit, veluti, si patrem ab hostibus non redemeris, si parentibus alimenta non praestiteris, hominem occideris, adulterium commise-

---

95 Gail, Practicarum observationum Speyer, 2. Buch, 26. Obs. Rnr. 2, S. 452: „dann ein solch Verbuendnuß und Vertrag gilt / die Ursach ist / dann es ist gewechselt / welches den bösen Argwohn aufhebet / deß andern Todt zu begehren."

96 Mynsinger, Responsa Juris, Responsum XLIX, Rnr. 8, Sp. 394

97 Sichard, Praelectiones, tom. II, lib. 6, tit. 25, Rnr. 8, Sp. 427

98 D 45, 1, 7: Impossibilis condicio cum in faciendum concipitur, stipulationibus obstat:

99 Freigius, In Pandectas Commentarii, lib. XLV, tit. I, l. VII, S. 709

100 s. Anm. 19, S. 4

101 I 2, 14, 10: Impossibilis condicio in institutionibus et legatis nec non in fideicommissis et libertatibus pro non scripto habetur.

ris, et caetera id genus"[102]. Er kommt schließlich zum Ergebnis: „Haec melius turpis nominabitur quam impoßibilis".

Die Beispiele, die Sichard und Mynsinger anführen, sind überwiegend der Stelle D 28, 7, 9 entnommen, wo die Bedingungen, den Vater nicht aus der Gefangenschaft freizukaufen oder seinen Eltern den Unterhalt zu verweigern, gleichfalls für contra bonos mores gehalten werden[103]. Aus den anderen Beispielen – homicidium, adulterium[104] – könnte die Erklärung für die Gleichsetzung der Sittenwidrigkeit mit der impossibilitas de jure von Bedingungen bei Sichard[105] und Freigius[106] gefunden werden: Mord und Ehebruch als sittlich verwerfliche Handlungsweisen, die zugleich vom Gesetz mit Strafe bedroht sind.

Donellus erörtert die sittenwidrigen Bedingungen als einziger nicht unter der Kategorie der unmöglichen, sondern behandelt sie getrennt von den „conditiones juri contrariae" und den „impossibiles, quibus natura impedimento est"[107]. Seine Darlegung dazu erschöpft sich freilich in der Aufzählung von Fällen aus dem Corpus Juris[108]: Neben den schon erwähnten „Condiciones, si ab hostibus patrem suum non redemeris, si parentibus suis patronove alimenta non praestiteris" (D 28, 7, 9) nennt er die Bedingung, sich vom Ehegatten scheiden zu lassen (C 6, 25, 5[109]) und die condicio iurisiurandi (D 28, 7, 8 und D 35, 1, 20[110]), die einem Testament vom Erblasser beigefügte Bedingung, ihm eine bestimmte Leistung unter Eid zu versprechen. Die Sittenwidrigkeit wird in D 28, 7, 8 damit begründet, daß die einen wegen ihrer Nichtachtung der Religion sehr

102 Mynsinger, Apotelesma, lib. II, tit. XIV, § Impossibilis, S. 207

103 D 28, 7, 9: Condiciones, quae contra bonos mores inseruntur, remittendae sunt, veluti si ab hostibus patrem suum non redemerit, si parentibus suis patronove alimenta non praestiterit.

104 Freigius, In Pandectas Commentarii, lib. XLV, tit. I, l. VII, S. 709; Mynsinger, Apotelesma, lib. II, tit. XIV, § Impossibilis, S. 207

105 Sichard, a.a.O., tom. II, lib. 6, tit. 25, Rnr. 8, Sp. 427

106 Freigius, In Pandectas Commentarii, lib. XLV, tit. I, l. VII, S. 709

107 Donellus, Opera omnia, 2. Bd., lib. VIII, cap. XXXII, Übersicht, Sp. 1099/1100

108 Donellus, a.a.O., Sp. 1111

109 C 6, 25, 5: Reprehendenda tu magis quam mater tua. illa enim si heredem te sibi esse vellet, id quod est inutile, matrimonium te dirimere cum viro non iuberet. Tu porro voluntatem eius divortio combrobasti: oportuerat autem, etsi conditio huiusmodi admitteretur, praeferre lucro concordiam maritalem. enimvero cum boni mores haec observari vetent, sine ullo damno coniunctionem retinere potuisti.

110 D 35, 1, 20: Non dubitamus, quin turpes condiciones remittendae sunt: quo in numero plerumque sunt etiam iurisiurandi.

D 28, 7, 8: Quae sub condicione iurisiurandi relinquuntur, a praetore reprobantur: providit enim, ne is, qui sub iurisiurandi condicione quid accepit, aut omittendo condicionem perderet hereditatem legatumve aut cogeretur turpiter accipiendi condicionem iurare.

leichtfertig schwören und sogar einen Meineid in Kauf nehmen, um das Erbe zu erlangen, während andere aus übertriebener religiöser Ängstlichkeit lieber auf den Eid verzichten und so das Erbe verlieren.

In der Kasuistik der sittenwidrigen Bedingungen findet sich bei den Rezeptionsjuristen also kaum eine Abweichung von den Quellen. Aber auch die Einordnung der condiciones contra bonos mores unter die condiciones impossibiles läßt sich, wie gezeigt, auf eine Digestenstelle, nämlich D 28, 7, 15, zurückführen. Allerdings setzt diese Einordnung schon die Absicht einer Systematisierung voraus. Darin aber besteht gerade der wichtige Unterschied zum römischen Recht: Dort sind die Beispiele sittenwidriger Bedingungen an verschiedenen Stellen im Corpus Juris kasuistisch verstreut, während die genannten Rezeptionsjuristen bereits eine kapitelweise Zusammenfassung und eine Systematisierung nach Oberbegriffen durchführen. Freilich sind auch diese Kapitel und Abschnitte in der Regel wiederum an Titeln und Paragraphen des Corpus Juris orientiert.

6. Wucherische Rechtsgeschäfte

Ein allgemeines Verbot des Wuchers, das diesen im Sinn einer Generalklausel definiert, gibt es zur Zeit der Rezeption noch nicht; es dominiert vielmehr das kanonische Zinsverbot, das jegliche Zinsnahme als Wucher untersagt. Seine Grundlage hat dieses Prinzip bekanntlich in der aristotelischen Auffassung von der Unfruchtbarkeit des Geldes und der christlichen Auffassung über die Zinsnahme als Verstoß gegen die Nächstenliebe.

Seinen gesetzlichen Niederschlag findet das Wucherverbot in vielen Verordnungen der Territorien und in den Reichspolizeiordnungen, die am Verbot jeder Zinsabsprache festhalten.

Dementsprechend beschränken sich die Juristen der Rezeptionszeit, soweit sie sich mit den wucherischen Rechtsgeschäften befassen, mit der Wiedergabe der in den Reichspolizeiordnungen getroffenen Regelungen und der Erläuterung mit den üblichen, oben angedeuteten Argumenten[111]. Dabei fehlt noch jede Beziehung zur eigentlichen Sittenwidrigkeit. Zwar gehört das christliche Motiv für das Zinsverbot, nämlich die Zinsnahme als Verstoß gegen die Nächstenliebe, durchaus in den moralischen Bereich; weil aber das Zinsverbot bereits in den Reichspolizeiordnungen niedergelegt war, erübrigt sich eine Begründung des Verbots mit „contra bonos mores".

Einen gewissen Schutz vor wucherischer Übervorteilung bietet auch noch die römischrechtliche laesio enormis, die es einem Verkäufer, der einen Gegenstand

111 Gail, Practicarum observationum, lib. II, obs. VI, Rnr. 1, S. 281; ders. Camerae Imperialis Observationes, obs. V, fol. 11 f.; ders. Practicarum observationum Speyer, 2. Buch, 5. Obs., S. 17 und 7. Obs., S. 24;
Fichard, Consilia, tom. II, cons. XXIX, fol. 78

um weniger als die Hälfte des objektiven Wertes hergibt, gestattet, die Differenz vom Käufer nachträglich zu fordern oder das ganze Geschäft rückgängig zu machen, C 4, 44, 2[112].

Sichard, der diese Möglichkeit in seinen Praelectiones erwähnt, erweitert sie jedoch nicht nur auf den Käufer, der für einen Gegenstand das Doppelte des wahren Wertes gezahlt hat[113], sondern über den Kaufvertrag hinaus auf alle anderen gegenseitigen Kontrakte[114].

***

Das sittenwidrige Rechtsgeschäft wird also bei den Juristen der Rezeptionszeit vorwiegend kasuistisch behandelt, wobei man sich in der Auswahl der Anwendungsbeispiele hauptsächlich an den Fundstellen des Corpus Juris orientiert und gelegentlich auch neuartige Fälle anführt. Nur in Ausnahmefällen erfolgt die Behandlung der sittenwidrigen pacta, Stipulationen oder Bedingungen in eigenen Kapiteln, die aber wieder an besonderen Titeln oder Paragraphen des Corpus Juris ausgerichtet sind; im Regelfall liest man lediglich kurze Bemerkungen in den verschiedensten Responsa und Konsilien. Aus diesem Grund kann auch von der Existenz einer Generalklausel noch nicht gesprochen werden, auch wenn sich bei Mynsinger und Donellus, wie dargestellt, derartige Formulierungen finden. Auch die erwähnten Versuche, den Begriff „contra bonos mores" zu erläutern, sind nur verbale Umschreibungen und juristisch ohne Bedeutung. Neben vereinzelten Versuchen, den Begriff „contra bonos mores" zu erläutern, besteht der wesentliche Fortschritt gegenüber dem römischen Recht in den verschiedenen Ansätzen, die sittenwidrigen Rechtsgeschäfte nach bestimmten Kriterien zu systematisieren bzw. sie unter die unwirksamen Rechtsgeschäfte überhaupt einzuordnen. Die dafür gefundenen Nachweise entsprechen zwar nicht der typischen Darstellung des sittenwidrigen Rechtsgeschäfts in der Rezeptionsliteratur, sind aber andererseits doch so zahlreich, daß sie den Systemwillen der Rezeptionsjuristen deutlich zum Ausdruck bringen.

---

112 C 4, 44, 2: Rem maioris pretii si tu vel pater tuus minoris pretii distraxit, humanum est, ut vel pretium te restituente emptoribus fundum venditum recipias auctoritate intercedente iudicis, vel, si emptor elegerit, quod deest iusto pretio recipies. minus autem pretium esse videtur, si nec dimidia pars veri pretii soluta sit.

113 Die Anwendung der laesio enormis auch auf den Käufer war freilich bereits seit den Glossatoren üblich, vgl. Otte, Privatrecht bei Vitoria, 7. Kap., II, S. 86/87

114 Sichard, Praelectiones, tom. I, lib. 4, tit. 44, Rnr. 4, Sp. 1259: „Et quamvis lex nostra loquatur tantum in venditore decepto ultra dimidium, extenditur eam dupliciter: Primo ut habeat locum in emptore propter naturam correlativorum. Secundo extenditur, ut non tantum in emptione et vend. locum habeat, sed et in omnibus aliis contractibus bonae fidei."

B. Die Gesetzgebung in den Territorien

Die folgenden Kapitel dieses Abschnitts sollen darstellen, ob und inwieweit die sittenwidrigen Rechtsgeschäfte in den Gesetzen der Territorien Aufnahme gefunden haben; der Untersuchung liegen hierbei die wichtigsten Stadt- und Landrechte vor allem des 16., aber auch noch des 17. Jahrhunderts sowie die Landesordnungen aus dem gleichen Zeitraum zugrunde. Das Hauptgewicht der Erörterungen liegt zunächst auf der Frage, ob die betreffenden Gesetze bereits die Generalklausel gekannt und wie sie diese gegebenenfalls formuliert haben. Darüber hinaus interessiert gerade bei der Gesetzgebung der Rezeptionszeit, inwieweit die nach römischem Recht sittenwidrigen Rechtsgeschäfte übernommen worden sind. In einem besonderen Kapitel soll schließlich noch die Regelung des Wuchers erläutert werden.

1. Die Entwicklung der Generalklausel

In den frühesten Stadt- und Landrechten der Rezeptionszeit fehlt eine allgemeine Norm über sittenwidrige Rechtsgeschäfte völlig; die Nürnberger Reformation von 1479, die Wormser Reformation von 1498, die Frankfurter Reformation aus dem Jahre 1509 und diejenige des Bayerischen Landrechts von 1518 kennen keine derartige Bestimmung. Ansätze dazu finden sich allenfalls in einer Vorschrift der Nürnberger Reformation über verbotene Leihverträge im 2. Gesetz des 22. Titels:

> . . . So einer dem andern eynich lehen wissentlich tette zu spil oder ander pöser ubung gebrauch oder sachen, die ungötlich und *unzimlich* wern, darumb solt er auch nichts schuldig noch pflichtig sein.

Und im IX. Titel des 5. Buches, 3. Teil der Wormser Reformation mit der Überschrift „Von pact oder penen, die in Verpfendungen verbotten sind" werden die Verfallklauseln in Pfandabreden bezeichnet mit „*unnütz* Pact, genant legis commissorie".

Im Freiburger Stadtrecht von 1520 zeigt sich dann erstmals in mehreren Bestimmungen die moralische Grenze in der Zulässigkeit von Rechtsgeschäften. Ähnlich wie in der Wormser Reformation wird der Artikel über die der lex commissoria entsprechenden Vereinbarung bei Verpfändungen überschrieben: „*Unzimlich* pact und geding sollen in verpfandungen nichtig sin"[115]. In einer anderen Vorschrift, die die rechtliche Verbindlichkeit jedes ernst gemeinten Versprechens regelt, werden Zusagen über einen unehrbaren Gegenstand ausdrücklich ausgenommen: „Welcher dem andern etwas mit bedachtlichkeit zusagt,

115 2. Tractat, 8. Titel, Art. 13

. . . , so soll der ien . . . sin zusagen halten und mag mit recht darzu gezwungen werden; denn es gepürt sich menschlicher erberkeit, das glouben halte, es wer dann das zusagen umb *unerlich* sachen"[116]. Wettvereinbarungen läßt das Freiburger Stadtrecht im Regelfall gelten, „es wer dann die sach des wettens *unerlich, schandbar* oder *lesterlich*"[117]. Der 9. Titel des 2. Tractats schließlich befaßt sich laut Überschrift mit dem Problem „In welchen faellen die contract nit kreftig sin sollen". Die Vorrede dieses Titels schildert zunächst, daß Jugendliche und Verschwender ihr Vermögen, das ihnen und ihren Nachkommen als Lebensgrundlage dient, veräußern und so „den gemeinen gütern, stetten und andern comunen" spürbare Nachteile entstehen. In der Schlußfolgerung heißt es dann: „. . . haben wir nit gestatten wöllen, das die contract, geding, convencion, die dem gemeinen gut zu schaden und nachteil reichen möchten, bestand und krafft haben." Eine andere Aussage über moralisch zweifelhafte Rechtsgeschäfte findet sich unter diesem Titel über ungültige Kontrakte weder in allgemeiner Formulierung noch in einer speziellen, auf einen bestimmten Fall zugeschnittenen Regel. Die beschriebenen Rechtsgeschäfte zum Nachteil des gemeinen Guts können zwar moralischen Bedenken begegnen, sie sind aber nicht im eigentlichen Sinn sittenwidrig. Dies geht schon daraus hervor, daß das Freiburger Stadtrecht sonst wohl die Worte „unerlich" oder „schandbar" verwendet hätte, die in anderem Zusammenhang bereits zu lesen sind. Dem Freiburger Stadtrecht ist also das Unehrliche und Schandbare als Schranke in der rechtlichen Zulässigkeit von Rechtsgeschäften bekannt, es kennt aber noch keinen Rechtssatz, der die sittenwidrigen Rechtsgeschäfte allgemein für unwirksam erklärt. Auch der angeführte Artikel, der die „zusagen umb unerlich sachen" für unverbindlich hält, kann noch nicht einer Generalklausel über sittenwidrige Rechtsgeschäfte gleichgesetzt werden: Hätte Zasius, der Verfasser dieses Stadtrechts, wirklich die grundlegende Bedeutung dieses Rechtssatzes von der Nichtigkeit sittenwidriger Rechtsgeschäfte erkannt, hätte er ihn nicht in einen Nebensatz gestellt, sondern wohl als besondere Vorschrift unter dem Titel über die ungültigen Kontrakte ausgewiesen; außerdem hätte sich dann auch die besondere Bemerkung über die unehrlichen Wetten erübrigt. Das Freiburger Stadtrecht läßt sich demnach charakterisieren als ein Gesetz, dessen Autor zwar den negativen Einfluß der Sittenwidrigkeit auf Rechtsgeschäfte erkennt und dies auch in seinem Gesetzeswerk berücksichtigt, ohne deshalb aber eine Generalklausel zu formulieren.

Das Württembergische Landrecht von 1554, dessen Verfasser Sichard das Freiburger Stadtrecht als Vorlage benützt und es teilweise, insbesondere im Kontraktsrecht, wörtlich übernimmt[118], enthält im 2. Teil ebenfalls ein Kapitel

116 2. Tractat, 4. Titel, Art. 8

117 2. Tractat, 4. Titel, Art. 7

118 Stobbe, Rechtsquellen, § 85, S. 387; Kunkel/Thieme/Beyerle, Quellen, Bd. I, 2. Halbbd., S. XXVI

darüber, „In woelchen Faellen die Contraect unkreftig sein sollen." Der entsprechende Kernsatz lautet hier:

> Setzen und ordnen derhalben, das wiewol der Menschen Erbarkeit wol ansteht, pacta, geding und zusagung zu halten, soll doch dasselbig, vermög und Inhalt der gmeinen geschribnen Rechten, in gmein verstanden werden in Fällen, darin die Zusagung *nit unerbar*, auch dem gmeinen Nutz nit zu Schaden und Nachteil raichen und dienen mögen.

Im Gegensatz zum Freiburger Stadtrecht wird hier noch das Wort „unerbar" eingefügt, so daß man diesen Satz zumindest von seiner Formulierung her als generelle Untersagung sittenwidriger Rechtsgeschäfte auffassen kann. Dagegen spricht freilich, daß auch diese Vorschrift, wie schon im Freiburger Stadtrecht, auf die leichtfertigen Veräußerungsgeschäfte von Jugendlichen und Verschwendern bezogen ist, also nur im Zusammenhang mit einem ganz bestimmten Sachverhalt verfaßt wurde und nicht allgemein gedacht ist. Das ergibt sich auch daraus, daß das Württembergische Landrecht die Ungültigkeit von „unehrlichen, schandbaren und lösterlichen" Wetten in einem eigenen Artikel feststellt[119] und ebenso wie das Freiburger Stadtrecht die Vorschrift aufnimmt: „Wölcher bedächtiglich zusagt, der soll es halten. Es wer dann das Zusagen umb *unehrlich* sachen"[120]. Es gelten hier die gleichen, schon zum Freiburger Stadtrecht getroffenen Erörterungen: Das Problem der sittenwidrigen Rechtsgeschäfte ist Sichard zwar bekannt, er berücksichtigt es aber nur in einzelnen Vorschriften und nicht in einer generellen Norm.

Aber auch die zeitlich folgenden Land- und Stadtrechte enthalten bis gegen Ende des 16. Jahrhunderts keine Vorschrift, die man als Generalklausel ansehen könnte. Das Stadtrecht von Nürnberg erwähnt selbst nach seiner Revision im Jahre 1564 in keinem Paragraphen die Rechtsgeschäfte gegen die guten Sitten; nur an einer Stelle erklärt es, „das zu *unzimlich* Sachen nichts gelihen werden soll"[121]. Das von Fichard verfaßte Solmser Landrecht von 1571 regelt dagegen in mehreren Artikeln unehrbare Rechtsgeschäfte: Pacta bei der sog. Erbleihe gelten nur, „sofern sie sonst *erbar*, billich und rechtmeßig seind"[122]. Bei den Abreden anläßlich eines Abtriebs[123] heißt es: „Und sollen sonst in allwege die pacta, Geding und Abreden (soferr dieselben sonst *erbar* und rechtmeßig seind) . . . in ihren Kräften bestehen und bleiben"[124]. Eine andere Vorschrift verbietet noch „alle unrechtmäßige, ungebürliche und unbillige pacta

119 2. Teil, Kap. 5, Art. 7

120 2. Teil, Kap 5, Art. 8

121 XIII. Titel, V. Gesetz

122 2. Teil, 6. Titel, Art. 9

123 Abtrieb bedeutet in diesem Zusammenhang einen Näherkauf; s. Deutsches Rechtswörterbuch, Bd. I, S. 319, Stichwort „Abtrieb", wo auf diese Stelle des Solmser Landrechts Bezug genommen wird.

124 2. Teil, 12. Titel, Art. 26

und geding" bei der Verpfändung von liegenden Gütern[125]. Eine Generalnorm über sittenwidrige Rechtsgeschäfte findet sich in diesem Gesetz jedoch ebensowenig wie in den fast gleichzeitig erschienenen Kursächsischen Konstitutionen von 1572, in denen auch sonst keine Einzelfälle unehrbarer Pacta vorkommen.

Erst die erneuerte Reformation der Stadt Frankfurt aus dem Jahre 1578 enthält eine Bestimmung, die nicht nur, wie die entsprechende, oben zitierte Vorschrift des Württembergischen Landrechts, von ihrem Wortlaut her, sondern auch sinngemäß erstmals ein generelles Verbot der sittenwidrigen Rechtsgeschäfte aufstellt. § XIII des Titels über die Contracte lautet[126]:

> Auch werden die contract offtmals auß andern Ursachen krafftloß unn nichtig/ Als / so denselben unrechtmessige / *unbilliche* / *wucherische* / und in den Rechten verbottene Pacta unn Geding / angehenckt oder undergemischt werden / Darauff volgends in den Gerichten nicht kann noch sol gesprochen oder erkennt werden.

Daß mit diesen „unbilliche / wucherische Pacta und Geding" sittenwidrige Rechtsgeschäfte gemeint sind, ergibt sich aus dem nächstfolgenden § XIIII[127]:

> Dieweyl dann die Recht solches alles also ordnen / so woellen wir / daß die Unsern vor oberzehlten, unn dergleychen unrechtmessigen / *unehrbaren* und verbottenen Contracten sich hueten / auch derselben sich gentzlich enthalten sollen.

Zwar könnte man auch bei dieser Vorschrift den Charakter der Generalklausel deshalb anzweifeln, weil daneben auch noch die „unehrlichen / schaendlichen und aergerlichen" Wetten in einem besonderen Titel für unwirksam erklärt werden[128], eine Vorschrift, die durch die Generalklausel an sich überflüssig würde. Der entscheidende Fortschritt gegenüber dem entsprechenden Satz aus dem Württembergischen Landrecht besteht jedoch darin, daß die beiden Artikel der Frankfurter Reformation sich nicht auf einen konkreten, in die Vorschrift aufgenommenen Sachverhalt beziehen, sondern sowohl in ihrer Formulierung als auch von ihrer Stellung im Gesetz her allgemeine Geltung beanspruchen können.

Im Landrecht von Baden-Baden 1588, das sich in vielen Vorschriften am Württembergischen Landrecht orientiert, kehrt dessen oben zitierter Satz vom Verbot unehrbarer, dem gemeinen Nutzen widerstreitender Zusagen nahezu wörtlich wieder[129]:

> Setzen und ordnen derhalben, daß wiewöhl der Menschen Ehrbarkeith wohl anstehet, Pacta Geding undt Zuesagung zue halten, soll dasselbig vermög undt Innhalt der geschriebenen Rechten ingemein verstandten werden in Fällen, darinn die Zuesagung *nit unehrbar* auch dem gemeinen Nutz nit zue schadten undt Nachtheyl reichen undt dienen moegen.

---

125 2. Teil, 15. Titel, Art. 5

126 2. Teil, 1. Titel, § XIII

127 2. Teil, 1. Titel, § XIIII

128 4. Teil, 13. Titel

129 2. Teil, 12. Titel, § 1

Bemerkenswert an der Stellung dieser Vorschrift ist wiederum, daß sie jetzt in einem besonderen Paragraphen ausgewiesen wird, während sie im Württembergischen Landrecht noch im Zusammenhang mit den besonderen, für bedenklich erachteten Veräußerungsgeschäften von Jugendlichen und Verschwendern gelesen werden muß. Dadurch, daß das Landrecht von Baden-Baden diesen erläuternden Sachverhalt aus dieser Vorschrift ausklammert, erhält diese nunmehr allgemeine Gültigkeit.

In den Statuta von Peina von 1597 erscheint dann die Generalklausel erstmals in der uns geläufigen Formulierung „gegen die guten Sitten"[130]:

> Vordrage, die nicht *widder* Gott und beschriebene Rechte oder *gute Sitten* sein, soll man halten. Waß aber denen zuwiddern, Ist man zu halten nicht schuldig.

Diese Bezeichnung „wider die guten Sitten" wird dann in allen folgenden Generalklauseln beibehalten. Im erneuerten Landrecht der churfürstlichen Pfalz bey Rhein von 1610 lautet die entsprechende Bestimmung[131]:

> Ferner setzen und ordnen wir / daß alle Contraect / die *wider gute Sitten* seynd / darauß Sünde / Schand und Aergernuß erfolgen moegen / als an ihnen selber / nichtig und krafftlos zu halten und zu erkennen.

Nahezu die gleiche Formulierung findet sich in den Landrechten von Baden-Durlach 1622[132] und der Markgrafschaften von Baden und Hochberg von 1710[133]. Im Churfürstlich Brandenburgischen revidierten Landrecht des Herzogtums Preußen von 1685 trägt die Vorschrift über die sittenwidrigen Rechtsgeschäfte die Fassung[134]:

> Was aber wieder die Rechte und Satzungen / auch *wieder erbar gute Sitten* / oder den gemeinen Nutz fuergenommen / oder mit gefaehrlichem Betrug bedingt wird / das alles sol an ihm selbst nichtig und unbuendig seyn.

Diese Bestimmung wiederholt sich dann wieder wörtlich im Preußischen Landrecht von 1721[135].

Im Ergebnis läßt sich also einmal festhalten, daß die Frankfurter revidierte Reformation von 1578 die Unwirksamkeit sittenwidriger Rechtsgeschäfte erstmals in einer allgemeingültigen Vorschrift festsetzt, zum anderen, daß sich die Aufnahme dieser Generalnorm in den zeitlich folgenden Gesetzen nicht gelegentlich vollzieht, sondern seit der Frankfurter Reformation nahezu in allen Gesetzen, soweit ersichtlich, zu beobachten ist. Eine Ausnahme bildet lediglich das Bayerische Landrecht, das auch in seiner revidierten Fassung von 1616 weder in einem allgemein gefaßten Rechtssatz noch in einer Vorschrift über besondere

130 zitiert bei Gruchot, Verträge gegen das Sittengesetz, S. 146

131 2. Teil, XXVI. Titel, § III

132 4. Teil, 29. Titel, 3. Abs.

133 4. Teil, 29. Titel, § 2

134 4. Buch, Art. IV, § I

135 4. Buch, Art. IV, § I

Verträge eine Aussage über sittenwidrige Rechtsgeschäfte trifft. Dies erklärt sich möglicherweise daraus, daß dieses Gesetz noch weitgehend am Landrecht von 1346 orientiert ist[136].

Bemerkenswert ist, daß das Freiburger Stadtrecht sowie das Württembergische und Solmser Landrecht, Gesetze, die von bekannten Rezeptionsjuristen wie Zasius, Sichard bzw. Fichard verfaßt wurden, zwar einzelne sittenwidrige Rechtsgeschäfte regeln, aber durchwegs noch keine wirkliche Generalklausel kennen. Dies ist wohl mit ein Zeichen dafür, daß diese Autoren das Problem der sittenwidrigen Rechtsgeschäfte wie in ihren Konsilien noch auf kasuistische Weise behandeln.

2. Einzelfälle sittenwidriger Rechtsgeschäfte

Neben der Erörterung, wie sich die Generalklausel entwickelt hat, interessiert noch die Frage, ob die Rechtsbücher der Rezeptionszeit darüber hinaus noch besondere Verträge als unehrbar bezeichnen und wie die vom römischen Recht und den Rezeptionsjuristen im Zusammenhang mit der Sittenwidrigkeit behandelten Rechtsgeschäfte in den Land- und Stadtrechten übernommen werden.

Die Bestimmung über die Unzulässigkeit von „unehrlichen, schandbaren, lästerlichen" Wetten findet sich nicht nur, wie bereits dargelegt, im Freiburger Stadtrecht[137] und Württembergischen Landrecht[138], sondern wird auch noch in späteren Gesetzen wie der Frankfurter erneuerten Reformation von 1578[139] sowie in den Landrechten von Baden-Baden 1588[139a] und Baden-Durlach 1622[140] beibehalten. Könnte man die Aufnahme dieser besonderen Vorschrift in das Freiburger Stadtrecht und das Württembergische Landrecht noch damit erklären, daß es in diesen Gesetzen noch keine allgemeine Bestimmung über die Unwirksamkeit sittenwidriger Rechtsgeschäfte gibt, so müßten die Generalklauseln der folgenden Gesetze die besondere Normierung unehrbarer Wetten überflüssig machen. Wenn sie trotzdem erfolgt, kann dies einmal darauf zurückzuführen sein, daß die drei letztgenannten Territorialgesetze, auf die das Württembergische Landrecht besonderen Einfluß genommen hat[141], daraus einfach die Vorschrift über die unehrbaren Wetten übernommen haben; dafür spricht der nahezu völlig gleiche Text in allen vier Gesetzen. Zum anderen kann

136 Wesenberg, § 15, IX, S. 90
137 2. Tractat, 4. Titel, Art. 7
138 2. Teil, Kap. 5, Art. 7
139 2. Teil, Titel 26
139a 2. Teil, 9. Titel, § 1
140 4. Teil, 13. Titel
141 Wieacker, § 11 II 2 f., S. 197

auch die im deutschen Rechtsraum verbreitete Übung des Wettens und die gerade hier besonders häufig vorkommende Möglichkeit eines sittlich bedenklichen Vertragsinhalts oder -zwecks die Autoren dieser Stadt- und Landrechte veranlaßt haben, die Unwirksamkeit unehrbarer Wetten besonders hervorzuheben.

Die Rechtsbücher von Worms, Freiburg, Württemberg und Solms verbieten Nebenabreden eines Verpfändungsvertrages, wenn dabei der Pfandgläubiger zu sehr auf Kosten des Schuldners bevorzugt wird. Die Wormser Reformation nennt sie „unnütz pact, genant legis commissorie“[142]; die entsprechenden Artikel in den Gesetzen von Freiburg[143] und Württemberg[144] lauten in der Überschrift „In Verpfandungen sollen unzimblich Pact und Geding nichtig sein“ und beziehen sich ebenfalls auf die Verfallklausel[145]. Nicht so eindeutig darauf zurückführen läßt sich eine Vorschrift des Solmser Landrechts über die Verpfändung und Versetzung liegender Güter[146], da sie allgemeiner formuliert wird: „Wir wollen auch alle unrechtmäßige, ungebürliche und unbillige pacta und geding, so etwan von den Schuldhern oder Gültkäufern den benötigten Schuldleuten oder Verkaufern aufgedrungen und die armen Leut dardurch merklich beschwert und vernachteylt werden, auch den Gerichten darin Einsehen zu tun gebürt, und sonderlich mit denen ubermäßigen Fruchtgülten, hiemit ernstlich verbotten und hinfürters vorkommen haben.“

Wenn auch nur die Wormser Reformation wörtlich auf die lex commissoria Bezug nimmt, dürften sich doch auch die zitierten Bestimmungen der anderen Gesetze am römischrechtlichen Verbot der Verfallklausel orientiert haben. Dies ergibt sich im Freiburger und Württembergischen Rechtsbuch schon aus dem der Vorschrift erläuternd eingefügten Sachverhalt; dafür spricht aber auch die starke Romanisierung im Recht der Kontrakte bei den vier genannten Gesetzen[147].

---

142 5. Buch, 3. Teil, Titel 9

143 2. Tractat, 8. Titel, Art. 13

144 2. Teil, Kap 7, Art. 13

145 „Nachdem wir auch in Erfarung kommen, das bisher in Versatzung der Pfanden mancherlei unzimlich Pact angedingt worden, nemlich das man die Pfand in einer ernennten Zeit nit lösen soll on des Schuldherrn Willen, oder das gedingt würt, wann der Schuldner nach geschehener Erforderung oder auf das versprochen Zil nit bezahle, das das Pfand des Schuldherrn Aigen oder ein Kauf sein solte, hierumb setzen und wöllen wir, das solliche und andere unzimbliche Pact, die durch arglistig und unzimblich Gesuch erfunden werden, nichtig und unbündig sein sollen.“

146 2. Teil, 15. Titel, Art. 5

147 Wormser Reformation: Wieacker, § 11 I 2 b, S. 194;
Freiburger Stadrecht: Stobbe, Rechtsquellen, § 78, S. 308;
Württembergisches Landrecht: Stobbe, a.a.O., § 85, S. 386;
Solmser Landrecht: Stobbe, a.a.O., § 84, S. 383

In den Nürnberger Stadtrechtsbüchern von 1479[148] und 1564[149], der Wormser Reformation[150] und dem Freiburger Stadtrecht[151] werden Darlehen an Kinder, die noch unter väterlicher Gewalt stehen, auf Grund besonderer Vorschriften untersagt. Der Zusammenhang dieser Darlehensverträge an Hauskinder mit den sittenwidrigen Rechtsgeschäften besteht darin, daß in den Digesten diese Verträge zwar nicht ausdrücklich als contra bonos mores bezeichnet werden, daß sich aber doch aus bestimmten Formulierungen der Quelle[152] die moralische Bedenklichkeit dieser Rechtsgeschäfte herleiten läßt: Das Verbot von Darlehen an Hauskinder, bekannt als SC. Macedonianum, wurde erlassen, nachdem ein Haussohn namens Macedo, von seinen Darlehensgläubigern bedrängt, angeblich seinen Vater ermordet hatte, um jene aus der Erbschaft zu befriedigen[153]. Die genannten Gesetzbücher beziehen sich in den entsprechenden Vorschriften weder auf ein vergleichbares Vorkommnis, noch verwenden sie Bezeichnungen wie „unerbar" oder „unziemlich". Die ausdrückliche Regelung dieses doch sehr speziellen Sachverhalts deutet jedoch auf eine Rezeption des SC. Macedonianum hin; die Wormser Reformation nennt die Einrede des Haussohns gegen seinen Gläubiger sogar ausdrücklich „beneficium macedoniani". Bezüglich des Nürnberger Stadtrechts von 1479 glauben Kunkel/Thieme/Beyerle allerdings, daß dieses Verbot auf die deutschrechtliche Überlieferung zurückzuführen sei, weil es nicht im Abschnitt über Vertrags-, sondern im Erbrecht niedergelegt werde und sich auch noch auf andere als Darlehensschulden erstrecke[154].

Die Schenkungen unter Ehegatten, die das römische Recht mit moralischen Argumenten untersagt und die von Sichard und Fichard den Rechtsgeschäften contra bonos mores zugerechnet werden, erfahren in mehreren Land- und Stadtrechten eine ausdrückliche Regelung in besonderen Artikeln. Die Nürnber-

148 14. Titel, 7. Gesetz: Von Kinden, die in gewaltsam irer eltern oder vormunde sein, einich schuld hinder inen nit zumachen

149 13. Titel, 4. Gesetz; Wortlaut wie in Anm. 148, s.o.

150 3. Buch, 2. Teil, Titel 28: Uszug, den ein vatter oder son, der noch under synes vatters gewalt, dem geld gelihen oder geborgt ist, wider synen schuldherrn tun mag, genant beneficium macedoniani.

151 2. Tractat, 9. Titel, Art. 4: Kinden under des vatters gewalt sol nichts gelihen noch zu koufen geben werden.

152 D 14, 6, 1: Verba senatus consulti Macedoniani haec sunt: „Cum inter ceteras sceleris causas Macedo, quas illi natura administrabat, etiam aes alienum adhibuisset, et saepe materiam peccandi malis moribus praestaret, qui pecuniam, ne quid amplius diceretur incertis nominibus crederet: placere, ne cui, qui filio familias mutuam pecuniam dedisset, etiam post mortem parentis eius, cuius in potestate fuisset, actio petitioque daretur, ut scirent, qui pessimo exemplo faenarentur, nullius posse filii familias bonum nomen exspectata patris morte fieri."

153 vgl. im einzelnen Jörs/Kunkel/Wenger, Römisches Privatrecht, § 135, 4, S. 221

154 Kunkel/Thieme/Beyerle, Quellen, Bd. I, 1. Halbbd., S. 324, Anm. 6

ger Reformation von 1479[155] erklärt im Titel „Von Gabe zwischen den Eeleuten": „Ob eins in der ee dem andern icht bescheidenlich aus freyer wilkür unbezwungelich gebe, alsdann ist die gabe kreftig." Diese Vorschrift findet sich teilweise wörtlich wieder in der Nürnberger revidierten Reformation von 1564[156] und im Bayerischen Landrecht von 1518[157]. Die Wormser Reformation erwähnt zwar im Titel „Von ubergaben, die da gescheen zwuschen eeleuten" in einem Nebensatz die Bedenken des römischen Rechts, daß sich die Eheleute durch derartige Schenkungen aus lauter Liebe gegenseitig um ihr Vermögen bringen könnten[158]: „Wiewol gemeinlich von ordenung der rechten ubergaben zwüschen mann und frauen eelüten verbotten ist, uff das sie uß begerde der liebe sich selbs oder ir kinder nit berauben oder in armut stellen", läßt sie aber schließlich doch zu, wenn sie aus billigenswerten Motiven geschehen: „. . . so haben wir uß gütiger und billicher bewegung bedacht und angesehen truwe fruntschaft, gütigen willen und hantreichung, so zwuschen eelichen gemahlen billich syn und belonet werden söllen, setzen, ordenen und wöllen, das eelüt, die nit kinder haben, einander geben . . . mögen in allen und yede iren . . . gütern"[159].

Fast wörtlich die gleiche Bestimmung liest man auch noch im Landrecht von Brandenburg-Preußen von 1685[160]. Die Frankfurter revidierte Reformation von 1578 widmet den Schenkungen unter Ehegatten ebenfalls einen besonderen Titel[161] und weist im ersten Paragraphen auf die herkömmlichen Überlegungen hin, die diesen Rechtsgeschäften begegnen: „. . . dieweyl die Eheliche Lieb und eynigkeit / nicht durch Gaab und Schanckungen erworben / oder erkaufft soll werden[162] / . . . / und kein Theyl eygennuetzigerweyß / mit deß andern nachtheyl / sich zu bereichen / befleyssen solle"; prinzipiell werden die donationes inter virum et uxorem im Gegensatz zum römischen Recht aber doch zugelassen: „§ 1: Jedoch werden dieselben / da sie nicht mißbraucht / auch geduldet; § 2: Als / wann sie freywilliglich / sonder zwang / drang / und Betrug / auß ehehafften redlichen Ursachen / . . . / geschehen; § 3: Item / Wann sie nicht

155 9. Gesetz, 12. Titel

156 28. Titel, 7. Gesetz: So ain Eegenoß dem andern inn seinem leben ychtzit beschaidenlich auß freyer willkuer schenckte / und, unbezwungen wuercklich ubergebe und einantwortet / Alsdann ist dieselbig Gab oder schanckung creftig.

157 44. Titel, 8. Art.: Wo zway Wirtleut sind, die nicht Kind haben, da mag ains dem andern aus freyer Wilkür, unbezwungenlich mit Beschaidenhait wol ain Gab tun oder sein Hab vermachen vor offem Gericht oder mit Brief und Sygel.

158 vgl. D 24, 1, 1: ne mutuo amore invicem spoliarentur donationibus non temperantes

159 4. Buch, 2. Teil, Titel 8

160 4. Buch, Art. 4, § 1

161 3. Teil, 5. Titel

162 vgl. D 24, 1, 2: ut venalia essent matrimonia

ubermaessig / noch zu offt erwidert / auch keine Kindere vorhanden seynt...". Die Verbotsgründe des römischen Rechts sind also den Verfassern der Gesetze durchaus bekannt und werden sogar in den Gesetzestext aufgenommen, sie sind aber nicht mehr bestimmend für die rechtliche Regelung, die die Ehegattenschenkungen durchwegs zuläßt.

Die Gesetze der Rezeptionszeit kennen noch keine Erbverträge; manche Paragraphen betonen sogar, daß in Eheverträgen keine erbrechtlichen Vereinbarungen getroffen werden dürfen. Im Titel „Von eeberedungen und von eelueten" des Freiburger Stadtrechts heißt es: „... und besonder sol dhein ußstürung uff künftig erbfal gesetzt werden; dann es ist ein unbillich hoffnung, die in eins andern tod gesetzt würd"[163]. Die entsprechende Vorschrift lautet im Württembergischen Landrecht: „Die Ehesteur und Widerlegung sollen ... nit auf künftig Erbfall gesetzt werden"[164]. Hier findet also die schon geschilderte Auffassung der Rezeptionsjuristen von der Sittenwidrigkeit der Erbverträge ihren gesetzlichen Niederschlag. Im Solmser Landrecht, dessen Urheberschaft Johann Fichard zugeschrieben wird, liest man nochmals: „In solchen Verschreibungen soll ... die Zugift, desgleichen die Widerlegung ... nit mit unlauteren gemeinsamen Worten, noch auf zukünftige Erbfälle gesetzt werden; dann die Hoffnung, so in eines andern Tod gesetzt wird, unerbar und unbillich ist"[165]. Und in einem weiteren Paragraphen wird als Begründung hinzugefügt: „... soll einem jeden Ehegemahl sein Lebenlang bevor und frey stehen, mit seinen Gütern ... nach seinem Willen und Wolgefallen zu disponieren und zu testieren"[166]. Deutlich treten hier die moralischen Motive hervor, die für die Juristen der Rezeptionszeit für das Verbot der Erbverträge bestimmend sind, nämlich die Spekulation mit dem Tod des Vertragspartners sowie die unzulässige Einschränkung der Testierfreiheit, die Fichard und Sichard, wie bereits erörtert, bei der Untersagung der pacta successoria immer wieder betonen. Erst die Kursächsischen Konstitutionen von 1572 weichen von dieser Auffassung ab: „... und es seind fünf oder mehr Zeugen dorbey gewesen, so sollen solche Ehestiftungen in vim ultimae voluntatis kreftig erkannt werden"[167].

Das Landrecht der Pfalz bey Rhein von 1610 zählt zu den sittenwidrigen Rechtsgeschäften einen Vertrag über die Erbschaft eines Dritten und das Versprechen, kein Testament zu errichten[168]. Beide Vereinbarungen entspre-

163 3. Tractat, 2. Titel, Art. 1

164 2. Teil, Kap. 10, Vorrede

165 2. Teil, 18. Titel, Art. 5

166 a.a.O., Art. 6

167 2. Teil, § XLIII

168 2. Teil, XXVI. Titel, § III: ... Contraect, die wider gute Sitten seynd/ ... Als da ihrer zween miteinander eines dritten noch lebenden künfftiger Erbschaften halben: oder daß einer kein Testament oder letzten Willen machen wolle / paciscíert und sich verglichen.

chen dem schon nach römischem Recht für contra bonos mores gehaltenen pactum de hereditate tertii, C 2, 3, 30, bzw. der Strafstipulation nach D 45, 1, 61[169].

Die erörterten Bestimmungen aus den verschiedenen Stadt- und Landrechten zeigen, daß das sittenwidrige Rechtsgeschäft nicht nur in der Generalklausel geregelt wird, sondern daß auch einige besondere Verträge, die das römische Recht als contra bonos mores oder mit moralischer Begründung als rechtswidrig mißbilligt, auch in den Rechtsbüchern der Rezeptionszeit ihren Niederschlag finden. Dies kann bei den sittenwidrigen Wetten, der lex commissoria, dem SC. Macedonianum und dem pactum de hereditate tertii damit erklärt werden, daß sich gerade im Obligationenrecht das römische Recht am stärksten durchsetzen kann. Aber auch im Erbrecht, beim Verbot der Erbverträge, folgen die Verfasser dieser Gesetze, wie dargestellt, noch weitgehend der römischrechtlichen Tradition, in der die pacta successoria unbekannt, wenn auch nicht ausdrücklich sittenwidrig waren. Lediglich bei den Ehegattenschenkungen weichen die Stadt- und Landrechte vom Verbot des römischen Rechts ab, wenn sie auch die Gründe aus D 24, 1, 1 und 2 zum Teil in die Gesetzestexte aufnehmen. Hier zeigt sich, daß die deutschrechtliche Überlieferung im Familienrecht noch am stärksten bewahrt wird.

3. Wucherische Rechtsgeschäfte

In den frühen Privatrechtsbüchern und Landesordnungen gibt es noch keinen Wuchertatbestand. Die Wormser Reformation beschränkt sich im Kapitel „Uß was ursachen ubergaben mogen widerrufen und abgetriben werden" darauf, die Unwirksamkeit von Wuchergeschäften festzustellen: „So wucher oder verwuchert gut dem wucherer gesetzt oder gebben würde, ist von recht unbündig"[170]. Das Nürnberger Stadtrecht von 1479[171] und das Bayerische Landrecht von 1518[172] weisen darauf hin, daß der Schuldner nur die bloße Darlehenssumme zurückzu-

169 D 45, 1, 61: s. Anm. 26, S. 6;
C 2, 3, 30: s. S. 17

170 4. Buch, 2. Teil, Titel 6

171 22. Titel, 3. Gesetz: Von verpott alles wuchers, gesuchs und aller urkunde, briefe und schrift, denselben berurende.
Es soll nyemant von den andern eynichen gesuch noch wucher nemen noch ervordern, sonder es sol sich ein yeder der bezahlung des, so im gelihen ist worden, begnügen lassen, . . .

172 33. Titel, 8. Art: Das vom Anlehen kein Wuecher noch Gesuech soll genommen werden.
Sich soll ain yeder an der Bezalung des Werts, den er hingelihen hat, benüegen lassen, und nyemand von dem andern aynichen Aufsatz, Gesuech oder Wuecher nemen . . .
Wo auch sölch wucherisch, gevärlich und unzimlich Contraect in Recht fürnommen, soll der Richter die für kraftlos erkennen . . .

zahlen brauche. Mit Strafe bedrohen die Tiroler Landesordnung von 1526[173] und das Württembergische Landrecht von 1554[174] denjenigen, der aus der leihweisen Hingabe von Geld oder anderen Sachen einen Gewinn oder Vorteil zieht.

Eine nähere Umschreibung des Wuchertatbestandes erübrigt sich in diesen Gesetzen, weil bis in die ersten Jahrzehnte des 16. Jahrhunderts hinein jedes Rechtsgeschäft als wucherisch angesehen wird, in dem der Gläubiger sich über den Betrag der als Darlehen gegebenen Summe hinaus vom Schuldner etwas versprechen oder zahlen läßt. Diese Rechtsauffassung beruht auf der noch immer dominierenden Ansicht der Kirchenväter, daß das verzinsliche Darlehen zur Ausbeutung der Not und der Verarmung des Schuldners führe[175] und deshalb gegen die christliche Nächstenliebe verstoße[176]. Der auf Aristoteles[177] zurückgehende und von Augustinus[178] besonders hervorgehobene Einwand von der Unfruchtbarkeit des Geldes ist ein weiteres Argument für das Verbot aller Darlehenszinsen.

Einen wichtigen Einschnitt in der Entwicklung der wucherischen Darlehensgeschäfte bildet die Reichspolizeiordnung von 1530: Zum einen wird erstmals reichsgesetzlich überhaupt eine Zinsennahme gestattet, wenn auch nicht für das Darlehen, sondern nur für den sog. Rentenkauf[179], zum anderen bringt sie infolge einer sich immer mehr ausbreitenden Umgehung des Zinsverbotes einen Katalog von genau beschriebenen Wuchertatbeständen. So fallen unter das Verbot u.a. die Ausstellung einer Schuldurkunde in Höhe von 1000 Gulden durch den Darleiher, der aber nur 800 Gulden ausbezahlt erhält, weiter das dem Darlehensgeber gegebene Versprechen, neben der Darlehenssumme noch ein sog. Dienstgeld, eine Art Provision zu entrichten, oder die Auszahlung eines

173 1. Buch, 4. Teil: Von Wuecherischen Kauffen und fürleihen:
... / Deßhalben setzen und ordnen wir / das soelch unordentlich, beswerlich Keuff / und Fürleihen / bey verlierung des fürgestreckhten Gelts / und der Waar / So on genad genommen / unnd nichts weniger dieselben Fürleiher / nach gelegenheit / des fürleihenss gestraft werden / hiermit verpoten sein sollen.

174 2. Teil, Kap 1, Art. 3: Von gelihenem Gelt oder Gut soll kein Genieß empfangen werden.
... Wer das nit helt, derselbig soll der Übertretung und Gebür nach gestraft werden. Denn solch Leihen soll on einichen Gesuch und ganz vergebens beschehen.

175 Ambrosius, Augustinus, Innozenz IV., weitere Vertreter dieser Ansicht und genauer Fundstellennachweis bei Otte, Privatrecht bei Vitoria, 8. Kap., I, S. 92, Anm. 14

176 so insbesondere Origines, zitiert bei Blodig, Wucher, S. 5, und Neumann, Geschichte des Wuchers, S. 5

177 Politik, lib. 1, cap. 10, zitiert bei Otte, Privatrecht bei Vitoria, 8. Kap., I, S. 94, Anm. 23

178 De civitate dei, XX, 4, zitiert bei Blodig, Wucher, S. 5, und Neumann, Geschichte des Wuchers, S. 4

179 RPO 1530, XXVI, § 8

Darlehens in Silbermünze unter der Verpflichtung zur Rückzahlung in Goldmünze. In den Reichspolizeiordnungen von 1548 und 1577 werden dann diese Bestimmungen nahezu unverändert übernommen[180]. Nicht durch eine Generalklausel also, sondern mit Hilfe einer ausführlichen Kasuistik hofft man, die Wuchergeschäfte unterbinden zu können.

Die Wirkung dieser Reichspolizeiordnungen auf die Territorialgesetze, insbesondere auf die Landesordnungen, zeigt sich darin, daß sich viele Rechtsbücher jetzt nicht mehr mit der bloßen Normierung der Nichtigkeit und Strafbarkeit der wucherischen Kontrakte begnügen, sondern nunmehr ebenfalls in eigenen Titeln im einzelnen aufzählen, was sie unter derartigen Rechtsgeschäften verstehen.

---

180 RPO 1530, Titel XXVI: Von wucherlichen Contracten:

§ 1: Nachdem uns fürkommen, wie bis anhero im Heiligen Reich mannigfältige wucherliche Conträct, die nicht allein unziemlich, sondern auch unchristlich wider Gott und Recht geübt worden sein und täglich geübt, als daß etliche ein Summa Gelds, als achthundert Gülden setzen lassen, dardurch ihnen mehr dann fünf vom Hundert verzinset und im Wiederverkauf mehr, dann ihre Hauptsumma gewesen, empfahen, desgleichen etliche sein sollen, die um ein klein Versäumung der Zeit, so sie der Bezahlung zu tun, ansetzen, ein übermäßig Interesse fordern und mit der Hauptsumma steigen und dieselbig umschlagen.
(RPO 1548, 1577, XVII, § 1)

§ 2: Item, daß etliche Getreid, Pferd, Tücher und dergleichen War an ein Geld kaufweis anschlagen und viel höher, dann solche War immer mag wert sein, und dardurch ein merklichen großen Wucher, als männiglich wissend, zuwegen bringen.
(RPO 1548, 1577, XVII, § 2)

§ 3: Item, daß etliche ihr Geld hinweg leihen und nehmen von hundert ein Nemliches und muß der Entlehner ihnen dazu ein merklich Dienstgeld, darum sie doch zu dienen nicht schuldig sein, verschreiben, auch solch Dienstgeld ohne Bezahlung der Hauptsumma nicht aufschreiben oder aufsagen dörfen oder mögen.
(RPO 1548, 1577, XVII, § 3)

§ 4: Item, daß etliche Geld allein an Münz hinweg leihen, lassen doch die Verschreibung auf Gold stellen.
(RPO 1548, 1577, XVII, § 4)

§ 5: Item, daß etliche ein nemliche Summa Gelds auch vergeblich hinleihen, aber dargegen muß der Entlehner ihnen etwa ein große War und ganz in einem geringen Wert zustellen, darin sie ihre Hauptsumma und ein großes Genieß wohl doppelt oder dreifächtig haben und befinden.
(RPO 1548, XVII, § 5; RPO 1577, XVII, § 6)

§ 6: Item etliche leihen ihr Geld mit diesen verbotenen Gedingen oder Pacten hinweg, daß der Entlehner zu vier Märkten, so die ihme ernennen, ein Namhaftiges darzu verzinsen oder Aufgeld geben muß, tut wohl etwa mehr denn von hundert zwanzig.
(RPO 1548 XVII, § 6; RPO 1577, XVII, § 7)

§ 7: ... setzen, ordnen und wollen darauf, daß solche unrechtliche Conträct und Händel ... gänzlich und zumal vermitten und durch niemands ... fürgenommen oder gebracht werden sollen, damit allen Richtern ... gebietend, wann solche wucherliche Conträct und Partiten für sie bracht, daß sie dieselben unwürdig, kraftlos und unbündig erkennen, erklären und declarieren, ...

Dabei werden in der Regel die Beispiele der Reichspolizeiordnungen, meist in der gleichen Reihenfolge und ähnlichen Formulierungen, wiedergegeben, so in den Bayerischen Landesordnungen von 1553[181] und 1616[182], im Landrecht von Jülich-Berg von 1555[183], der Kurpfälzischen Landesordnung von 1582[184] und dem Brandenburgischen revidierten Landrecht von 1685[185]; auf einen bloßen Hinweis unter Verzicht auf eigene Beispiele beschränkt sich die Jülich-Bergische Polizeiordnung von 1558[186]. In der Auswahl der Fälle und ihrer Anordnung eigenständig zeigen sich lediglich die Constitutio von Stapelholm von 1623[187] und die Sachsen-Gothaische Landesordnung von 1666[188]. Die hier niedergelegten Beispiele sind anders formuliert und bringen teilweise neue Tatbestände. Möglicherweise liegt dies nur an der größeren zeitlichen Distanz zur letzten Reichspolizeiordnung, vielleicht ist es aber auch ein Ausdruck dafür, daß sich die

181 3. Buch, 4. Titel, Art. 2: Welche Contraect und handlungen für wuecherisch zu halten

182 2. Buch, 1. Titel, Art. 2: Überschrift wie in der Landesordnung von 1553

183 Cap. 104: Von Schuldt und gelehnten Gelde oder anders

184 10. Titel: Von Wuecherlichen Contracten

185 4. Buch, 2. Titel, § 2: Von Geld – Zinsen. Von Wucher und verbottenen wucherlichen Contracten

186 1. Teil, Art. 30: Wücherliche Contracten, auch Monopolien und Fürkauf
Wo die wücherliche Contracten dergleichen Monopolia oder Fürkäuf unchristlich, wider Gott und Recht, auch in des Reichs Ordnungen verboten, sollen dieselbige vermöge der vorgesetzten Kaiserlicher Majestät Ordnung und Reformation der Polizei von den Richtern unwürdig, kraftlos und unbündig erkant, declarirt und sonst nach Ausweisung derselben Polizei damit gehalten werden.

187 Titel 5: Von allerhand wucherlichen Contracten, so nicht allein mit Geld, sondern auch mit Korn und andern Waren getrieben werden.
§ 1: Wir erfahren mit ungnädigem Mißfallen, daß die wucherlichen Handlungen ... ja so verschlagener, verdeckter Weise getrieben werden, daß man's schwerlich merken und hinter den rechten Grund kommen kann, wie denn etliche Leute auf jedes Jahr sieben, acht, auch wol höhere Rente von hundert fordern und, damit es unvermerkt zugehe, in der Hauptobligation nur landübliche Zinsen verschreiben lassen, wegen der wucherlichen Übermaß aber absonderliche Beibriefe nehmen oder, da sie, exempelweise zu setzen, achtzig Mark wirklich ausleihen, auf hundert Mark die Verschreibung richten oder eines oder zweier Jahre Zinsen bei Zahlung der Gelder einbehalten oder vorab nehmen und nicht weniger sich die vollkommne Hauptsumme verschreiben lassen oder die jährliche Rente aufwachsen und abgefordert stehen lassen und hernach in die Hauptsumme zu deren Erhöhung schlagen oder, da kleine, geringe Münze ausgezahlet, in die Obligation Reichstaler in specie setzen oder über die gewöhnlichen Zinsen die Debitoren zu jährlicher Verehrung an Geld, Korn, Vieh, Butter, Käse oder andern Victualien anstrengen oder, wenn die Leute Geldes höchstbenötigt, denselbigen entweder kein bares Geld, sondern lauter Waren zuschlagen oder etwas an barem Geld darzahlen und daneben allerhand und oftmalen untüchtig Korn oder Vieh, Pferde, Victualien, Kleider, Gewand oder andere Sachen, so sie in hohem Wert anrechnen, auch wol Obligationes und Schuldforderungen, so öfters alt und ungewiß, aufdringen, eine Summe daraus machen und alsdenn dem Debitoren eine starke Verschreibung, als wenn er alles in barem Gelde empfangen, abnötigen, und was der vorteilhaften Fünde und schädlichen Finanzerei mehr ist.

Darlehensgeber inzwischen wieder neue rechtsgeschäftliche Modalitäten zur Umgehung des Wucherverbots ausgedacht haben. Die Art der Regelung bleibt jedoch auch in den letztgenannten Gesetzen kasuistisch.

Im Zusammenhang mit den wucherischen Kontrakten wird auch noch häufig der Verkauf der Früchte auf dem Halm in den Gesetzen geregelt. Diesem Rechtsgeschäft liegt der Sachverhalt zugrunde, daß ein Landwirt seine Früchte bereits am Halm oder seinen Wein noch an den Stöcken verkauft und dafür vom Käufer als darlehensweise Vorleistung den zukünftigen Kaufpreis der erst zu erntenden Erzeugnisse erhält. Dabei besteht die Gefahr der Bewucherung darin, daß der Wert der späteren Ernte zu niedrig angesetzt wird, dies umso mehr, als die Landwirte derartige Rechtsgeschäfte meist nur in finanziellen Schwierigkeiten und aus akutem Geldbedarf heraus abschlossen und sich daher eher auf für sie ungünstige Geschäfte einlassen mußten. Die Reichspolizeiordnungen von 1548 und von 1577 lassen daher den Verkauf ungeernteter Früchte nur gelten, wenn keine Bewucherung des Verkäufers damit verbunden ist, d.h. wenn der Käufer als Darlehen einen dem gemeinen Wert der Früchte entsprechenden Preis entrichtet, der zur Zeit des Vertragsabschlusses gilt[189]. Dieser Regelung schließen

188 2. Teil, 4. Cap., Titel 20: Von Bestrafung des Wuchers und wucherlichen Contracten

§ 1: Wir befinden auch nochmals, daß der Wucher und wucherliche Contracten sehr gemein, dadurch auch unsere Lande nicht wenig erschöpfet und verderbet werden. Denn da oftmals eine Summa Geldes ausgeliehen wird, behält man alsobald eine gute Anzahl oder doch zum wenigsten einen Jahrzins zurück und läst sich nichtsdestoweniger die ganze Summe verschreiben;

§ 2: Mancher schlägt auch allerlei Getreide, Pferde, Kleinodien, Kleider, Wein und andere Waren mit ein, alles in solch hohen Wert gerechnet und angeschlagen, daß es bei weitem so hoch nicht zu lösen, sondern der Schuldiger, wenn ers verkauft, ein Großes daran verlieren muß;

§ 3: oder läst eine alte, verlegene, ungewisse Schuld miteinrechnen, daran wol nimmer kein Pfennig bezahlt werden mag;

§ 4: oder verleihet sein Getreide, den Scheffel wol zweimal so teuer, als es auf dem Markte gilt;

§ 5: Und damit diese Ding soviel besser bemäntelt werden, so läst man die Verschreibung auf lauter gute Taler richten, deren wol nicht einer in der ganzen Summ mitausgezahlt worden.

§ 6: Solche und alle andere dergleichen wucherliche Contracten ... wollen Wir hiermit fernerweit ernstlich verboten haben ...

189 RPO 1548 Titel XIX § 1 bzw. RPO 1577 Titel XIX § 3:

Hierauf setzen und ordnen wir abermals, daß gleichwol männiglich dem armen Mann in der Not und damit er seine Güter desto stattlicher erbauen, auch sonst mit anderer Notdurft sich erhalten mög, auf Wein, Frucht und anders fürzuleihen oder zuvor auszugeben oder auch jährlich Wein- und Treidgülten um ein bestimmten Geldsumma von ihme zu kaufen erlaubt sein soll. Jedoch daß dasselbig Fürleihen oder zuvor Ausgeben anders und mehrers nicht als auf den Schlag und gemeinen Kauf, was nemlich der Wein oder Treid zur Zeit des Contracts oder aber vierzehn Tag die nechsten nach dem Herbst oder Ernden gelten wird, beschehe.

sich die meisten Landesordnungen an[190] mit Ausnahme der Jülich-Bergischen Polizeiordnung von 1558, die diese Rechtsgeschäfte ohne Ausnahme verbietet[191].

Die Entwicklung des wucherischen Rechtsgeschäfts in den Stadt- und Landrechten sowie Landesordnungen der Rezeptionszeit läßt sich also dahin charakterisieren, daß man vom lediglich gesetzlich fixierten Wucherverbot dazu übergeht, ganz bestimmte, genau beschriebene Wuchergeschäfte für unwirksam zu erklären. Dieser Vorgang findet in den wirtschaftlichen Gegebenheiten dieser Epoche seine Erklärung: Für den zunehmenden Handel und das florierende Gewerbe dieser Zeit bedeutet das Wucherverbot eine Behinderung jeglichen Kreditverkehrs, die sich nur durch Umgehungsgeschäfte vermeiden läßt. Die Reaktion der Gesetzgeber, die am Verbot der Zinsnahme nach wie vor festhalten, äußert sich dann in der detaillierten Aufzählung von Wuchertatbeständen; vom Erfindungsreichtum der Kaufleute neu erdachte, verdeckte Zinsgeschäfte werden von späteren Gesetzen durch eine Verfeinerung und Komplettierung der Kasuistik wiederum verhindert, wie die Constitutio von Stapelholm und die Sachsen-Gothaische Landesordnung zeigen. Daß letztlich die wirtschaftlichen Erfordernisse doch stärker sind als das Prinzip von der Unentgeltlichkeit jedes Darlehens, beweist der Jüngste Reichsabschied von 1654, der erstmals reichsrechtlich eine Vereinbarung von Darlehenszinsen in Höhe von 5% zuläßt[192].

Ein Zusammenhang der wucherischen mit den eigentlich sittenwidrigen Rechtsgeschäften läßt sich für den betrachteten Zeitraum noch nicht herstellen. Zwar werden die Wuchergeschäfte häufig als „unziemlich[193], unchristlich, wider Gott und Recht“[194] oder „unbillig“[195] bezeichnet, dies ist jedoch nur der äußere Ausdruck für die der christlichen Ethik entnommenen Verbotsgründe, zumal die eigentlich sittenwidrigen Rechtsgeschäfte in den Land- und Stadtrechten, wie bereits dargestellt, durch die Worte „unehrbar“, „schandbar“ oder eben „wider die guten Sitten“ charakterisiert werden.

---

190 Bayerische Landesordnung 1616, 2. Buch, 1. Titel, Art. 3;
Württembergische Landesordnung 1621, Titel 60;
Constitutio von Stapelholm 1623, Titel 5, Art. 9;
Sachsen-Gothaische Landesordnung 1666, 2. Teil, 4. Cap., Titel 21;
Hohenzollerische Landesordnung 1698, Titel 69, Abs. 3

191 1. Teil, Art. 31

192 Kunkel/Thieme/Beyerle, Quellen, 2. Bd., 1. Halbbd., S. 87, Anm. 20

193 Bayerisches Landrecht 1518, 33. Titel, 8. Art.,
Landrecht von Jülich Berg 1555, Cap. 104;
Bayerische Landesordnung 1553, 3. Buch, 4. Titel, Art. 1;
Landesordnung der Rheinpfalz 1582, 10. Titel, Einleitungsartikel;
Württembergische Landesordnung 1621, Titel 56, Art. 9;
Wucherverordnung des Erzherzogtums Österreich 1628

194 Landrecht von Jülich Berg 1555, Cap. 104;
Polizeiordnung von Jülich Berg 1558, 1. Teil, Art. 30;
Constitutio für Stapelholm 1623, Titel 5, Art. 2

195 Frankfurter revidierte Reformation 1578, 2. Teil, Titel 1, § 13

II. DER USUS MODERNUS

Ausgangspunkt für die Untersuchung der Frage, welche Weiterbildung die Lehre von der Sittenwidrigkeit der Rechtsgeschäfte bei den Juristen des Usus modernus erfahren hat, sind zunächst die vorgefundenen kasuistischen Beispiele. Darüber hinaus interessiert vor allem, ob diese schon in eine systematische Einteilung gebracht werden, ferner ob der Satz von der Unwirksamkeit sittenwidriger Rechtsgeschäfte bereits in seiner allgemeinen Gültigkeit erkannt wird und inwieweit man sich um eine Definition des Begriffs der guten Sitten bemüht. Den Vergleichsmaßstab hinsichtlich der zeitlichen Entwicklung bilden dabei nicht nur die für die Rezeptionszeit gefundenen Ergebnisse, sondern auch noch, vor allem in bezug auf die Kasuistik, die römischrechtlichen Quellen. Der Materialsammlung liegen die wichtigsten juristischen Werke dieser Epoche zugrunde, vor allem die Codex-, Pandekten- und Institutionenliteratur von Brunnemann, Carpzov, Struv, Mevius, Schilter, Huber, Stryk, Heineccius, Brunnquell und Leyser.

1. Die Generalklausel und der Begriff der guten Sitten

In seinen Praelectiones secundum Institutiones et Digesta Justiniani verfaßt Ulrich Huber in den Anmerkungen zu D 2, 14 (De pactis) einen Absatz über den zulässigen Inhalt von Pacta („De quibus rebus pacisci liceat")[1]. In den einleitenden Sätzen stellt er dabei grundsätzlich fest: „Restat Materia Pactorum, consistens in omnibus rebus, quae sunt in commercio, futuris etiam rebus, omnibus quoque factis licitis ac honestis." Im nächsten Satz zieht er dann die Schlußfolgerung: „Non valent igitur pacta de rebus turpibus." Als Beispiele nennt er noch das pactum de quota litis, die nach römischem Recht sittenwidrige Prozeßvertretung gegen Entgelt oder Beteiligung am Prozeßgewinn[2], sowie das pactum de hereditate futura, der Vertrag über die Erbschaft eines Dritten. Ulrich Huber gebraucht in diesem Abschnitt zwar keine Ausdrücke wie „generaliter" oder „sine exceptione", so daß man schon, wie bei Mynsinger und Donellus[3],

1 Huber, Praelectiones, tom. II, lib. II, tit. XIV, Nr. 13, S. 121

2 C 2, 12, 15: Litem te redemisse contra bonos mores precibus manifeste professus es, cum procurationum quidem suscipere (quod officium gratuitum esse debet) non sit res illicita, huiusmodi autem officia non sine reprehensione suscipiantur.

D 17, 1, 7: Salarium procuratori constitutum si extra ordinem peti coeperit, considerandum erit, laborem dominus remunerare voluerit atque ideo fidem adhiberi placitis oporteat an eventum litium maioris pecuniae praemio contra bonos mores procurator redemerit.

3 Mynsinger: „generaliter";
Donellus: „Haec sententia generalis est"; „generaliter et sine exceptione"; vgl. S. 2

von der Formulierung her schließen könnte, daß Ulrich Huber dem Satz „Non valent igitur pacta de rebus turpibus" prinzipielle Bedeutung beimißt. Diese Schlußfolgerung erscheint jedoch zulässig im Hinblick auf den textlichen Zusammenhang, in dem er diese Aussage trifft: Unter einem besonderen Kapitel über den zulässigen Inhalt von pacta spricht er im Einleitungssatz zunächst allgemein und ohne Bezugnahme auf irgendeine Kasuistik von der „Materia Pactorum". Beispiele bringt er erst nach der uneingeschränkten Feststellung von der Nichtigkeit schändlicher pacta.

Auch im Pandekten-Kommentar von Heineccius[4] ergibt sich der grundsätzliche Charakter des Satzes über die pacta contra bonos mores nicht unmittelbar aus dem Wortlaut, sondern aus der Art der Darstellung. Die entscheidenden Sätze finden sich ebenfalls in den Anmerkungen zu D 2, 14 (De pactis), die er in Form fortlaufend numerierter Paragraphen vornimmt. § 372 handelt von den Pacta, die der Richter nicht gelten läßt („Quae pacta non servent"): „Non itaque servat praetor pacta 1) Dolo malo vel vi inita, 2) Pacta juri contraria, qualia sunt α) pacta de quota litis, β) pactum inofficiosum medici cum aegroto, γ) pacta successoria, δ) quaecumque bonis moribus adversentur." Nachdem er im nächsten Paragraphen feststellt, daß allen anderen Pacta vom Prätor entweder mit einer actio oder exceptio entsprochen wird, bezeichnet er schließlich in der Überschrift zu § 374 die hier getroffene Aussage als „Usus hodiernus": „At hodie omnia pacta, animo deliberato inita, et legibus, bonisque moribus haud repugnantia, et obligationem et actionem producere non ambigitur." Heineccius verzichtet dabei auf irgendwelche erläuternden Beispiele, vielmehr bildet dieser eine Satz den Inhalt des Paragraphen. Der Stellung dieses Satzes, der sich als Schlußfolgerung aus den vorhergehenden Paragraphen darstellt, seinem Titel „Usus hodiernus" und dem Fehlen kasuistischer Anwendungsfälle kann man entnehmen, daß es Heineccius hier um eine allgemeingültige Behauptung geht.

Soweit ersichtlich, handelt es sich hier um die zwei einzigen Fundstellen aus der Literatur des Usus modernus, die erkennen lassen, daß die betreffenden Autoren dem Satz von der Unwirksamkeit sittenwidriger Rechtsgeschäfte grundsätzliche, das Privatrecht überhaupt betreffende Bedeutung beimessen. Aus diesem Gesichtspunkt läßt sich also noch kein Fortschritt gegenüber der Rezeptionsliteratur feststellen, wo ebenfalls nur zwei Autoren, nämlich Mynsinger und Donellus, die Allgemeingültigkeit dieser Regel hervorheben[5].

Daneben finden sich einige Ansätze, den Begriff der guten Sitten zu erklären. Brunnemann erläutert die Codex-Stelle 2, 3, 6[6]: „Pactum contra bonos mores est, quando cum honestate, vel utilitate publica pugnat, seu quando invitat ad delinquendum, vel publicae utilitati praejudicat, vel certis ex causis est

4 Heineccius, Elementa Pandectarum, 1. Bd., lib. II, tit. XIV, §§ 372 f., S. 130

5 siehe S. 2

6 C 2, 3, 6: s. Anm. 7, S. 2

prohibitum, ut pactum de succedendo"[7]. Brunnemann läßt in dieser Anmerkung offen, was er sich unter „ex certis causis" vorstellt, auch das vorgetragene Beispiel des Erbvertrags ergibt keinen brauchbaren Hinweis. Unklar bleibt auch der Unterschied zwischen „quando cum utilitate publica pugnat" und „quando publicae utilitati praejudicat". Die Erwähnung der pacta, die zu einem Delikt einladen, könnte D 2, 14, 27, 4[8] entlehnt sein, wonach das pactum ne furti agam vel iniuriam, die Vereinbarung also, einen zukünftigen Diebstahl oder eine andere Rechtsverletzung nicht gerichtlich zu verfolgen, eine schändliche causa enthält, und ist damit eher kasuistisch zu werten. Unter diesen Gesichtspunkten wird man kaum von einer allgemein verwendbaren Begriffsbestimmung sprechen können.

Lauterbach bringt in seinem Collegium Pandectarum zu D 12, 5 (De condictione ob turpem vel iniustam causam) einen kurzen Paragraphen über die „Causa honesta"[9], wo er die schon bei den Rezeptionsjuristen getroffene Unterscheidung in contra bonos mores naturaliter und civiliter wieder anführt: „Ut aliquid datum sit ob rem inhonestam, quae sc. bonis moribus est contraria, vel naturaliter, quam turpem esse demonstrat ipsa naturalis ratio, omnium hominum mentibus inscripta, propter intrinsecam et moralem turpitudinem; vel civiliter, quae non moraliter et intrinsece turpis est, sed propter aliam causam a LL. politicis pro tali habetur."Wie schon bei Donellus, Cuiacius und Fichard gilt eine Sache als naturaliter sittenwidrig, die schon nach der natürlichen Einsicht aller Menschen für schändlich gehalten wird, und zwar wegen der ihr anhaftenden, innewohnenden Schändlichkeit, im Gegensatz zu contra bonos mores civiliter, wonach eine Sache erst durch die öffentliche Gesetzgebung zur sittenwidrigen erklärt wird.

Die gleiche Differenzierung trifft Schilter bei der Erörterung der Sittenwidrigkeit von Erbverträgen: Was dem einen Volk als sittenwidrig erscheint, das hält bei anderen Völkern niemand für schändlich. Was aber jedes Volk als sittenwidrig einschätzt, das nennt man auch „contra ius gentium" oder „contra ius naturae"[10]. Daß diese Unterscheidung nicht dem Rechtsdenken der Epoche des Usus modernus entstammt, sondern auf das römische Recht zurückgeht, verdeutlicht vor allem Stryk, der dieses Problem ebenfalls bei der Erläuterung der Zulässigkeit von Erbverträgen in einem besonderen Paragraphen „Quinam hic

---

7 Brunnemann, Commentarius in Codicem, lib. II, tit. III, § 6, S. 108

8 D 2, 14, 27, 4: siehe S. 13

9 Lauterbach, Collegium Pandectarum, 1. Bd., lib. XII, tit. V, § V, S. 718

10 Schilter, Praxis Juris Romani, Bd. I, Ex. VIII, lib. II, tit. XIV, § XXXIX, S. 278: „... Quod ad rem ipsam tamen verissimum est ... non eadem omnibus turpia et contra bonos mores videri, sed uno, quae uni genti infamia, aut humilia et ab honestate remota sunt, ea in aliis gentibus nemini sunt turpitudini. ... Quae porro quaelibet gens contra bonos mores reputat, id etiam contra ius gentium esse dicit, imo contra ius naturae, ..."

dicantur boni mores? " aufgreift: „Nam JCti Romani phrasim istam generaliter et late usurparunt de quovis facto honestati aut pudori sive naturali sive civili minus convenienti ... Huc facit l. Probrum 42. de V.S. ubi JCtus Ulpianus inter ea quae naturaliter turpia sunt, et quae saltem civiliter sive more civitatis Rom. talia habentur, manifeste distinguit ..."[11]. Stryk verweist hier also ausdrücklich auf D 50, 16, 42[12], wo Ulpian das Wort „Probrum" erläutert und dabei seine doppelte Bedeutung – natura turpia und civiliter turpia – erklärt und mit Beispielen belegt. Diese Definitionen von Lauterbach, Schilter und Stryk stellen also keine eigenständige Fortentwicklung dar, sondern lediglich eine Wiedergabe der römischrechtlichen Differenzierung nach dem ius gentium und ius civile. Während aber die Rezeptionsjuristen versuchen, die Kasuistik der sittenwidrigen Rechtsgeschäfte unter diese beiden Oberbegriffe einzuordnen, und so zu einer Vorstufe der Fallgruppenbildung kommen, begnügen sich die Autoren des Usus modernus mit der bloßen Unterscheidung.

2. Sittenwidrige Stipulationen

Die Digestenstelle 45, 1, 26, die schändliche Stipulationen allgemein für sittenwidrig erklärt, kommentiert Brunnemann in seinem Pandekten-Kommentar mit dem einzigen Satz: „Turpis rei promissio nullius est valoris, si scil. res per se turpis sit, vel causa ejus turpis"[13]. Er zitiert für diese Unterscheidung dann Donellus, der zwar Stipulationen, in denen etwas schon an sich Schändliches zugesagt wird („quod per seipsum sit turpe"), hervorhebt; Donellus stellt diese Unterart von sittenwidrigen Stipulationen aber nicht in Gegensatz zu denen mit einer causa turpis, sondern unterscheidet sie von solchen Stipulationen, die nur nach römischen Anschauungen ein sittenwidriges Versprechen beinhalten[14]. Trotzdem ist die von Brunnemann getroffene Differenzierung nicht original, sondern bereits, wie schon erörtert[15], bei Mynsinger niedergelegt, der die schändlichen Stipulationen unterteilt in turpiter orta, in se turpis und turpis ratione causae finalis[16].

---

11 Stryk, Tractatus de Successione, diss. VIII, cap. XII, § XII, S. 872

12 D 50, 16, 42: „Probrum" et obproprium idem est. probra quaedam natura turpia sunt, quaedam civiliter et quasi more civitatis. ut puta furtum, adulterium natura turpe est: enimvero tutelae damnari hoc non natura probrum est, sed more civitatis: nec enim natura probrum est, quod potest etiam in hominem idoneum incidere.

13 Brunnemann, Commentarius in Pandectas, lib. XLV, tit. I, § 26, S. 1239

14 Donellus, Opera omnia, 11. Bd., tit. Digestarum de Verborum Obligationibus, l. 27, Sp. 738/739

15 siehe S. 11

16 Mynsinger, Apotelesma, lib. III, tit. XXI, § Quod turpi, S. 391

Heineccius beschränkt sich in seinen Anmerkungen zum Institutionentitel „De inutilibus Stipulationibus" I 3, 19 auf die Feststellung: „Res turpes oder impossibiles können gleichfalls nicht stipuliert werden. Denn res turpes sind moraliter impossibiles, wie Papinianus in L. 15 D. de condit. instit. angemercket"[17]. Er bezieht sich hier auf D 28, 7, 15[18], wo alles Sittenwidrige als unmöglich bezeichnet wird.

Soweit ersichtlich, handelt es sich bei den Zitaten von Brunnemann und Heineccius um die beiden einzigen, allgemein gehaltenen Ausführungen über sittenwidrige Stipulationen. Insbesondere gibt es keine Ansätze zu einer systematischen Aufteilung der verschiedenen Arten von stipulationes turpes, wie sie teilweise von den Rezeptionsjuristen getroffen wurde. Brunnemann begnügt sich im erwähnten Pandekten-Kommentar mit einigen erläuternden Anmerkungen. Die Sittenwidrigkeit der Stipulation „Si heredem me non feceris, tantum dare spondes? " nach D 45, 1, 61[19] erklärt er mit der unzulässigen Beschränkung der Testierfreiheit[20]. Die Kommentierung zu D 45, 1, 123[21] besteht lediglich in einer verbalen Umschreibung des in der Quelle genannten Sachverhalts[22]; dasselbe gilt für die Erläuterung von D 45, 1, 134 p[23], wo die Verabredung zweier Vertragspartner, ihre einzigen Kinder miteinander zu verheiraten, und die Bestärkung dieser Vereinbarung durch eine Strafstipulation wegen unzulässiger Beschränkung der Freiheit in der Eheschließung für sittenwidrig erklärt wird[24]. Mit gleicher Begründung hält Brunnemann in seinem Codex-Kommentar in der Anmerkung zu C 8, 38 (39), 2[25] die condicio oder

17 Heineccius, Akademische Reden, lib. III, tit. XX, § 867, 868, S. 666

18 s. Anm. 19, S. 4

19 D 45, 1, 61: s. Anm. 26, S. 6

20 Brunnemann, Commentarius in Pandectas, lib. XLV, tit. I, § 61, S. 1242: „Stipulatio hoc modo concepta, si heredem me non feceris, tantum dare spondes, inutilis est, et contra bonos mores, et illicitum est et inhonestum poenae adjectione aliquem velle adstringere ad certam heredis institutionem, quia adimitur libera testandi voluntas."

21 D 45, 1, 123: s. Anm. 33, S. 7

22 Brunnemann, Commentarius in Pandectas, lib. XLV, tit. I, § 123, S. 1247: „Ob flagitium committendum vel commissum remunerandum, male fit stipulatio; si conventio, aut habet praemium commissi flagitii, aut confirmationem praesentis; si turpe quid molienti promittam, ne faciat, de quo pluribus actum."

23 Brunnemann, a.a.O., lib. XLV. tit. I, § 134, S. 1248:
„Stipulatio poenalis subjecta matrimonio contrahendo est inutilis, quia inhonestum visum est, vinculo poenae matrimonia obstringi, sive jam futura sive contracta."

24 D 45, 1, 134 p: siehe Anm. 36, S. 8

25 C 8, 38 (39), 2: Libera matrimonia esse antiquitus placuit. ideoque pacta, ne liceret divertere, non valere et stipulationes, quibus poenae inrogarentur ei qui divortium fecisset, ratas non haberi constat.

promissio, ne liceret marito divertere ab uxore für contra bonos mores[26]. Die Quelle selbst erklärt pacta oder Stipulationen dieses Inhalts nur für unzulässig, nicht für sittenwidrig, wenn auch mit gleichem Argument: „Libera matrimonia esse antiquitus placuit.“ Wie schon bei der Behandlung der Ehegattenschenkungen und der Erbverträge durch die Rezeptionsjuristen[27] bestätigt sich auch hier die Neigung, Rechtsgeschäfte als sittenwidrig zu bezeichnen, die die Quellen zwar mit moralischen oder Libertäts-Gründen verbieten, ohne dabei aber ausdrücklich auf den Verstoß gegen die guten Sitten zurückzugreifen.

3. Sonstige sittenwidrige Rechtsgeschäfte

Der sittenwidrige Auftrag bildet bei den Juristen des Usus modernus eines der am meisten erwähnten Beispiele sonstiger sittenwidriger Rechtsgeschäfte. Struv, Schilter, Stryk und Heineccius behandeln ihn in ihrer Kommentierung zum Digestentitel 17, 1 (Mandati vel contra), Stryk[28] in einem besonderen Paragraphen „De mandato rei turpis, an sit obligatorium“, Struv[29], Schilter[30] und Heineccius[31] im Kapitel über den möglichen Inhalt von Aufträgen. Alle vier Autoren beschränken sich jedoch, wenn auch in unterschiedlichen Formulierungen, auf die Feststellung der Nichtigkeit schändlicher mandata[32] und stellen daher nichts anderes dar als eine verbale Umschreibung von D 17, 1, 6, 3[33] und D 17, 1, 22, 6[34]. In seinen Akademischen Reden zu den Institutionen schreibt Heineccius zum Titel I 3, 26 (De mandato): „Ein Mandatum obligieret nur dann, wenn die darinnen aufgetragene Geschäfte erlaubt seynd. Daher, woferne man

26 Brunnemann, Commentarius in Codicem, lib. VIII, tit. XXXIX, l. 4 (2), Rnr. 1, S. 1013; Haec promissio vel conditio, ne liceret marito divertere ab uxore, repudiatur in Jure nostro, quia contra bonos mores, et inhonestum visum fuit in Jure nostro, Vinculo poenae matrimonia obstringi, sive futura sive jam contracta.

27 vgl. S. 15 f. und 16 f.

28 Stryk, Usus modernus, 2. Bd., lib. XVII, tit. I, § XIX, S. 219

29 Struv, Syntagma Jurisprudentiae, tom. I, Ex. XXII, § V, S. 788: Überschrift: „Negotia quae mandantur, Qualia? “

30 Schilter, Praxis Juris Romani, Bd. II, Ex. XXVIII, lib. XVII, tit. I, § LXXIII, S. 363; Überschrift: „Materia mandati“

31 Heineccius, Elementa Pandectarum, 1. Bd., lib. XVII, tit. I, § 235, S. 346; Überschrift: „Quae mandari possint“

32 Struv, a.a.O., S. 788: „Negotia illa honesta sint oportet. Facti enim illiciti mandatum nullam parit obligationem inter mandantem et mandatarium.“

Schilter, a.a.O., S. 363: „. . . ita et ea negotia a mandato excipiuntur, quae specialiter lege vel moribus prohibentur.“

Heineccius, a.a.O., S. 346: „Mandari non posse negotia turpia.“

33 D 17, 1, 6, 3: siehe S. 13

34 D 17, 1, 22, 6: siehe S. 13

einen Mörder, Mevium umzubringen, bevollmächtigte, so wäre der Mörder, obgleich solches unternommen hätte, dennoch keineswegs daran verbunden"[35]. Stryk begnügt sich in seinem Institutionen-Kommentar mit der Wiedergabe von I 3, 26, 7: „Illud quoque mandatum non est obligatorium, quod contra bonos mores est: veluti si Titius de furto, aut de damno faciendo, aut de iniuria facienda mandet tibi"[36]. Struv widmet im Kapitel „De Mandato" seiner Jurisprudentia Romano–Germanica einen Artikel dem sittenwidrigen Auftrag, wo er aber lediglich unter Hinweis auf D 17, 1, 6, 3 feststellt: „Caeterum rei turpis et prohibitae mandatum nullum est"[37]. Carpzov[38] und Mevius[39] erwähnen die Nichtigkeit des mandatum rei turpis noch beiläufig gelegentlich einer Decisio bzw. Definitio. Zahlreiche Beispiele unsittlicher Aufträge bringen Stryk in seiner Schrift „De mandato delinquendi" und Lyncker in seiner Abhandlung „De mandato rei turpis". Beide erörtern ihr Thema aus strafrechtlicher Sicht und beziehen sich in ihrer Kasuistik auf Straftatbestände wie mandata furti, rapinae, criminis laesae majestatis, adulterii oder homicidii[40]. Sieht man von den letztgenannten Werken ab, die ohnehin nur mit Vorbehalt dem Privatrecht zuzurechnen sind, so zeigen die erörterten Zitate über das mandatum rei turpis kaum einen eigenen, dem römischen Recht gegenüber selbständigen Beitrag. Die meisten Fundstellen sind Anmerkungen zu den entsprechenden Quellen D 17, 1, 6, 3 und D 17, 1, 22, 6 oder I 3, 26, 7 ohne neue sachliche Gesichtspunkte. Lediglich Vinnius trifft in seinem Institutionen-Kommentar zu I 3, 26, 7 eine Unterscheidung in zwei Arten von sittenwidrigen Aufträgen[41]: Zunächst geht er aus vom mandatum turpium rerum und zitiert zur Verdeutlichung einige Beispiele aus D 17, 1, 22, 6: „Si quis aedem sacram spoliandam, hominem vulnerandum, occidendum . . . suscepit." Davon unterscheidet er dann den Auftrag, der selbst noch keine Schandtat enthält, aber auf andere Weise sittenwidrig sein kann: „Sed et si nihil flagitiosi mandetur, si tamen alias quod mandatur, inhonestum sit, nullo ex eo mandati actio est." Als Beispiel für dieses „si alias quod mandatur" zitiert Vinnius dann die in D 17, 1, 12, 11[42] geregelten mandata, sich für den einer Dirne gegebenen Kredit zu verbürgen bzw. dieser selbst einen Kredit zu geben. In D 17, 1, 12, 11 wird die Unzulässigkeit

35 Heineccius, Akademische Reden, lib. III, tit. XXVII, Nr. 2, S. 738

36 Stryk, Justiniani Institionum, lib. III, tit. XX, Nr. 23, S. 435

37 Struv, Jurisprudentia Romano-Germanica, lib. III, tit. XV, Art. V, S. 463

38 Carpzov, Jurisprudentia, Pars IV, Constitutio VI, Definitio VIII, Nr. 2, S. 1313 und Constitutio XIV, Definitio VI, Nr. 3, S. 1347

39 Mevius, Decisiones, tom. I, Pars III, Decisio CCCLXXIV, Rnr. 5, S. 360

40 Stryk, De mandato delinquendi, S. 30;
Lyncker, De mandato rei turpis, S. 23 f.

41 Vinnius, Institutionem Imperialium Commentarius, lib. III, tit. XXVII, § 7, Rnr. 1, S. 219

42 D 17, 1, 12, 11: siehe S. 13

des Auftrags zu einer derartigen Bürgschaft allerdings überhaupt nicht mit moralischen Argumenten begründet, sondern nur damit, „quia simile est ac si perdituro credideris", das Verbot des Kreditauftrags aber mit „adversus bonam fidem" und nicht mit „contra bonos mores"; Vinnius dagegen erörtert beide Beispiele als Unterart unsittlicher mandata. Die Kasuistik bei Vinnius zeigt, daß er sich, vom erwähnten Ansatzpunkt einer Systematisierung abgesehen, noch völlig am römischen Recht orientiert. Neu ist lediglich, daß er diese Erörterungen unter einem besonderen Kapitel „De mandato contra bonos mores" darlegt, eine Entwicklung, die sich auch schon, wie erwähnt, bei Struv, Schilter, Stryk und Heineccius feststellen läßt.

Struv, Huber, Stryk und Heineccius lassen im Kapitel „De pactis dotalibus" ihrer Pandekten- bzw. Institutionenlehrbücher die Eheverträge grundsätzlich zu, wenn sie insbesondere nicht den guten Sitten widersprechen. Bei Struv bildet dieser Satz den ganzen Inhalt eines Paragraphen über die Gültigkeit von Dotalverträgen: „Aliquando de dote pacta conficiuntur, quae valent, modo non contra bonos mores sint, vel contra ipsam dotis naturam aut indotatas reddant mulieres superstites, sive alias dotis causam reddant in praejudicium mulieris deteriorem"[43]. Ulrich Huber faßt die sittenwidrigen Eheverträge in einem eigenen Kapitel unter der Überschrift „Quae bonis moribus adversentur" zusammen, das er einleitet: „Est autem de his regula tralatitia; sunt licita, quae non prohibentur. Et prohibentur, quae bonis moribus, aut naturae negotii contraria sunt"[44]. Stryk stellt diesen Grundsatz an den Anfang eines Paragraphen mit dem Titel „Pacta (dotalia) quae invalida": „Pactis dotalibus variae res determinantur, dummodo bonis moribus non sint contraria, uxorem indotatam non reddant, nec causam dotis inutilem"[45]. Heineccius definiert im Paragraphen „Pacta dotalia quid? " die Eheverträge, um dann die negativen Voraussetzungen ihrer Gültigkeit zu nennen: „Valida sunt, nisi 1) legibus bonisve moribus repugnent, 2) uxori nimis novica"[46].

Einen derartigen, allgemein die Dotalverträge regelnden Satz kennen die römischen Quellen nicht. Im Digestentitel D 23, 4 (De pactis dotalibus) findet sich lediglich ein spezieller Fall eines sittenwidrigen Ehevertrages, in dem die Ehefrau als Buße für eine Eheverfehlung auf ihren Anspruch auf Rückgabe der dos verzichtet, D 23, 4, 27[47]. Dieses spezielle Beispiel eines sittenwidrigen Ehevertrages meinen möglicherweise Struv und Stryk, wenn sie die Eheverträge zulassen, „dummodo uxorem indotatam non reddant". Brunnemann und

43 Struv, Syntagma Jurisprudentiae, tom. II, Ex. XXX, § XV, S. 138

44 Huber, Praelectiones, tom. III, lib. XXIII, tit., IV, Nr. 4, S. 173

45 Stryk, Usus modernus, 3. Bd., lib. XXIII, tit. IV, § VII, S. 222

46 Heineccius, Elementa Institutionum, lib. I, tit. X, § 137, S. 52

47 D 23, 4, 27, siehe Anm. 60, S. 14

Carpzov erwähnen weiterhin noch den Verzicht des Ehemanns auf das beneficium competentiae, Brunnemann in seinem Pandekten-Kommentar als Anmerkung zu D 23, 4, 12 f: „Privilegio ob reverentiam renunciari non posse, quia esset contra bonos mores“[48]; Carpzov in seiner Jurisprudentia forensis Romano – saxonica unter der Definitio „Non potest valide renunciari beneficio Competentiae“: „. . . quin renunciatio sit contra bonos mores“[49]. Beide Autoren beziehen sich damit auf D 24, 3, 14, 1[50], wo der vertragliche Verzicht des Ehemanns auf diese Rechtswohltat des Notbedarfs[51] gegenüber der Ehefrau als sittenwidrig angesehen wird, weil diese Vereinbarung die den Ehemännern zu erweisende Ehrerbietung verletzt.

Ulrich Huber bringt in dem erwähnten Kapitel „Quae (pacta dotalia) bonis moribus adversentur“ als Beispiele einen Ehevertrag, in dem sich der eine Ehegatte verpflichtet, der Religion des anderen beizutreten, oder ein Pactum, in dem die Ehegewalt des Mannes verkürzt wird: „Pactum de potestate maritali minuenda, velut ne vir sit Curator uxoris“[52]. Die Sittenwidrigkeit dieses Ehevertrags erklärt sich aus dem deutschen Eherecht, das hinsichtlich der persönlichen Rechtsverhältnisse zwischen den Ehegatten von der eheherrschaftlichen Muntgewalt des Mannes über die Frau gekennzeichnet wird und deshalb keine Verträge anerkennt, die diese Herrschaftsgewalt schmälern. Unter diesem Gesichtspunkt ist es auch verständlich, wenn Mevius in einem Gutachten zum Lübischen Recht ein Ehepactum für sittenwidrig erklärt, in dem sich der Mann bei Eingehung der Ehe verpflichtet, an einem festbestimmten Ort bei seiner Frau Wohnsitz zu nehmen[53]; da die Frau ihrem Mann überall hin zu folgen hatte, verstößt eine derartige Abrede gegen die dem Ehemann zu erweisende Reverenz. In einem anderen Gutachten ebenfalls als Kommentierung des Lübischen Rechts hält Mevius einen Ehevertrag für sittenwidrig, der das Recht des Mannes, seine Frau zu züchtigen, ausschließt: „Modica et necessaria castigatio marito in uxoris tergum permissa est. Pactum inter maritum et uxorem de non castigando non valet, quia bonis moribus contrarium“[54]. Auch die Sittenwidrigkeit dieser Abmachung erklärt sich aus dem Umfang der Muntgewalt des Mannes, die dieses

48 Brunnemann, Commentarius in Pandectas, lib. XXIV, tit. III, § 14, Rnr. 6, S. 814

49 Carpzov, Jurisprudentia, Pars I, Constitutio XXXII, Definitio XIX, S. 358

50 D 24, 3, 14, 1: Eleganter quaerit Pomponius libro quinto decimo ex Sabino, si paciscatur maritus, ne in id quod facere possit condemnetur, sed in solidum, an hoc pactum servandum sit et negat servari oportere, quod quidem et mihi videtur verum: namque contra bonos mores id pactum esse melius est dicere, quippe cum contra receptam reverentiam, quae maritis exhibenda est, id esse apparet.

51 vgl. im einzelnen Kaser, Römisches Privatrecht, Bd. I, § 113 IV, S. 403

52 Huber, Praelectiones, tom. III, lib. XXIII, tit. IV, Nr. 4, S. 173

53 Mevius, Jus Lubucense, lib. I, art. X, Rnr. 66, S. 190

54 Mevius, a.a.O., pars II, tit. II, art. XII, S. 407 und 437

Züchtigungsrecht vorsieht[55]. Stryk dagegen bestreitet in seinem Kapitel „Pacta (dotalia) quae invalida" die Ungültigkeit oder Sittenwidrigkeit derartiger Abreden: „Revera enim maritus ita non amittit jus maritale, nec uxori imperium in maritum conceditur". Und zum von Huber erwähnten pactum ne vir sit Curator uxoris führt Stryk im gleichen Kapitel aus: „Der Mann ist in allen wege seiner Frauen Vormund; interim pactum in contrarium haud improbandum esse existimo, quia potestas salva manet, nec quid contra bonos mores committitur"[56].

Bei diesen Erläuterungen familienrechtlicher Verträge zeigt sich die deutschrechtliche Eigenständigkeit am stärksten: Auf die ohnehin wenigen Digestenstellen beziehen sich zwar einige Kommentierungen oder allgemein gehaltene Formulierungen, die meisten Beispiele und Erörterungen sind jedoch am einheimischen Familienrecht orientiert. Neben diesen Unterschieden in der Kasuistik bedeutet vor allem der Umstand, daß die unwirksamen pacta dotalia in einem besonderen Kapitel behandelt und die sittenwidrigen Eheverträge allgemein für unzulässig erklärt werden, eine Fortentwicklung gegenüber dem römischen Recht und der Rezeptionsliteratur. Freilich handelt es sich im letzteren Fall nur um eine beschränkte, für Eheverträge gültige und nicht alle pacta betreffende Generalklausel.

Das Verbot der Schenkungen unter Ehegatten als Sonderfall von moralisch bedenklichen Eheverträgen gilt auch in der Literatur des Usus modernus nicht mehr unbestritten. Zwar halten immer noch verschiedene Autoren an der Ungültigkeit dieser Rechtsgeschäfte fest, indem sie sich auf die moralisch motivierten Gründe in D 24, 1, (De donationibus inter virum et uxorem) berufen. Brunnemann faßt sie in seinem Pandekten-Kommentar als Anmerkung zu D 24, 1, 1 f. nochmals in einem eigenen Schema zusammen: „Causae autem, cur simplex donatio prohibita, sunt hae: 1. Ne ob amorem se mutuo spolient. 2. Ne matrimonia sint venalia. 3. Quia amor solis animis aestimandis. 4. Ne concordia pretio conciliari videatur. 5. Ne melior in paupertatem incidat, deterior vero fiat ditior. 6. Ne altero non donante lites oriantur"[57].

Ähnliche Formulierungen verwenden Huber in seinen Praelectiones Juris civilis[58] und Lauterbach im Collegium Pandectarum[59], jeweils als Anmerkungen zu D 24, 1. Lauterbach verweist in seinem Compendium Juris ebenso wie Heineccius auf den Gesichtspunkt der Manus – Ehe im römischen Recht, bei der

55 Conrad, Rechtsgeschichte, 2. Kap , § 2 d, S. 405;
Mitteis, Deutsches Privatrecht, Kap. 17, I, S. 51;
Schwerin, Deutsches Privatrecht, § 87, S. 264

56 Stryk, Usus modernus, 3. Bd., lib. XXIII, tit. IV, § VII, S. 222

57 Brunnemann, Commentarius in Pandectas, lib. XXIV, tit. 1, § 1, S. 802

58 Huber, Praelectiones, tom. III, lib. XXIV, tit. I, Nr. 1, S. 176

59 Lauterbach, Collegium Pandectarum, 2. Bd., lib. XXIV, tit. 1, S. 426

durch die Eheschließung alle Vermögensrechte der Frau auf den Mann übergingen und deshalb eine Schenkung zwischen beiden wegen der Vermögenseinheit gar nicht möglich war[60].

Daneben mehren sich die Stimmen der Juristen, die dieses Verbot nicht oder nur mehr mit Einschränkungen gelten lassen. Carpzov stellt in einer Definitio seiner Jurisprudentia forensis Romano-saxonica gleich in der Überschrift fest: „Uxor marito suo consensu Curatoris in iudicio valide donare potest" und führt als Begründung im wesentlichen an, „cum iniquum sit liberis et ingenuis hominibus liberam rerum suarum administrationem non esse"[61]. Schilter weist in den Anmerkungen zu D 24, 1 seiner „Praxis Juris Romani" auf deutsche Volksrechte hin, nach denen Ehegattenschenkungen zumindest unter bestimmten Voraussetzungen gültig waren: „ceterum vetus Teutonicarum gentium ius non omne prohibuit donationes inter coniuges. Lex Wisigothorum intra primum coniugii annum solum prohibuit donationes, quippe quo profusior erga se coniugum facilitas esse soleat ... Francorum moribus reciproca coniugum donatio consueta fuit"[62]. In ähnlicher Weise beruft sich Stryk in seiner Kommentierung zu D 24, 1, 1 auf neuere Gesetze wie das Lübische und das Sächsische Recht sowie das Preußische Landrecht, die die Ehegattenschenkungen alle grundsätzlich, wenn auch mit Einschränkungen erlauben[63]. In den Elementa Juris civilis secundum ordinem Pandectarum von Heineccius heißt es dann bereits im Paragraphen „Usus hodiernus" (nämlich donationum inter virum et uxorem): „Ceterum hodie passim valent donationes inter virum et uxorem"[64]. Die Rechtswirksamkeit dieser Schenkungen, die sich bei den Rezeptionsjuristen als Ausnahme abzeichnete, wird also im Usus modernus allmählich zur Regel, nachdem sie sich schon in den Territorialgesetzen nahezu völlig durchsetzen konnte.

Sittenwidrige Wettverträge erwähnen Heineccius und Leyser. In einem besonderen Paragraphen „Quid iuris circa sponsiones" seiner Elementa Juris Germanici behauptet Heineccius die Gültigkeit aller Wetten nach germanischem Recht, soweit sie nicht gegen die guten Sitten verstoßen: „Alioquin non est dubium, quin et sponsio de re honesta ex Germanici iuris principiis eo magis valuerit, quo certius constat, pacta quaelibet, bonis moribus haud adversa, religiose servanda

60 Lauterbach, Compendium Juris, lib. XXIV, tit. 1, S. 451: „Prohibentur donationes inter virum et uxorem; idem est, si donetur personis, quae propter patriam potestatem pro una habentur." Ähnlich Heineccius, Akademische Reden, lib. II, tit. VII, § 458, S. 432; ders. Elementa Institutionum, lib. II, tit. VII, § 438, S. 162/3

61 Carpzov, Jurisprudentia, Pars II, Constitutio XIII, Definitio XVI, S. 500

62 Schilter, Praxis Juris Romani, Bd. II, Ex. XXXVI, lib. XXIV, tit. I, §§ XCIX, C, S. 568/569

63 Stryk, Usus modernus, 3. Bd., lib. XXIV, tit. I, §§ III, IV, V, S. 232–234

64 Heineccius, Elementa Pandectarum, 2. Bd., lib. XXIV, tit. I, § 225, S. 76

existimasse maiores nostros, fidei, ut par est, studiosissimos"[65]. Leyser beruft sich im Abschnitt „De sponsionibus" seiner Meditationes ad Pandectas bei der Erwähnung der Ungültigkeit von sittenwidrigen Wetten ausdrücklich auf D 19, 5, 17, 5[66]: „Sponsiones de re turpi initas inhonestas esse et non valere, Ulpianus in L. 17 § 5 de Praescriptis verbis dicit"[67].

Zahlreiche Autoren des Usus modernus behandeln auch das SC. Macedonianum, mit dem sie sich in der Regel in einem eigenen Kapitel befassen, verzichten aber wie auch die Quellen auf jeden ausdrücklichen Bezug zur Sittenwidrigkeit[68].

Die Stelle C 2, 12, 15[69], die das pactum de quota litis, die Zusage eines Prozeßgewinns an den Prozeßvertreter, für contra bonos mores erklärt, kommentiert Brunnemann in seinem Codex-Kommentar lediglich mit der Bemerkung: „Ratio hic additur, quia officium Procuratoris debet esse gratuitum.", ohne die Sittenwidrigkeit der entgeltlichen Prozeßvertretung zu erwähnen[70]. Huber nennt dagegen eine derartige Vereinbarung in seinem Paragraphen „De quibus rebus pacisci liceat" zu D 2, 14 (De Pactis) ausdrücklich unter Anführung von C 2, 12, 15 einen Beispielsfall der pacta de rebus turpibus[71]. Höpfner begründet das Verbot des pactums de quota litis zwar nicht wörtlich mit dem Verstoß gegen die guten Sitten, erläutert jedoch die moralischen Bedenken gegen eine derartige Abrede[72].

---

65 Heineccius, Elementa Juris Germanici, lib. II, tit. XV, § CCCCXXV, S. 676

66 D 19, 5, 17, 5: ... plane si inhonesta causa sponsionis fuit, sui anuli dumtaxat repetitio erit.
Die Quelle spricht hier zwar von inhonesta causa, aus dem geregelten Fall entnimmt man jedoch, daß es sich um einen unmoralischen Wettgegenstand handelt; vgl. Lotmar, S. 30

67 Leyser, Meditationes ad Pandectas, tom. 2, spec. CXXVII, S. 609

68 Carpzov, Responsa Juris, lib. II, tit. X, Responsum CIV, S. 443; ders. Jurisprudentia, Pars II, Constitutio X, Definitio XVI, S. 448;
Huber, Praelectiones, tom. II, lib. XIV, tit. VI, S. 433;
Stryk, Usus modernus, 2. Bd., lib. XIV, tit. VI, S. 102;
Heineccius, Elementa Pandectarum, 1. Bd., lib. XVII, tit. I, § 235, S. 346;
Brunnquell, Historia Juris, cap. IX, § XXX, S. 117;
Leyser, Meditationes ad Pandectas, tom. 3/4, spec. CLXIII, S. 198 f.;
Hellfeld, Jurisprudentia forensis, lib. XIV, tit. VI, § 898 f., S. 316

69 C 2, 12, 15: siehe Anm. 2, S. 39

70 Brunnemann, Commentarius in Codicem, lib. II, tit. XIII, l. 15, S. 155

71 Huber, Praelectiones, tom. II, lib. II, tit. XIV, Nr. 13, S. 121

72 Höpfner, Commentar zu Heineccius, lib. III, tit. XIV, § 737, S. 808: „Das pactum de quota litis blieb verboten, vermutlich deswegen, weil zu besorgen ist, daß ein gewissenloser Advokat nach einem solchen Vertrag alle mögliche, erlaubte und unerlaubte Mittel anwenden werde, den Proceß zu gewinnen oder auch seinem Klienten vorspiegeln möge, die Sache sey äußerst verworren und zweifelhaft; kein Anderer werde sie übernehmen, oder durchsetzen können; er wolle es unter der Bedingung thun, wenn man ihm einen Theil am Gewinn verspreche "

Brunnemann[73] und Schilter[74] erwähnen in ihren Anmerkungen zu D 16, 3, 1, 7: „Conventio de dolo in futurum non praestando est inutilis, quia invitat ad delictum.“. Brunnemann stellt daneben nochmals in seiner Kommentierung zu D 2, 14, 27 fest: „Nulla conventione fieri potest, ne dolus futurus praestetur, quia praestaret occasionem peccandi.“[75], ein Satz, der auch noch beiläufig in Heineccius' Elementa Juris civilis unter dem Kapitel „Quibus modis re contrahitur obligatio“ vorkommt[76]. Obwohl sich zumindest die Fundstellen bei Brunnemann und Schilter auf D 16, 3, 1, 7[77] und D 2, 14, 27, 4[78] beziehen, wo das pactum ne dolus praestetur bzw. das pactum ne furti agam für contra bonos mores erklärt wird, beschränken sich die genannten Autoren auf die Feststellung der Rechtswidrigkeit, ohne die Sittenwidrigkeit zu erwähnen[79]. Dabei kann es sich um einen Rückgriff auf das klassische römische Recht handeln, das derartige Abreden ebenfalls nur für rechtswidrig hält[80]. Möglicherweise ist dies aber auch ein Zeichen dafür, daß man diese Quellen nicht mehr unkritisch übernimmt, sondern die moralische Argumentation, mit der gerade die römischen Quellen sehr viele Rechtsgeschäfte verbieten, durch die bloße Rechtswidrigkeit ersetzen will. Diese Annahme wird noch bestätigt durch die gleiche, bei den Rezeptionsjuristen festzustellende Entwicklung, wonach Freigius und Fichard das pactum ne dolus praestetur und Zasius den vertraglichen Ausschluß der Dos-Rückgabe ebenfalls ohne Anführung von „contra bonos mores“ untersagen[81].

4. Erbverträge

Die Erbverträge, in der Rezeptionsliteratur fast ausnahmslos unter Verweisung auf das römische Recht für ungültig erklärt, finden bei den Autoren des Usus modernus, die diesen Problemkreis in der Regel in besonderen Abschnitten oder Kapiteln behandeln, mehr und mehr rechtliche Anerkennung.

Die Argumentation der Rezeptionsjuristen, die Erbverträge beeinträchtigten die Testierfreiheit, stellten eine Spekulation mit dem Tod des Erblassers dar und

73 Brunnemann, Commentarius in Pandectas, lib. XVI, tit. III, § 1, S. 616

74 Schilter, Praxis Juris Romani, Bd. II, Ex. XXVIII, lib. XVI, tit. 3, § XLIII, S. 355

75 Brunnemann, Commentarius in Pandectas, lib. II, tit. XIV, § 27, Rnr. 7, S. 111

76 Heineccius, Elementa Institutionum, lib. III, tit. XIV, § 796, S. 290

77 D 16, 3, 1, 7: siehe Anm. 56, S. 13

78 D 2, 14, 27, 4: S. 13

79 Lediglich Kohl weist darauf hin, daß derartige Pacta eine schändliche causa enthalten: Kohl, Tractationes, Pars altera, Nr. 62, S. 67

80 Kaser, Rechts- und Sittenwidrigkeit, ZRG Rom. 60 (1940)/S. 141; Mezger, Stipulationen contra bonos mores, S. 28

81 siehe S. 13/14

seien deshalb sittenwidrig, wird nur noch von Brunnemann[82] und Musculus[83] zur Begründung der Nichtigkeit der pacta successoria vorgetragen. Mevius steht dann bereits am Wendepunkt der Auffassungen: In seinem Kommentar zum Lübischen Recht spricht er noch von ,,pacta de futura successione tanquam contra bonos mores inita, ... tum quod odiosa sunt, plena tristissimi et periculosi eventus"[84], während er in seinen Decisionen, einem späteren Werk, das Prinzip der vertragsmäßigen Erbfolge schon als ein in der deutschen Gewohnheit begründetes Recht gelten läßt: ,,Sic in Germania hodie per mores vulgatum est, ut non attenta amplius ea juris civilis veteri constitutione, pacta successoria valeant, nec juxta hanc amplius jus dicatur, nisi ubi receptum reperitur"[85]. Auf dieses alte Gewohnheitsrecht, wonach die Erbverträge seit jeher im deutschen Rechtsraum üblich gewesen sind, berufen sich dann weiterhin Schilter[86], Stryk[87], Boehmer[88], Höpfner[89] und Hofacker[90], um die Gültigkeit

82 Brunnemann, Consilia, cons. CLXV, Rnr. 7, 8, 9, 10, 14, S. 779:
„7. Atque juris est manifesti, quod pacta dotalia inter patrem et liberos, in quibus de futura successione agitur, contra bonos mores, et ipso jure nulla sint et invalida
8. Quia tale pactum liberum testandi arbitrium excludit
9. Quod tamen juris dispositioni repugnat
10. Et improbum esse pacto constringere libertatem testandi sentit
14. Insuper etiam pacta de succedendo votum captandae mortis inducunt"

83 Musculus, De successione conventionali, membr. I, class. I, concl. 3, § 43/44, S. 30: „Ob solam tamen captandae mortis occasionem ... quod huiusmodi pactiones liberam testandi facultatem adimant. ... omne quod fit contra libertatem testandi, esse non modo contra jus civile, et mores civiles, sed et naturales."

84 Mevius, Jus Lubucense, pars II, tit. I, nr. 15 f. S. 279

85 Mevius, Decisiones, tom. I, pars III, Decisio CCLXX, Rnr. 5, S. 323

86 Schilter, Praxis Juris Romani, Bd. I, Ex. VIII, lib. II, tit. 14, § XXVIII, S. 277: „Et quamvis maioribus priscis sola successio ab intestato usitata fuit, postea tamen uti ex omni pacto datur actio, ita pactis etiam hereditas deferri, aeque ac testamentis."

87 Stryk, De cautelis contractuum, sect. III, cap. VI, § V, S. 441:
„Moribus vero eo deventum, ut haec pacta (successoria) pro illicitis amplius non reputentur, sed ex dispositione juris subsistant, modo juramento fuerint confirmata".

88 Boehmer, Exercitationes, tom. I, lib. I, tit. I, cap. II, § XX, S. 195: „Denique iure Germanico etiam pactis successoritis ius futurae successionis sartum tectumque conservari potest..."

Boehmer, Consultationum, tom. I, Resp. XLVI, Rnr. 15, S. 221:
„Nun ist aus der alten teutschen observanz oder Herkommen und allgemeinen Gewohnheiten offenbar, daß die pacta successoria bey denen Teutschen im Schwange gewesen und heilig observiert sind, ehe das ius Romanum ist bekannt gewesen."

89 Höpfner, Commentar zu Heineccius, lib. III, tit. XIV, § 737, S. 802: „Die meisten Juristen sind der gegründeten Meinung, daß die Erbverträge bey uns gültig seyen, denn sie haben jeher in Dtl. gegolten, und die Erbschleicher sind bei uns nie so häufig und boshaft gewesen, daß man Lebensnachstellungen von einem Erben sehr zu befürchten gehabt hätte..."

der Erbverträge darzulegen. Daneben erörtert man vor allem das Problem, inwieweit die Erbverträge gegen die guten Sitten verstoßen. Schilter weist darauf hin, daß die Nachstellungen gegen den Erblasser, die bei den Römern derartige Verträge in den Verruf der Sittenwidrigkeit brachten, bei den Germanen kaum vorgekommen sind: „Quare manifestissimum est, ob hanc iuris Romani suspicionem haec pacta adversus ius et bonos mores omnium gentium haud esse, imprimis vero non adversus mores gentium Germanicarum, quibus istiusmodi insidiae non ita frequentes, atque Romanis: Quippe apud nos boni mores plus semper valuere, quam apud hos bonae leges"[91]. Ähnlich argumentiert Heineccius in seinen Elementa Juris Germanici im Kapitel „De Jure Hereditario": „Pacta successoria Romanis non parum suspecta, apud Germanos omni periculo tristioris eventus carere videbantur. Omnibus enim his conventionibus nihil omnino turpitudinis bonisque moribus adversi inesse, existimabant"[92]. Leyser schildert in seinem Specimen „De pactis successoriis" vor allem die Ruchlosigkeit der Römer, mit der sie dem Leben derer nachstellen, von denen sie sich eine Erbschaft erhofften: „Summa nempe erat hac in parte Romanorum improbitas, ut illi, cui se successuros certo sciebant, non solum mortem optarent, sed et ferro, veneno aliisque artibus spem suam promoverent ... Solebant securius alimenta aut medicamenta aegrotantibus denegare"[93].

Wie schon bei der Erörterung der Erbverträge zur Rezeptionszeit ausführlich dargestellt, erwähnte das antike römische Recht kein ausdrückliches Verbot der Erbverträge, weil dieses Rechtsgeschäft zu dieser Zeit einfach nicht bekannt war. In den Quellen finden sich lediglich einige Stellen, die eine Stipulation über eine zukünftige Erbschaft sowie das pactum de hereditate tertii für sittenwidrig erklären[94]. Die Rezeptionsjuristen behaupteten dann in ausdrücklicher oder schlüssiger Bezugnahme auf diese Codex- und Digestenstellen, wie dargelegt, die Sittenwidrigkeit der Erbverträge. Bezeichnend ist nun, daß die Autoren des Usus modernus zunächst noch einen Schritt weitergehen und aus der Sittenwidrigkeit dieser Verträge auf die Sittenverderbnis der Römer überhaupt schließen, um dann dem Sittenverfall der Römer die intakte Moral der Germanen gegenüberzustellen und daraus dann die Gültigkeit der Erbverträge nach deutschem Recht abzuleiten.

---

90 Hofacker, Principia Juris Civilis, 2. Bd., lib. V, sect. I, cap. II, § 1401, S. 531: „Quae Romanos a pactis successoriis arcebant rationes, gentem Germanam non poterant movere; sed nullo non tempore apud hanc frequentia erant pacta successoria."

91 Schilter, Praxis Juris Romani, Bd. I, Ex. VIII, lib. II, tit. 14, § XXXVII, S. 277

92 Heineccius, Elementa Juris Germanici, lib. II, tit. VI, § CXLVI, S. 475

93 Leyser, Meditationes ad Pandectas, tom. 1, spec. XLIII, § I f., S. 439/440

94 D 45, 1, 61
C 8, 38 (39), 4 } Stipulation über Erbeinsetzung
D 39, 5, 29, 2
C 2, 3, 30 } Pactum de hereditate tertii

Mit dem von den Rezeptionsjuristen gebrachten Einwand, durch die Erbverträge würde die Testierfreiheit beseitigt, beschäftigen sich vor allem Schilter und Stryk. Schilter bringt den Einwand, daß es keineswegs der natürlichen Vernunft und den guten Sitten aller Völker widerspreche, sich freiwillig der Möglichkeit des Testierens zu begeben: „Porro etsi ad universali gentium ius et mores omnium populorum testandi libertas referri posset, ut tamen quis sibimet ipsi liberam hanc testandi facultatem propria voluntate tollat, hoc naturali rationi et bonis moribus omnium gentium, minime adversari"[95]. Stryk argumentiert in der Dissertatio „De pactis successoriis" seiner Abhandlung „De successione ab intestato", daß es ohne Unterschied sei, Güter durch Vertrag oder Erbvertrag zu veräußern: „Quid interest, bona mea alienem per contractum aut testamentum? Ea ipsa autem ratio, quae permittit, ut per alium quemcunque contractum vel testamentum bona mea ad te transferam, ea nec repugnat, ut pacto te heredem faciam"[96]. „. . . Cui (nämlich Juri Naturae) minime adversetur, ut quis facultatem testandi sibi propria voluntate tollat"[97]. Die Argumentation mit ratio naturalis (Schilter) und Jus Naturae (Stryk) zeigt, daß diese beiden Autoren bereits naturrechtliches Denken in ihre Erwägungen einführen: Die Freiheit im Abschluß von Rechtsgeschäften ist so umfassend, daß man sich auch in einzelnen Bereichen wie etwa des Testierens seiner Freiheit durch Vertrag begeben darf.

Conrad Wilhelm Strecker zählt zu den letzten Juristen, die die allgemeine Gültigkeit der Erbverträge in Zweifel stellen. In seiner Abhandlung „De doctrina successionis pactitiae" vertritt er die Ansicht, daß man aus dem gelegentlichen Gebrauch dieser Verträge bei einzelnen Stämmen und in verschiedenen Provinzen noch nicht auf eine allgemeine Geltung schließen dürfe[98].

Die Entwicklung der Auffassungen zum Problem der pacta de hereditate tertii verläuft nahezu parallel zu den Erbverträgen, nämlich vom ursprünglich nahezu ausnahmslosen Verbot bis zur allmählichen rechtlichen Anerkennung. Die Juristen des 17. Jahrhunderts berufen sich nach wie vor auf die Verbotsgründe des antiken römischen Rechts, insbesondere auf C 2, 3, 30, wo derartige Verträge als „odiosae et plenae tristissimi periculosi eventus" und wegen der Spekulation mit dem Tod des Erblassers als sittenwidrig bezeichnet werden[99]. Stryk erklärt ausdrücklich, er wage nicht zu behaupten, daß zu seiner Zeit in dieser Frage etwas anderes gelte als das römische Recht: „Constat quippe, haec

95 Schilter Praxis Juris Romani, Bd. I, Ex. VIII, lib. II, tit. 14, § XXXIX, S. 278

96 Stryk, Tractatus de Successione, diss. VIII, cap. XIII, § IV, S. 905

97 Stryk, a.a.O., § VII, S. 907

98 Strecker, De doctrina Sucessiones pactitiae, membrum II, § V, S. 15: „Ex omnibus satis luculenter apparet, non omnia pacta successoria jure Germanico ubique valuisse, sed tantum modo quaedam, apud quadam gentes atque provincias sub certo tamen modo certisque solennitatibus in usu fuisse, ex quibus autem nulla universalis consuetudo deduci potest, cum a speciali ad universale non valeat consequentia."

pacta tanquam plena tristissimi eventus, et votum captandae mortis continentia, penitus improbari ... Ego, quantum praxin attinet, eam hodie a Jure Romano diversam esse, asserere non ausim"[100].

Bereits Schilter[101] und Boehmer[102] entscheiden sich dagegen für die Wirksamkeit dieser Verträge, und unter den Autoren des 18. Jahrhunderts ist dies die überwiegende Meinung: Höpfner[103] und Reinharth[104] halten die Lebensnachstellungen, die sich aus solchen Verträgen für den Erblasser ergeben sollen, für unbeachtlich und sehen deshalb keinen Grund mehr, diese Rechtsgeschäfte zu untersagen; nach Hommel gehört das Verbot der pacta de hereditate tertii zum römischen Recht, sei aber iure Germanico ohne Bedeutung[105].

Offensichtlich bewirkt die allmähliche Durchsetzung des Erbvertrages in der Literatur des Usus modernus auch die Zulässigkeit des begrifflich völlig anders gelagerten Vertrags über die Erbschaft eines Dritten. Während beim Erbvertrag der Erblasser selbst als Vertragspartei eintritt, bleibt beim pactum de hereditate

---

99 Brunnemann, Commentarius in Codicem, lib. II, tit. III, l. 30, S. 116, 117: „Pacta de dividenda et communicanda hereditate alicujus tertii adhuc viventis et ita obventura, sunt invalida. Ratio: Quod in civile sit, viventis hominis bona in sortem et divisionem vocare, et ita quasi ejus mortem voto ac spe praecipere."

Carpzov, Jurisprudentia, Pars II, Constitutio XXXV, Definitio XVII, S. 742: „... quod pacta eiusmodi contineant votum captandae mortis, adeoque plena sint tristissimi et periculosissimi eventus ..."

Mevius, Jus Lubucense, Pars II, tit. I, Rnr. 15 f., S. 279:
„... tum quod odiosa sunt, plena tristissimi et periculosi eventus, tum quod improbabile votum captandae mortis alienae continent, dum improbum est, de vivi haereditate sollicitum esse ..."

Kohl, Tractationes, Pars altera, Nr. 62, S. 67: „... Nec refert utrum paciscantur conjuges de hereditate tertii adhuc viventis: quo casu propterea pactum non valet, quia plenum est tristissimi et periculosi eventus, contraque bonos mores, imo continet improbum captandae mortis alienae."

100 Stryk, Usus modernus, 1. Bd., lib. II, tit. XIV, § XIII, S. 281 und § XV, S. 282

101 Schilter, Praxis Juris Romani, Bd. I., Ex. VIII, § XL

102 Boehmer, Exercitationes, tom. IV, Ex. LXXI, lib. XXIII, tit. IV, cap. 1, S. 678

103 Höpfner, Commentar zu Heineccius, lib. III, tit. XIV, § 737, S. 802: „... und die Erbschleicher sind bei uns nie so häufig und boshaft gewesen, daß man Lebensnachstellungen von einem Erben sehr zu befürchten gehabt hätte ...
... Ich glaube auch, daß die dispositiven Erbverträge (de hereditate tertii) gültig sind, der Erbe mag davon wissen und mag einwilligen oder nicht."

104 Reinharth, De Pacto circa hereditatem tertii, thes. XXIX, S. 21: „Neque plane credendum vel probabile est, quod alienam mortem isti captent, qui tanquam proxime agnati de istius tertii hereditate paciscuntur, quam ob intestato consequendi probabilem vel certam quoque spem habent."

105 Hommel, Rhapsodia Quaestionum, tom. I, obs. LIX, S. 78:
„Sed iure Germanico, quo utimur, pacta successoria certi adhuc et viventis hereditatem concernentia et exspectativas conservamus."

tertii der Verbotsgrund des römischen Rechts, nämlich die unsittliche, den Tod des Erblassers bereits vorwegnehmende und vor ihm geheimgehaltene Disposition um die Erbschaft, durchaus noch zutreffend. Obwohl also die in C 2, 3, 30 und D 39, 5, 29, 2 ausgesprochene Sittenwidrigkeit derartiger Verträge an sich nichts an Aktualität verloren hat, lösen sich die Juristen des Usus modernus von dieser Auffassung im Zuge einer neuen Ansicht über die im Zusammenhang mit einer Erbschaft überhaupt geschlossenen Verträge. Aus dem Gesichtspunkt des Themas bedeutet dies, daß die römischrechtliche Kasuistik der sittenwidrigen Rechtsgeschäfte zumindest in einzelnen Teilbereichen wie hier im Erbrecht ihre Verbindlichkeit verloren hat.

5. Sittenwidrige Bedingungen

Wie schon im römischen Recht und bei den Rezeptionsjuristen werden die sittenwidrigen Bedingungen auch von den Juristen des Usus modernus gesondert von Rechtsgeschäften mit einem sittlichen Fehler behandelt. Brunnemann erklärt in seinem Codex-Kommentar zu C 8, 38 (39), 2 die Bedingung, sich von seiner Frau nicht scheiden zu lassen, für sittenwidrig: „Haec promissio vel conditio, ne liceret marito divertere ab Uxore, repudiatur in Jure nostro, quia contra bonos mores, et inhonestum visum fuit in Jure nostro, Vinculo poenae matrimonia obstringi, sive futura sive jam contracta“[106]. Die betreffende Codexstelle untersagt zwar pacta und Stipulationen dieses Inhalts wegen ihrer unzulässigen Beschränkung der Ehefreiheit, ohne dabei aber auf die Sittenwidrigkeit derartiger Abreden hinzuweisen[107]. In seinem Pandekten-Kommentar erläutert er die Sittenwidrigkeit dieser Bedingung noch in einer Anmerkung zu D 7, 8, 8, 1: „In § 1 quaeritur de conditionibus v.g. si usus aedium uxori legetur, ut tamen a marito divertat? Haec conditio turpis est, quam mulier implere jure prohibetur“[108]. Auch diese Digestenstelle begründet das Verbot nicht mit einem Verstoß gegen die guten Sitten[109], der Bezug Brunnemanns auf contra bonos mores ist jedoch in beiden Zitaten berechtigt im Hinblick auf C 6, 25, 5, wo eine Erbeinsetzung unter einer Scheidungsbedingung ausdrücklich als unvereinbar mit den guten Sitten angesehen wird[110].

---

106 Brunnemann, Commentarius in Codicem, lib. VIII, tit. XXXIX, l. 4., Rnr. 6, S. 1013

107 C 8, 38 (39), 2: Libera matrimonia esse antiquitus placuit. ideoque pacta, ne liceret divertere, non valere et stipulationes, quibus poenae inrogarentur ei, qui divortium fecisset, ratas non haberi constat.

108 Brunnemann, Commentarius in Pandectas, lib. VII, tit. VIII, l. 8 Rnr. 2, S. 363

109 D 7, 8, 8, 1: Sed si usus aedium mulieri legatus sit ea condicione ‚si a viro divortisset‘, remittendam ei condicionem et cum viro habitaturam,. . .

Die Sittenwidrigkeit der condicio iurisiurandi, der Bedingung, ein dem Erblasser gegebenes Versprechen wie etwa das Aufstellen eines Grabsteins auch noch durch einen Eid zu bekräftigen, erwähnen nur mit einem Satz Brunnemann[111] im Pandekten-Kommentar bei der Erörterung von D 35, 1, 20[112] und Lauterbach[113] in einem Kapitel über die condicio turpis zu deren beispielhaften Verdeutlichung. Weniger die Sittenwidrigkeit einer solchen Bedingung als vielmehr ihre Unsinnigkeit erörtert Stryk in seinem Werk „De cautelis testamentorum" etwas eingehender, wo er der condicio iurisiurandi ein eigenes Kapitel widmet: „Nulla enim necessitas, neque utilitas suadet juramenti praestationem. Nam testator ipsum factum voluit potius, quam iuramentum. Et frustra adstringitur ad jurandum heres; quia, si acceptat hereditatem, etiam sine juramento ad epitaphii exstructionem tenetur, et si hoc facere recusat, a Judice per legitima remedia cogi potest"[114].

Von einigen Autoren werden die Heiratsbedingungen, insbesondere die Bedingungen, überhaupt nicht zu heiraten oder nicht mehr zu heiraten, also Witwe zu bleiben, unter dem Gesichtspunkt der guten Sitten behandelt. Lauterbach hält im vorhin schon erwähnten Kapitel über die condiciones turpes schlechthin alle Bedingungen für schändlich, „quae libertatem matrimonii impediunt"[115], und Hellfeld zählt in seinen Anmerkungen zum Digestentitel D 28, 7 (De condicionibus institutionum) die condicio si non nupserit zu den condiciones moraliter impossibiles[116]. In den römischen Quellen wird die Bedingung der Nichtverehelichung ebenfalls mehrmals untersagt[117], dabei jedoch nie auf die Sittenwidrigkeit einer solchen Bedingung verwiesen.

Die Bedingung, Witwe zu bleiben, halten die Juristen des Usus modernus für gültig, betonen dabei aber stets, daß die condicio si in viduitate permanserit nicht

---

110 C 6, 25, 5: Reprehendenda tu magis es quam mater tua. illa enim si heredem te sibi esse vellet, id quod est inutile, matrimonium te dirimere cum viro non iuberet. Tu porro voluntatem eius divortio comprobasti: oportuerat autem, etsi condicio huiusmodi admitteretur, praeferre lucro concordiam maritalem. enimvero cum boni mores haec observari, vetent, sine ullo damno coniunctionem retinere potuisti.

111 Brunnemann, Commentarius in Pandectas, lib. XXXV, tit. I, § 20, S. 1025: „Conditio turpis remittitur, sicut etiam conditio Jurisjurandi."

112 D 35, 1, 20: siehe Anm. 110, S. 20

113 Lauterbach, Collegium Pandectarum, 2. Bd., lib. XXVIII, tit. VII, § IX, S. 724: „Jure vel lege (conditio) impossibilis est, quam lex fieri prohibet. Dicitur etiam Turpis, et quoad effectum ab impossibili natura non differt. Huc referuntur conditiones derisoriae, quae libertatem matrimonii impediunt, vel quae necessitatem jurisjurandi imponunt."

114 Stryk, De Cautelis Testamentorum, cap. XVI, § XXXIV, S. 600

115 Lauterbach, Collegium Pandectarum, 2. Bd., lib. XXVIII, tit. VII, § IX, S. 724

116 Hellfeld, Jurisprudentia forensis, lib. XXVIII, tit. VII, § 1459, Anm. a), S. 557

117 D 35, 1, 22; D 35, 1, 72, 5; D 35, 1, 100

als schändlich aufzufassen ist[118]. Brunnquell verweist in seiner Schrift „Conditio si non nupserit" zur Begründung der rechtlichen Wirksamkeit auf einige Gesetze Justinians, in denen derartige Bedingungen ausdrücklich anerkannt werden: „Nec pro turpi haec conditio haberi potest, cum Imperator Justinianus illam per caput 43. et 44. Nov. 22. verbis sat claris approbaverit; quod vero a legibus est approbatum, illud pro turpi minime est habendum, tantum abest, quod sit contra bonos mores; jura enim nihil contra bonos mores admittunt, et laudis credit viduae, si in viduitate permanserit, commendaturque vidua, quae primo marito fuit contenta, ceu exemplar honestatis et pudicitiae, veluti testatur Imperator Justinianus in Nov. 2. c. 3"[119].

Das klassische römische Recht untersagte zwar die Bedingung, die auf die Verhinderung der Wiederheirat abzielt, als rechts-, nicht aber als sittenwidrig[120]. Daß diese Bedingung trotzdem von den genannten Autoren des Usus modernus unter dem Gesichtspunkt der Sittenwidrigkeit behandelt wird, erklärt sich wohl aus dem Wandel der Auffassungen über den Witwenstand: Die leges Julia et Papia Poppaea des klassischen römischen Rechts, die aus bevölkerungs- und sozialpolitischen Gründen dem Verfall der Familiengesinnung und damit der zunehmenden Ehe- und Kinderlosigkeit entgegenwirken wollten, verboten deshalb auch die Bedingung, nicht bzw. nicht mehr zu heiraten[121]. In der nachklassischen Zeit Justinians wird dagegen eine Wiederheirat nach dem Tod des Ehegatten wegen der christlichen Lehre von der Unauflöslichkeit der Ehe geradezu mißbilligt und der Witwenstand für besonders ehrbar gehalten[122], wie es oben Brunnquell erläutert.

In der Folge der Reformation werden viele Testamente, Vermächtnisse und sogar Eheverträge unter der Bedingung abgefaßt, die neue Religion anzunehmen, oder auch umgekehrt dem alten Bekenntnis treu zu bleiben. Die Juristen des 17. Jahrhunderts entscheiden sich überwiegend dafür, derartige Bedingungen den condiciones turpes zuzuordnen; Faber nennt in seiner Abhandlung „An in negotiis humanis conditio mutandae vel non mutandae religionis per leges Christianismi honesta sit" als Vertreter dieser Auffassung Carpzov, Struv und

---

118 Boehmer, Consultationum, tom. II, lib. XXXV, tit. I, Quaestio I, Rnr. 13, S. 57: „dannenhero diese conditio nunmehro nicht mehr pro turpi anzusehen . . ."

Boehmer, a.a.O., tom. I, resp. CXLVII, Rnr. 26, S. 485:

„. . . diesemnach die conditio: si ad secunda vota non transierit, nicht mehr pro turpi zu achten . . ."

Brunnquell, Conditio si non nupserit, § XXXIX, S. 46:

„Nec pro turpi haec conditio (si in viduitate permanserit) haberi potest."

119 Brunnquell, a.a.O., S. 46

120 D 35, 1, 62, 2

121 vgl. im einzelnen Kaser, Römisches Privatrecht, Bd. I, § 75 I, S. 271

122 vgl. Kaser, a.a.O., Bd. II, § 220, S. 124

Schilter[123]. Lauterbach urteilt in den Anmerkungen zu D 28, 7 (De Condicionibus Institutionum) seines Pandekten-Kommentars: „Turpe est, et contra conscientiam agit, qui spe lucri mutat religionem, quam veram esse scit, et scire debet"[124]. Brunnemann differenziert ebenfalls in der Kommentierung zu D 28, 7 nach den Motiven des Religionswechsels: „Sed cum mutatio Religionis ex alia justa causa fieri possit, non haberem eam simpliciter pro turpi conditione. Sed si quis per talem conditionem invitetur ad Religionem, quam scit esse falsam, et verbo DEI contrariam, tunc omnino turpis erit conditio"[125].

Dagegen halten Knopff, Schelhass und Faber in ihren Monographien über die Religionsbedingung diese condicio mutandae vel non mutandae religionis für wirksam. Knopff sieht schon im Inhalt der Bedingung keine Sittenwidrigkeit; auch wird nach seiner Ansicht die Freiheit des religiösen Bekenntnisses nicht beeinträchtigt, denn jeder, der unter einer solchen Bedingung als Erbe eingesetzt ist, kann diese Erbschaft oder das Vermächtnis zurückweisen[126]. Entscheidend für die Gültigkeit der Religionsbedingung ist nach Schelhass vor allem die im Regelfall zugrundeliegende Absicht des Erblassers, den Begünstigten zu dem nach seiner Meinung richtigen Glauben zu bekehren und ihm so das ewige Heil zu vermitteln[127]. Faber schließlich kommt zu der Feststellung: „In negotiis humanis conditio amplectendae, vel non mutandae certae religionis, quam libero subjicere licet examini, ex principio fraterni amoris adjecta, per leges christianismi honesta omnino est, dummodo non violentur amoris communis officia"[128].

---

123 Faber, Conditio mutandae religionis, § IV, S. 9

124 Lauterbach, Collegium Pandectarum, 2. Bd., lib. XXVIII, tit. VII, § XI, S. 725

125 Brunnemann, Commentarius in Pandectas, lib. XXVIII, tit. VII, § 15, S. 903

126 Knopff, Conditio de assumenda Religione;
cap. IV, § 1 (ohne Seitenzahlen): „Iam vero transitus ab una Religione ad aliam non est contra bonos mores;"
cap. IV, § 3: „In tertio argumento quae prolata sunt, neminem ad aliam religionem cogi posse, ambabus concedo, nego autem assumtum, coactionem in nostro casu fieri. Quando enim ad factum quoddam quis cogitur, libertas ipsi non est relicta, an istud peragere velit an minus, quin potius praecise tenetur obedire voluntati cogentis. Verum taliusmodi libertas hic floret, quis enim nescit, liberum esse heredi vel Legatario, si nolit conditionem sibi adscriptam implere, repudiare id, quod sibi relictum? "

127 Schelhass, Conditio religionis, § XXIII, S. 23/24:
„Quivis religionem suam veram religionem esse credit, adeoque illa sua religione aeternam salutem consequi autumat: Quodsi igitur quis religionem suam in alium transferre studet, is hunc vult participem reddere aeterne salutis, haec itaque intentio non solum nullam infert turpitudinem, sed est quoque laudabilis, consequenter in ea persona, quae religionem, quam pro vera habet, tanquam conditionem vel modum ultimae suae voluntati vel pactis adiicit, nulla omnino est turpitudo."

128 Faber, Conditio mutandae religionis, § XI, S. 37

Von diesen Religionsbedingungen abgesehen, hält die bei den Juristen des Usus modernus vorgefundene Kasuistik sittenwidriger Bedingungen noch weitgehend am römischen Recht fest: Die Erörterung der Scheidungsbedingung und der condicio iurisiurandi unter dem Gesichtspunkt der Sittenwidrigkeit läßt sich auf C 6, 25, 5 bzw. D 35, 1, 20 zurückführen, und für die Heiratsbedingungen gibt es zwar keine sich ausdrücklich auf „contra bonos mores" beziehende Digestenstelle, die Erörterung der condicio si in viduitate permanserit unter diesem Aspekt erklärt sich jedoch aus den wechselnden, insbesondere moralischen Anschauungen über die Wiederverheiratung im klassischen und nachklassischen römischen Recht. Sieht man davon ab, daß die in D 28, 7, 9[129] als sittenwidrig bezeichneten Bedingungen nicht mehr genannt werden, so hat sich hinsichtlich der römischrechtlichen Orientierung der Kasuistik gegenüber der Rezeptionsliteratur prinzipiell nichts geändert.

Die schon bei den Rezeptionsjuristen zu beobachtende Übung, die sittenwidrigen Bedingungen als einen Unterfall der unmöglichen anzusehen, wird bei den Autoren des Usus modernus durchwegs beibehalten. Lauterbach unterscheidet in seinem Collegium Pandectarum in den Anmerkungen zu D 28, 7 (De Condicionibus Institutionum): „Impossibilis conditio distinguitur an sit ad tempus, an perpetuo. Hoc casu talis est vel Natura, vel Lege, vel Facto." Und im nächstfolgenden Kapitel über diese nach dem Gesetz unmögliche Bedingung erläutert er dann: „Jure vel lege impossibilis est, quam lex fieri prohibet. Dicitur etiam Turpis, et quoad effectum ab impossibili natura non differt"[130]. Bei Hellfeld heißt es ebenfalls als Kommentierung zu D 28, 7 im Paragraphen „Genera conditionum": „Porro conditiones, si eventus ex sui natura existere nequit, naturaliter, si ob legis seu honestatis prohibitionem existere non debet, moraliter impossibiles dicuntur"[131]. Heineccius differenziert im Abschnitt „Impossibiles conditiones" seiner Elementa Juris civilis: „Impossibilis est conditio vel Natura v.c. si flumen ebiberit, vel Lege, quae id fieri non patitur, v.c. si Maevium occiderit, vel bonis moribus, quibus conditio repugnat, v.c. si nudus in foro saltarit"[132]. Wie schon bei den Rezeptionsjuristen dürfte die Beziehung der sittenwidrigen Bedingungen zur Unmöglichkeit auf die Papinianstelle D 28, 7, 15 zurückzuführen sein, wo alles, was gegen die guten Sitten verstößt, so angesehen wird, als wäre es zu tun unmöglich[133]. Dafür spricht, daß die

129 D 28, 7, 9: Condiciones, quae contra bonos mores inseruntur, remittendae sunt, veluti 'si ab hostibus patrem suum non redemerit', ,si parentibus suis patronove alimenta non praestiterit'.

130 Lauterbach, Collegium Pandectarum, 2. Bd., lib. XXVI, tit. VII, § IX, S. 724

131 Hellfeld, Jurisprudentia forensis, lib. XXVIII, tit. VII, § 1459, S. 557

132 Heineccius, Elementa Institutionum, lib. II, tit. IV, § 521, S. 193/194

133 D 28, 7, 15: ... nam quae facta laedunt pietatem existimationem verecundiam nostram et, ut generaliter dixerim, contra bonos mores fiunt, nec facere nos posse credendum est.

genannten Zitate von Lauterbach und Hellfeld unter der Kommentierung von D 28, 7 zu finden sind. Heineccius wiederum beruft sich in einem anderen Werk, nämlich seinen Akademischen Reden zu den Institutionen, wo er genau die gleiche Unterscheidung der unmöglichen Bedingungen wie in den oben erwähnten Elementa Juris civilis trifft, ausdrücklich und unter wörtlicher Wiedergabe auf die betreffende Digestenstelle: „Was also die Natur nicht zulaesst, ist physice impossibile: und was den guten Sitten nicht gemaeß ist, davon heisset es, quae facta laedunt pietatem, existimationem, verecundiam nostram, et, ut generaliter dixerim, contra bonos mores fiunt, ea nec facere nos posse credendum est, L. 15. D. de condit.instit.“[134].

Aus der Sicht dieser Einteilungskriterien zeigt sich also ebenfalls kein Fortschritt gegenüber der Behandlung der sittenwidrigen Bedingungen bei den Rezeptionsjuristen. Auch Sichard, Freigius und Mynsinger haben eine derartige Differenzierung vorgenommen, bei Mynsinger, der die sittenwidrigen Bedingungen nur in einem weiteren Sinn („latiore significatione“) als unmögliche verstehen will, fand sich bereits ein kritischer Ansatzpunkt gegenüber dieser Einordnung, während Donellus die condiciones contra bonos mores ohnehin gesondert von den condiciones impossibiles erörterte. Auch die kapitelweise Zusammenfassung der unmöglichen Bedingungen unter bestimmten Digestentiteln bei Lauterbach, Hellfeld und Heineccius bedeutet gegenüber den Rezeptionsjuristen, die die gleiche Darstellungsweise vornehmen, keine Weiterentwicklung. Somit bleibt als Änderung nur eine breiter gestreute Kasuistik, die teilweise damit zu erklären ist, daß bestimmte, nach den Digesten nur rechtswidrige Bedingungen nunmehr unter dem Gesichtspunkt der Sittenwidrigkeit behandelt werden.

6. Wucherische Rechtsgeschäfte

Ein allgemeiner Wuchertatbestand ist nach wie vor unbekannt; selbst Mevius beschränkt sich in seinem ausführlichen Kommentar über wucherische Kontrakte auf die Wiedergabe und Erläuterung der einzelnen Fälle, die in den schon erwähnten Reichspolizeiordnungen angeführt sind[135]. Als wichtige Neuerung läßt sich lediglich feststellen, daß seit dem Jüngsten Reichsabschied von 1654 eine vertragliche Vereinbarung von Darlehenszinsen in Höhe von 5% reichsgesetzlich erlaubt ist[136]. Wucher bedeutet also entweder eine ausdrückliche Zinsabsprache von mehr als 5% oder indirekt den Abschluß eines der in den Reichspolizeiordnungen genannten Umgehungsgeschäfte, falls sich dabei ein höherer als der zulässige Zinssatz ergibt. Mit dieser nach wie vor kasuistischen

134 Heineccius, Akademische Reden, lib. II, tit. XIV, § 547, S. 513/514

135 Mevius, Wucherliche Contracte, Pars I, cap. 5, § V f., S. 49 f.

136 Mevius, a.a.O., cap. 5, § II, S. 47: „Die Erfahrung hat daneben laengst bezeuget / und ausgewiesen / das Handel / Wandel / Gewerb und Nahrung / der Credit selbst in der

Wucherregelung erübrigt sich eine Generalklausel mit einem allgemeinen Wuchertatbestand oder ein Verbot unter dem Gesichtspunkt des Sittenverstoßes.

Einige Juristen erwähnen auch noch die laesio enormis, deren Anwendung sie allerdings nicht mehr bloß auf den Kaufvertrag beschränken, sondern auf die sie, wie schon Sichard[137], auch bei allen anderen Verträgen mit gegenseitigem Leistungsaustausch zurückgreifen wollen, um den Parteien bei einer übermäßigen Benachteiligung die Möglichkeit zu geben, das Geschäft rückgängig zu machen[138].

***

Versucht man zusammenfassend, an Hand der im Vorwort angeführten Gesichtspunkte – Kasuistik, Generalklausel, Begriff der guten Sitten und Fallgruppenbildung – herauszufinden, ob und inwieweit die Behandlung sittenwidriger Rechtsgeschäfte bei den Juristen des Usus modernus eine Fortentwicklung erfahren hat, wird man als Ergebnis feststellen können, daß dieser Problemkreis noch unter weitgehender Orientierung am römischen Recht erörtert wird und sich eine Weiterbildung allenfalls in Ansätzen vollzieht. Wie besonders im ersten Kapitel über die Generalklausel und den Begriff der guten Sitten deutlich wurde, geben nur ganz wenige Juristen, nämlich Ulrich Huber und Heineccius, zu verstehen, daß sie den Satz von der Nichtigkeit der Rechtsgeschäfte contra bonos mores als allgemeingültiges Prinzip erkannt haben. Auch bemüht sich nur eine geringe Anzahl von Autoren um eine Definition der guten Sitten, die sich dann noch überwiegend auf die schon in der Rezeptionszeit bekannte und auf das römische Recht zurückgehende Differenzierung von contra bonos mores naturales und civiles stützt. Für den Nachweis einer Fallgruppenbildung konnten so gut wie keine Belegstellen gefunden werden.

Welt nicht bestehen und im Gang seyn moege / wo nicht jemand von seinem Gelde / welches er in Überfluß hat, und dessen ein ander wohl beduerfftig einen billigen Gewinn haben und erwerben moege."

Mevius, Jus Lubucense, Pars III, tit. I, art. II, Rnr. 15, S. 544: „Quicunces usurae veluti quinque pro centum hodie ordinariae et consuetudinariae sunt, maiores damnatae, nec debentur et sunt prohibitae."

Brunnemann, Consilia, cons. CXX, Rnr. 5, S. 456: „Usurae in mutuo promitti debent."

Struv, Jurisprudentia Romano-Germanica, lib. III, tit. XX, art. XIX, S. 497: „Usurae in contractibus solvendae sunt."

137 siehe S. 22

138 Brunnemann, Commentarius in Codicem, lib. 4, tit. XLIV, l. 2, Rnr. 2, S. 486; Mevius, Decisiones, tom. II, Decisio CCXXIII, S. 75; Lauterbach, Collegium Pandectarum, 1. Bd., lib. XVIII, tit. V, § XXIV, S. 1093; Hellfeld, Jurisprudentia forensis, lib. XVIII, tit. V, § 1032, S. 371

Die Darstellungsweise bleibt im großen und ganzen kasuistisch, d.h. die Sittenwidrigkeit wird jeweils bei den verschiedenen Arten von Rechtsgeschäften – Stipulationen, mandata, pacta dotalia, Ehegattenschenkungen, Erbverträge usw. – behandelt. Hier zeigt sich dann auch eine deutlich erkennbare Neuerung insofern, als man sich in vielen Bereichen von den im Corpus Juris angeführten Beispielen löst, sei es, daß man neuartige Anwendungsfälle vorträgt, sei es, daß man nach römischem Recht sittenwidrige Verträge allmählich gelten läßt oder aber solche, die nach den Digesten nur als rechtswidrig angesehen wurden, nunmehr unter dem Gesichtspunkt des Verstoßes gegen die guten Sitten erörtert.

Eine Fortentwicklung hinsichtlich einer systematischen Behandlung der sittenwidrigen Rechtsgeschäfte läßt sich auch noch darin erkennen, daß viele Probleme in besonderen Kapiteln abgehandelt werden: Huber und Heineccius bringen ihre als Generalklausel aufzufassenden Sätze unter dem Kapitel „De quibus rebus pacisci liceat" bzw. „Usus hodiernus"; Lauterbach und Stryk erläutern ihre Begriffsbestimmungen in eigenen Absätzen „Causa honesta" bzw. „Quinam hic dicantur boni mores". Die sittenwidrigen mandata wurden weitgehend, wie gezeigt, in gesonderten Paragraphen wie „De mandato rei turpis" (Stryk), „Materia mandati" (Schilter), „Quae mandari possint" (Heineccius) oder „De mandato contra bonos mores" (Vinnius) besprochen. Ähnliche Kapitel fanden sich bei den pacta dotalia (Stryk: „Pacta [dotalia] quae invalida"; Huber: „Pacta dotalia, quae bonis moribus versentur") und den Bedingungen (Lauterbach: „Conditio turpis"; Hellfeld: „Genera conditionum"; Heineccius: „Impossibiles conditiones"). Diese Bildung von Kapiteln und Paragraphen nach allgemeinen Gesichtspunkten der Ungültigkeit, Sittenwidrigkeit oder des Inhalts von Rechtsgeschäften kannte das Corpus Juris überhaupt nicht und war bei den Rezeptionsjuristen nur in Ausnahmefällen zu erkennen. Die Grenze dieser Systembildung bei den Autoren des Usus modernus zeigt sich allerdings darin, daß diese Einteilungen fast ausnahmslos als Untergliederung der Digesten- und Codextitel (wie z.B. D 2, 14, „De pactis"; D 17, 1, „Mandati vel contra"; D 23, 4, „De pactis dotalibus"; C 8, 38, „De inutilibus stipulationibus") erfolgen und damit primär an der Gliederung des Corpus Juris orientiert sind.

III. DAS NATURRECHT

A. Theorie und Systeme

Bei der Untersuchung, wie die Theoretiker des Naturrechts die Sittenwidrigkeit von Rechtsgeschäften erörtern, sollen die vier großen Hauptvertreter zu Wort kommen, Hugo Grotius mit seiner „Inleydinge tot de Hollandtsche Regtsgeleertheyt" und dem Hauptwerk „De jure belli ac pacis", Samuel Pufendorf mit „De Jure Naturae et gentium", Christian Thomasius („Fundamenta Juris Naturae et Gentium" und „Institutiones Jurisprudentiae Divinae") und schließlich noch Christian Wolff mit „Jus Naturae". Die Fragestellung bleibt dieselbe wie bei den Juristen der Rezeptionszeit und des Usus modernus, nämlich ob sie den Satz von der Nichtigkeit sittenwidriger Rechtsgeschäfte als allgemeingültige Norm ansehen oder weiterhin in der kasuistischen Darstellungsweise verbleiben, ob sie über den Begriff der guten Sitten Überlegungen anstellen, und schließlich, ob sie die verschiedenen Anwendungsfälle sittenwidriger Rechtsgeschäfte nach Kategorien einzuteilen versuchen. Soweit sie Beispiele anführen, interessiert jeweils ein Vergleich mit der entsprechenden Kasuistik des römischen Rechts.

1. Hugo Grotius

In seiner „Inleydinge tot de Hollandtsche Regtsgeleertheyt", die Grotius nach Titeln und Paragraphen unterteilt, enthalten einige Paragraphen des 3. Titels („Van verbintenissen") Aussagen über sittenwidrige Rechtsgeschäfte. § 41 verbietet das pactum de quota litis und de hereditate tertii, allerdings ohne Hinweis auf eine Sittenwidrigkeit dieser Verträge: „Men mag oock gheen verbintenissen maecken om een deel te hebben in een gedinge nochte over de erfenisse eens levende mensch"[1]. § 42 normiert dann die Ungültigkeit von Verträgen, die etwas Unmögliches oder nach dem bürgerlichen Gesetz und den Sitten Unehrenhaftes enthalten: „De verbintenissen zijn niet alleen nietig daer door belooft werd een onmoghelicke zaeck, . . . , maer oock daer by iet belooft werd dat nae de burger – wet ende zeden oneerlick werd ghehouden." Als Beispiele nennt er im gleichen Paragraphen einen Vertrag über die Begehung oder Unterlassung eines Delikts oder die Zusage, ein beabsichtigtes Verbrechen straflos zu lassen: „ . . . als om iet quaeds te doen ofte te mij den, ofte om quijt te schelden de straffe van een onghedaen quaed"[2]. In gleicher Weise als ungültig bezeichnet er dann im nächsten Paragraphen 43 die Obligationen, die einem

1 Grotius, Inleydinge, § 41, S. 302

2 Grotius, a.a.O., S. 302

unehrlichen Grund oder Zweck entspringen: „Insgelijcks zijn nietig de verbintenissen die spruiten nit een oneerlijcke oorzaeck ofte inzicht"[3].

Hugo Grotius behandelt also in seiner Einführung in die holländische Jurisprudenz das Problem der Sittenwidrigkeit bei Rechtsgeschäften in zwei Paragraphen über den zulässigen Inhalt und über die unehrenhafte causa von Obligationen. Entscheidend ist dabei, daß es sich um eine abschließende Erörterung handelt, d.h. also, daß Grotius in keinem anderen Paragraphen mehr auf die Sittenwidrigkeit von Verträgen eingeht. Damit gibt er auch zu erkennen, daß er das Problem der Sittenwidrigkeit als allgemeingültig und alle Rechtsgeschäfte betreffend ansieht, auch wenn er dies in den erwähnten Bestimmungen nicht formuliert.

Die zur Verdeutlichung herangezogenen Beispiele könnte Grotius noch dem römischen Recht entnommen haben: Ein Vertrag über die Begehung eines Delikts entspricht D 45, 1, 26 und 27 p[4], D 45, 1, 123[5] bzw. I 3, 19, 24[6], die Zusage künftiger Straflosigkeit dem pactum ne furti agam aus D 2, 14, 27, 4[7]. Dafür sprechen auch die in § 41 besonders hervorgehobenen pacta de quota litis bzw. de hereditate tertii, die bereits im Corpus Juris für ungültig erklärt werden. Die getrennte Erörterung von Obligationen mit einem unehrenhaften Inhalt und einer solchen causa war bereits in den systematischen Einteilungen der sittenwidrigen Stipulationen von Freigius und Mynsinger[8] zu finden und stellt daher keine speziell von Grotius erdachte Differenzierung dar.

In seinem Hauptwerk „De jure belli ac pacis" schreibt Grotius zwar nicht explizit ein Kapitel oder einen Paragraphen über die sittenwidrigen Rechtsgeschäfte, äußert sich jedoch mehrmals über den Inhalt der Verträge aus moralischer Sicht:

In seiner Lehre von der Vertragsgerechtigkeit im 12. Kapitel des 2. Buchs („De contractibus") geht er davon aus, daß die Gleichheit von Verträgen insoweit erforderlich sei, als nicht mehr gefordert werde, als billig ist[9]. Das bedeutet, daß eine sich im Gegenstand des Vertrages zeigende Ungleichheit auszugleichen sei, selbst wenn keine Schuld der Parteien dabei vorliege. Es müsse dann der, welcher

---

3 Grotius, a.a.O., S. 302

4 D 45, 1, 26 und 27 p: Generaliter novimus turpes stipulationes nullius esse momenti, veluti si quis homicidium vel sacrilegium se facturum promittat.

5 D 45, 1, 123: Si flagitii faciendi vel facti causa concepta sit stipulatio, ab initio non valet.

6 I 3, 19, 24: Quod turpi ex causa promissum est, veluti si quis homicidium vel sacrilegium se facturum promittat, non valet.

7 D 2, 14, 27, 4: Pacta, quae turpem causam continent, non sunt observanda: veluti si paciscar ne furti agam vel iniuriarum, si feceris: expedit enim timere furti vel iniuriarum poenam.

8 Siehe S. 10 f.

9 Grotius, De Jure Belli, lib. II, cap. XII, § XI 1, S. 345: „In ipso actu principali haec desideratur aequalitas, ne plus exigatur quam par est."

zuviel bekommen habe, dies an den herausgeben, der zu wenig erhalten habe[10]. Dieser Forderung stellt dann Grotius ausdrücklich die schon erwähnte laesio enormis des römischen Rechts gegenüber, die dem Verkäufer einer Sache nur dann einen Ausgleichsanspruch gibt, wenn er sie um weniger als die Hälfte ihres Wertes hergegeben hat[11]. Diesen Unterschied zwischen seiner Lehre, nach der jede Inaequalitas auszugleichen ist, und der gesetzlichen Regelung der laesio enormis erklärt Grotius mit einem Zitat aus Ciceros „De officiis": „Nimirum leges iniqua tollunt quatenus teneri manu possunt, philosophi quatenus ratione et intelligentia"[12].

In einem anderen Paragraphen zitiert Grotius zu diesem Problemkreis die Ulpianstelle D 4, 4, 16, 4: „Idem Pomponius in pretio emptionis et venditionis naturaliter licere contrahentibus se circumvenire". Erläuternd fügt er hinzu: „Ubi licere est non quidem fas esse, sed ita permitti ut nullum contra proditum sit remedium in eum qui se pacto velit defendere. Naturaliter autem eo in loco, ut et alibi interdum, positum est, pro eo quod recepti passim moris est"[13]. Grotius stellt also zunächst mit Ulpian fest, daß es „naturaliter" erlaubt ist, sich in Kaufgeschäften zu hintergehen, bezeichnet diese Tatsache aber nur als allenthalben angenommenen Brauch („quod recepti passim moris est"), ohne sie moralisch zu billigen („non quidem fas esse"[14]). Grotius unterscheidet in dieser Lehre von der Aequalitas also deutlich das Naturrecht vom positiven Recht: Nach diesem, d.h. nach der laesio enormis, wird eine Ungleichheit im Verhältnis der Leistungen nur berücksichtigt, wenn sie die Hälfte des Wertes einer Sache übersteigt, nach dem Naturrecht dagegen muß jede Ungleichheit eines Vertrages beseitigt werden. Dies ist für Grotius zugleich ein Gebot der Moral: Auch wenn es in Übung gekommen sein sollte, sich bei Kaufgeschäften nach Möglichkeit zu hintergehen, so kann dies doch keine sittliche Rechtfertigung erfahren. In dieser Lehre zeigt sich einmal Grotius' enger begrifflicher Zusammenhang zwischen Naturrecht und Moral, zum anderen seine kritische Einstellung zum römischen Recht, das in seiner liberalen Tendenz jedes Geschäft tolerierte, soweit es keine laesio ultra dimidium enthielt.

Bei der Lehre vom verzinslichen Darlehen hält sich Grotius an das Verbot jeglicher Zinsabsprache, verwirft jedoch die übliche Argumentation, daß die

---

10 Grotius, a.a.O., § XII 1, S. 346: „ . . . aequalitas . . ., in hoc consistens, ut in re tamen deprehendatur inaequalitas, quanquam sine culpa partium . . ., ea quoque sit resarcienda, et demendum ei qui plus habet reddendumque minus habenti."

11 Grotius, a.a.O., § XII 2, S. 346/347: „Lex Romana hoc constituit non in quavis inaequalitate, minima enim non persequitur, . . . sed in satis gravi, ut quae dimidium iusti pretii excedit.

12 Grotius, a.a.O., § XII 2, S. 347

13 Grotius, a.a.O., lib. II, cap. XII, § XXVI 1 und 2, S. 356

14 „fas" wird hier übersetzt mit „moralisch zu billigen"; Schätzel, Grotius-Ausgabe, S. 256

Geldleihe ihrer Natur nach unentgeltlich sein müsse oder daß das Geld keine Früchte bringe: Auch bei der Sachleihe könne man sich ein Entgelt ausbedingen; ob aber eine Sache, egal ob Geld oder etwas anderes, Frucht bringe, darüber entscheide der menschliche Fleiß[15]. Ausschlaggebend für das Zinsverbot ist nach Grotius letztlich das den Juden von Gott gegebene Gesetz, das ihnen jede Zinsabsprache untersagt; der Inhalt dieses Gesetzes aber ist, wenn auch kein notwendiger, so doch moralischer Art: „Sed quicquid hac de re sentire libeat, sufficere nobis debet lex a Deo Hebraeis data, quae vetat Hebraeos Hebraeis pecuniam dare foenori. Est enim huius legis materia si non necessaria, certe honesta moraliter"[16].

Wie schon bei der Lehre von der Aequalitas, wo Grotius jede Benachteiligung aus sittlichen Gründen mißbilligt und deshalb naturrechtlich die Gleichwertigkeit der Vertragsleistungen fordert, untersagt er auch die Zinsnahme auf Grund eines moralischen Gesetzes. Dieser enge Zusammenhang zwischen Naturrecht und Moral bei Grotius, wie er in den Ausführungen über die Aequalitas und dem Zinsverbot hervortritt, findet seine Erklärung in der Definition des Naturrechts im 1. Kapitel des 1. Buchs („Quid bellum, quid ius?"): „Jus naturale est dictatum rectae rationis iudicans, actui alicui, ex eius convenientia aut disconvenientia cum ipsa natura rationali, inesse moralem turpitudinem aut necessitatem moralem, ac consequenter ab auctore naturae Deo talem actum aut vetari aut praecipi"[17].

Eine eigenwillige Theorie entwickelt Grotius schließlich noch beim Versprechen eines Vorteils für die Begehung eines Mordes: Das Versprechen sei zwar fehlerhaft, weil es den anderen Vertragspartner zum Verbrechen verleite; dieser Fehler bleibe aber nur, solange das Verbrechen nicht begangen sei, denn nur in dieser Zeit bestehe der Anreiz zum Bösen. Nach begangenem Delikt erlangt jedoch nach Grotius' Auffassung das Versprechen Wirksamkeit, da diese an sich schon von Anfang an nicht fehlte, sondern nur durch das hinzutretende Unrecht gehemmt war[18]. Grotius sieht hier das Problem eines schändlichen Versprechens

15 Grotius, a.a.O., lib. II, cap. XII, § XX 1, S. 352:
„Neque vero videntur argumenta quae in alteram adferuntur partem talia esse ut assensum extorqueant. Nam quod de mutuo dicitur gratuitum esse, tantundem et de commodato dici potest. Nec magis urget quod suapte natura sterilis est pecunia. Nam et domos et res alias natura infoecundas hominum industria fructuosas."

16 Grotius, a.a.O., § XX 3, S. 352/353

17 Grotius, a.a.O., lib. I, cap. I, § X 1, S. 34

18 Grotius, a.a.O., lib. II, cap. XI, § IX, S. 334:
„Quaeri hic solet an promissio facta ob causam naturaliter vitiosam ipsa natura valeat, ut si quid promittatur homicidii perpetrandi causa. Hic ipsam promissionem vitiosam esse satis apparet: in hoc enim adhibetur, ut alter impellatur ad malum facinus. At in promissis ob causam vitiosam manet vitium quamdiu non perpetratum est crimen: tamdiu enim impletio ipsa promissi, ut mali illex, labem in se habet: quae cessare

offensichtlich nur unter dem Gesichtspunkt der Verbrechensverhütung: Wenn das Verbrechen geschehen und somit die Intention der Unwirksamkeit des Versprechens, nämlich den potentiellen Täter vom Delikt abzuhalten, nicht mehr zu verwirklichen ist, gibt es für Grotius keinen Grund mehr, dem Versprechen seine Wirksamkeit abzusprechen.

2. Samuel Pufendorf

Im 7. Kapitel des 3. Buchs („De Materia Promissorum et Pactorum") seines Hauptwerks „De Jure Naturae et Gentium" widmet Pufendorf zwei Paragraphen den pacta turpia. § VII ist bezeichnet mit dem Satz „Pacta turpia, re integra non obligant", § VIII trägt den Titel „Quin nec turpia opera iam praestita". Er unterscheidet also prinzipiell solche schändlichen Verträge, bei denen die versprochene Leistung noch nicht erbracht ist, und schon erfüllte Verträge. Im Kernsatz des ersten Paragraphen stellt Pufendorf zunächst fest, daß aus einer schändlichen Vereinbarung für keine Partei irgendeine Verpflichtung entsteht: „Heic certum est, neutra ex parte ex turpi eiusmodi conventione obligationem existere, sed utrumque ab eadem resilire debere"[19]. Zur Erläuterung bringt er den Fall, daß sich jemand gegen Versprechen einer Belohnung einen Mörder zur Tötung eines Menschen dingt: Weder der Mörder kann, wenn ihn das Versprechen reut, zur Durchführung des Verbrechens angehalten werden; und auch der Auftraggeber kann jederzeit von dieser Vereinbarung Abstand nehmen, ohne daß er zur Zahlung des Lohnes verpflichtet ist[20].

Schwieriger erweist sich dagegen das in § VIII erörterte Problem, ob bei bereits erfüllten schändlichen Verträgen der versprochene Lohn bezahlt werden muß. Pufendorf schildert zunächst die von Grotius zu dieser Frage entwickelte, bereits im vorigen Artikel dargestellte Theorie, wonach eine solche Vereinbarung durch das begangene Verbrechen wirksam wird und der Lohn dafür zu zahlen ist. Pufendorf lehnt diese Ansicht jedoch ab, da nach seiner Auffassung der Vertrag mit der Durchführung des Verbrechens erst den vollen Grad der Schändlichkeit

---

incipit peracto crimine. Unde sequitur usque ad id tempus promissionis talis efficaciam esse in pendenti, ut modo dicebamus in promissa re quae iuris nostri non est. crimine vero perpetrato iam obligationis vim exseri, quae ab initio non intrinsecus definit, sed ab accedente vitio fuit impedita."

19 Pufendorf, de Jure Naturae, lib. III, cap. VII, § VII, S. 412

20 Pufendorf, a.a.O., S. 412: „Unde si verbi gratia sicarium mercede quis conduxerit ad faciendam caedam sicarius sane, si poenitentia ductus obire facinus recusaverit, a conductore ad implendum pactum, compelli non potest. Et contra si conductor poenitens sicario denunciaverit, ut ne caedem patret; nequaquam hic alterum adigere potest ad perseverandum in proposito, quo ipse mercedis adipiscendae locum habeat. Neque hic mercedem poterit conductorem poscere, quasi per ipsum steterit, quo minus scelerata ista opera fuerit praestita."

erreicht: Es sei nicht weniger schändlich, gestohlen zu haben, als dies zu beabsichtigen, oder den Lohn für ein Verbrechen zu erhalten als ihn zu erhoffen. Auch aus dem Gesichtspunkt der Verbrechensverhütung kommt Pufendorf zum gleichen Ergebnis, denn die Bezahlung eines verübten Verbrechens enthalte für den Täter nur den Anreiz zu weiteren Verbrechen[21].

Im 8. Kapitel des 8. Buchs („De Conditionibus Promissionum") bringt Pufendorf schließlich noch einen Paragraphen „Conditio impossibilis et turpis" (§ V). Zur begrifflichen Klarstellung stellt er einleitend fest: „Conditiones porro impossibiles sunt vel physice tales, vel moraliter: seu quaedam per rerum naturam fieri non possunt, quaedam per leges fieri non debent"[22]. Im weiteren erläutert er dann die unterschiedlichen Rechtsfolgen sittenwidriger Bedingungen bei Pacta und Promissa einerseits und Testamenta andererseits: „Pacta autem et promissio, quibus turpes conditiones adiectae, recte per leges civiles irritae declarantur; ne privatorum pacta ad leges publicas subvertendas aliquid valere credantur. Sic et in testamentis leges Romanae adiectas conditiones impossibiles turpes, aut ludicras pro non adiectis declararunt"[23]. Als Beispiel einer condicio turpis testamenti nennt er die im Satyricon von Petronius erwähnte Zuwendung eines Vermächtnisses unter der Bedingung, alle Vermächtnisnehmer müßten den zerteilten Leichnam des Erblassers im Beisein des Volkes aufessen[24]. Im übrigen verweist er an Stelle weiterer Ausführungen auf den Digestentitel D 28, 7 über die bedingten Erbeinsetzungen: „Qua de re latius agunt JCti Romani ad tit. D. de Condition. institutionum"[25].

Es sind weniger die beschriebenen Rechtswirkungen schändlicher pacta und Bedingungen, deretwegen man Pufendorf einen größeren Raum in der historischen Darstellung der Sittenwidrigkeit von Rechtsgeschäften einräumen müßte; weder enthalten seine wenigen Beispiele einen eigenständigen Beitrag, noch bemüht er sich um einen Begriff der guten Sitten oder um eine Bildung von Fallgruppen. Seine Bedeutung bezüglich der Untersuchungskriterien dieses Themas liegt vielmehr darin, daß er den sittenwidrigen Verträgen und Bedingun-

---

21 Pufendorf, a.a.O., § VIII, S. 412: „Nam tantum abest, ut pactum tale turpe esse desinat, peracto flagitio, ut potius ad plenum turpitudinis, gradum pervenerit, obtento suo fine. Nisi vero minus turpe sit furatum esse, quam furari velle, aut accipere mercedem sceleris, quam sperare, solvere quam promittere. Imo si promissio est turpis, quia est illex mali, etiam impletio promissionis erit turpis, quia est pensatio sceleris, et ad plura suscipienda invitatio."

22 Pufendorf, a.a.O., lib. III, cap. VIII, § V, S. 422; ebenso in Pufendorf, De officio hominis, cap. IX, § XX, S. 156/157

23 Pufendorf, a.a.O., S. 422

24 Pufendorf, a.a.O., S. 422/423: „Apud Petronium (sub finem Satyric.) Enmolpus testamento suo ita cavet: Omnes qui in testamento meo legata habent praeter liberos meos, hac conditione percipient, quae dedi, si corpus meum in partes conciderint, et adstante populo comederint."

25 Pufendorf, a.a.O., S. 423

gen in eigens dafür bestimmten Paragraphen innerhalb seines Naturrechts-Systems ihren Platz zuweist, und zwar in der Weise, daß er sie nur in diesen Paragraphen, also abschließend, regelt und damit die Geltung des Satzes von der Unwirksamkeit sittenwidriger Rechtsgeschäfte und Bedingungen für das ganze Privatrecht hervorhebt. Zwar wurde die Behandlung sittenwidriger Verträge, mandata, pacta dotalia und Bedingungen in besonderen Kapiteln und damit eine ansatzweise systematische Darstellung auch bereits bei den Juristen der Rezeptionszeit und noch häufiger bei den Autoren des Usus modernus festgestellt. Während jedoch bei diesen die Wiedergabe des Stoffs in Kapiteln oder Paragraphen nahezu ausnahmslos unter den entsprechenden Codex- und Digestentiteln erfolgte, also am römischen Recht und damit kasuistisch orientiert war – man erörterte also neben den pacta contra bonos mores noch besonders die sittenwidrigen Aufträge oder Eheverträge oder kommentierte einfach die Quellen –, haben bei Pufendorf die erwähnten Paragraphen ihren bestimmten Platz in einem System, das, losgelöst vom Aufbau des Corpus Juris, die Rechtsmaterie völlig neu ordnet. In dieser Systematik aber genügt es, einmal die Problematik der Sittenwidrigkeit von Rechtsgeschäften und Bedingungen zu erörtern; auf diese Paragraphen kann dann in jedem neuen Fall von pacta und condiciones contra bonos mores zurückgegriffen werden. Grotius war im Aufbau seiner „Inleydinge" bereits ein Vorläufer dieser Entwicklung. Wie im vorigen Abschnitt dargestellt, normierte auch er die sittenwidrigen Rechtsgeschäfte in zwei kurzen abschließenden Paragraphen, die er jedoch nicht besonders herausstellte, sondern in einer großen Zahl fortlaufend numerierter und nicht näher bezeichneter Paragraphen einordnete. Pufendorfs System stellt jedoch eine verfeinerte, nach Kapiteln geordnete und mit Überschriften versehene Gliederung des Rechtsstoffes dar, in der dem Problem sittenwidriger Rechtsgeschäfte der seiner grundsätzlichen, allgemeingültigen Bedeutung entsprechende Platz zugewiesen wird.

3. Christian Thomasius

In seinen nach Kapiteln und nach unbezeichneten, nur numerierten Paragraphen unterteilten „Institutiones Jurisprudentiae Divinae" geht Christian Thomasius im § 85 des 6. Titels („De officio Paciscentium") zunächst davon aus, daß man sich durch keinen Vertrag zu einer Sache verpflichten kann, die nach dem Gesetz verboten ist[26]. Im nächsten Paragraphen 86 zieht er daraus die Folgerung, daß

26 Thomasius, Institutiones, lib. II, cap. VI, § 85, S. 115:
„Nemo se obligare poterit per pactum ad rem legibus prohibitum. Cum enim legislator non velit contraria, et vero jam actum aliquem determinaverit, non poterit sine contradictione approbare contrariam determinationem paciscentium, sunt tamen extra ipsorum arbitrium."

keine Partei gezwungen werden kann, ihr Versprechen über schändliche Dinge zu halten oder den Lohn für ein in Auftrag gegebenes und auch schon verübtes Verbrechen zu zahlen: „Qua propter non solum re utrobique integra neuter ad implendum promissum de re turpi factum tenebitur, sed et turpi facinore ab altero patrato, promissor non tenebitur ad mercedem solvendam, aut indemnitatem praestandam“[27]. Bezeichnend ist die kausale Verbindung beider Bestimmungen: Aus der Unwirksamkeit vertraglicher Vereinbarungen, die etwas Gesetzwidriges zum Gegenstand haben, folgt auch die Ungültigkeit von Versprechen in schändlichen Dingen. Diese Einordnung des Schändlichen unter das Rechtswidrige findet möglicherweise ihre Erklärung im Naturrechtsbegriff bei Thomasius: In seinen „Fundamenta Juris Naturae“ unterscheidet er einen weiten und einen engen Naturrechtsbegriff: „Sumitur tamen jus naturae vel late, prout comprehendit omnia praecepta moralia ex ratiocinatione profluentia, sive sint regulae justi, sive etiam honesti et decori; vel stricte pro solis praeceptis justi, quatenus ab honesto et decoro distinguitur[28]. Das Naturrecht enthält also im weiteren Sinn alle Moralgebote, die sich aus dem Vernunftschluß herleiten lassen und umschließt dabei nicht nur die Regeln des Justi, sondern auch die des Honesti und Decori. Diese dreifache Differenzierung von Justum, Honestum und Decorum, die den Hauptinhalt seiner „Fundamenta Juris Naturae“ darstellt, wird als die entscheidende Leistung von Thomasius angesehen, da er damit erstmals die begriffliche Differenzierung von Recht, Moral und Sitte vorgenommen hat[29]. Naturrecht im weiteren Sinn bedeutet bei Thomasius also auch Moral und Sitte, ein Verstoß gegen das Recht impliziert zugleich einen Verstoß gegen Moral (Honestum) und Sitte (Decorum).

In einem anderen Paragraphen des gleichen Titels erwähnt Thomasius noch die schändlichen Bedingungen (§ 108). Ohne ausdrücklich ihre Unwirksamkeit zu bezeichnen, verweist er hinsichtlich der Rechtsfolge lediglich auf die Bestimmungen über verbotene Versprechen: „Turpes vero conditiones . . . Quamvis et hic quoad effectum eadem sint repetenda, quae jam de promissionibus rei illicitae notavimus“[30]. Im übrigen wendet er sich gegen die verbreitete Auffassung, die schändlichen Bedingungen unter die unmöglichen einzuordnen, da es sich bei

---

27 Thomasius, a.a.O., § 86, S. 115

28 Thomasius, Fundamenta Juris Naturae, lib. I, cap. V, § XXX, S. 151

29 Stintzing/Landsberg, 3. Abt., 1. Halbbd., 3. Kap., II, S. 93; Bloch, Thomasius, S. 37; Fleischmann, Thomasius, S. 59; Nef, Recht und Moral, S. 4; Wolf, Grotius, S. 122; Die Unterscheidung des Rechts von der Moral war freilich bereits im römischen Recht prinzipiell festgelegt, wie gerade auch die häufige Regelung sittenwidriger Rechtsgeschäfte im Corpus Juris beweist. Neu bei Thomasius ist allerdings die explizite theoretische Erörterung beider Begriffe und darüber hinaus die Einführung des Begriffs des „Decorum“, der Sitte.

30 Thomasius, Institutiones, lib. II, cap. VI, § 108, S. 120/121

dieser Auslegung um ein falsches Verständnis einer Digestenstelle handle[31]: „Turpes vero conditiones ... neque adeo sunt species impossibilium, ut communiter interpretes legum civilium ob non recte intellectam legem Pandectarum, volunt"[32].

Die Bedeutung der Zitate aus den Institutionen von Thomasius für die Frage, wie die Sittenwidrigkeit von Rechtsgeschäften bei den Hauptvertretern des Naturrechts behandelt wird, besteht wie schon bei Grotius und Pufendorf darin, daß die unsittlichen Rechtsgeschäfte in den erwähnten Paragraphen allgemeingültig, weil einmalig abgehandelt werden. Thomasius macht im übrigen keine zusätzlichen Ausführungen; er bringt weder ein Beispiel unsittlicher Rechtsgeschäfte oder Bedingungen und deshalb auch keinen Versuch, Fälle sittenwidriger Rechtsgeschäfte nach übergeordneten Gesichtspunkten zu gruppieren, noch bemüht er sich um eine Begriffsbestimmung der guten Sitten. Zwar erörtert er den Begriff des „Decorum", dies aber nur in Abgrenzung zum „Justum" und „Honestum", nicht als „boni mores" im Zusammenhang mit dagegen verstoßenden Rechtsgeschäften.

4. Christian Wolff

§ 711 im 3. Kapitel („De actibus beneficis obligatoriis seu contractibus beneficis"), 4. Teil von Christian Wolffs Hauptwerk „Jus Naturae" enthält den allgemeinen Satz von der Ungültigkeit eines schändlichen pactums: „Pactum turpe servandum non est, nec ullam producit obligationem, immo in genere pactum legi cuicumque contrarium obligatorium non est"[33]. Im vorhergehenden Paragraphen, § 710, wird erklärt, was unter einem pactum turpe zu verstehen ist: „Pactum turpe dicitur, in quo de facto turpi committendo convenitur. E. gr. Pactio de inimico tuo occidendo, vel injuria afficiendo turpis est"[34]. In § 709 definiert Wolff dann das factum turpe: „Factum turpe dicitur, quod lege naturali prohibitum"[35].

Im 4. Kapitel des 3. Teils („De modo sese alteri obligandi") werden in § 494 die Rechtswirkungen einer schändlichen Bedingung geregelt: „Sub conditione turpi

---

31 Gemeint ist die Pandektenstelle D 28, 7, 15, nach der alles Sittenwidrige zugleich als unmöglich angesehen wird: Nam quae facta ... contra bonos mores fiunt, nec facere nos posse credendum est.
Daß Thomasius diese Stelle meint, bemerkt J.G. Zeidler in seiner deutschen Übersetzung der „Institutiones" (S. 207) ausdrücklich durch eine entsprechende Verweisung in der Anmerkung zu diesem Paragraphen.

32 Thomasius, a.a.O., § 108, S. 121

33 Wolff, Jus Naturae, Pars IV, cap. III, § 711, S. 479

34 Wolff, a.a.O., § 710, S. 479

35 Wolff, a.a.O., § 709, S. 478

nihil promittendum, nec promissum sub turpi conditione acceptandum, seu promissio, quae fit sub conditione turpi, illicita est tam ex parte promissoris, quam promissarii"[36]. Den Begriff der condicio turpis erläutert Wolff in § 491 des gleichen Kapitels: „Conditio turpis est, quae supponit a te fieri debere, quod lege prohibetur. Dicitur etiam moraliter impossibilis et sub impossibili comprehendi solet, quatenus pro moraliter impossibili habetur, quod fieri minime debet"[37]. Als Beispiele nennt er die Bedingung, jemanden zu töten oder ein unverheiratetes Mädchen zum Beischlaf zu verführen[38].

Die Definition des factum turpe und der condicio turpis zeigen, daß Christian Wolff beides mit einem Verstoß gegen das Naturgesetz gleichsetzt. Wie schon bei Hugo Grotius und Christian Thomasius erklärt sich diese Begriffsbestimmung aus dem moralischen Inhalt des Naturrechts bei Christian Wolff. In der Einleitung zum „Jus Naturae" bestimmt er den engen Zusammenhang von Ethik und Naturrecht: „Ethica docet quomodo virtutes acquirantur, jus vero naturae, cur virtutes acquirendae sint, cur eorum normis congruenter nobis vivendum. Jus igitur atque Ethica arte adhaerent. Illud demonstrat hanc comprobatque"[39]. In seinen „Institutiones Juris Naturae et Gentium" definiert er im Kapitel „De Obligatione, Jure et lege ac Juris naturae principio" das sittlich Gute als übereinstimmend mit dem Naturgesetz: „Honestum vero in genere vocatur, quod legi naturae convenienter fit"[40]. Möglicherweise ist diese Auffassung auch auf eine Beeinflussung durch Leibniz[41] zurückzuführen, der im Recht eine sittliche Weltordnung und eine in den Menschen wirkende moralische Notwendigkeit gesehen hat[42].

Während Grotius, Pufendorf und Thomasius in ihren Systemen die Unwirksamkeit sittenwidriger Rechtsgeschäfte und Bedingungen in einem dafür bestimmten Paragraphen und damit für ihr ganzes System geltend behandeln, beläßt es Wolff nicht bei den oben zitierten Stellen, sondern widmet dem Auftrag und der Gesellschaft mit einem unsittlichen Gegenstand noch je einen eigenen Abschnitt. Im Kernsatz des § 712 (Pars IV, cap. III: „De actibus beneficis seu contractibus beneficis") heißt es: „Mandatum rei turpis nullam producit obligationem, nec a

36 Wolff, a.a.O., Pars III, cap. IV, § 494, S. 333/334

37 Wolff, a.a.O., § 491, S. 332

38 Wolff, a.a.O., § 491, S. 332: „Ita turpis est conditio, quando dicitur: dabo tibi centum aureos, si Maevium occideris. Similiter turpis est conditio, quando dicis puellae: dabo tibi aureum, si corporis tui copiam mihi feceris: coitus enim omnis cum innupta, seu scortatio lege naturali prohibetur."

39 zitiert nach Marcel Thomann, Editoris Introductio zu den Institutiones Naturae et Gentium, S. XVII

40 Wolff, Institutiones, Pars I, cap. II, § 49, S. 25

41 Christian Wolff war Schüler von Leibniz; vgl. im einzelnen Fischer, Leibniz, 3. Buch, 2. Kap., I, 1, S. 612

42 Larenz, Sittlichkeit und Recht, 3. Kap., II, S. 234

mandatario adimplendum"[43]; die nähere Erläuterung erfolgt dann im folgenden § 713[44]. § 1375 in Pars IV, cap. IV, („De actibus permutatoriis seu contractibus onerosis") behandelt die Nichtigkeit der sittenwidrigen Gesellschaft: „Societas super factis turpibus seu illicitis ipso jure nulla est."; als Beispiele nennt er eine societas latronum ac praedonum[45]. Wolff erörtert die sittenwidrigen Rechtsgeschäfte also in zwei verschiedenen Abschnitten, nämlich die allgemeinen Paragraphen über das pactum turpe und die Bestimmungen zum mandatum rei turpis im Kapitel über einseitige Verträge (De contractibus beneficis), die Ausführungen zur societas super factis turpibus dagegen im Kapitel über zweiseitige Verträge (De contractibus onerosis). Die allgemein gehaltenen Darlegungen über die pacta turpia beziehen sich also nur auf einseitige Verträge; hätte Christian Wolff den Satz von der Nichtigkeit der pacta turpia wirklich als Generalklausel im Rahmen seines Naturrechtssystems aufgefaßt, hätte sich einmal die besondere Erwähnung schändlicher Mandate erübrigt, da im gleichen Kapitel die allgemeine Ungültigkeit einseitiger schändlicher Verträge geregelt wird, zum anderen hätte Wolff die allgemeinen Paragraphen über die pacta turpia nicht nur auf die contractus benefici beziehen dürfen. Er hätte diese Regeln über die pacta turpia entweder in einem allgemeinen, für alle Vertragsarten geltenden Abschnitt aufstellen oder aber auch im Kapitel über die zweiseitigen Kontrakte die Generalklausel oder eine Verweisung auf die allgemeinen Paragraphen über die pacta turpia bringen müssen.

Der Vollständigkeit wegen sei noch erwähnt, daß Christian Wolff die Ehegattenschenkungen und Erbverträge naturgemäß („naturaliter") für wirksam hält: Die Dispositionsfreiheit des Eigentümers, über sein Eigentum nach Belieben zu verfügen, gilt auch unter Ehegatten[46] und bezüglich der Erbeinsetzung[47].

---

43 Wolff, Jus Naturae, Pars IV, cap. III, § 712, S. 480

44 Wolff, a.a.O., § 713, S. 480: „Quoniam mandatum facti turpis nullam producit obligationem; ex mandato turpi nec mandatarius mandanti, nec mandans mandatario ad quicquam tenetur."

45 Wolff, a.a.O., Pars IV, cap. IV, § 1375, S. 968/969

46 Wolff, a.a.O., Pars VII, cap. II, § 553, S. 376:
„Naturaliter donationes inter virum et uxorem sunt licitae. Donationes enim in se illicitae non sunt, et a domini unice voluntate pendet, utrum alicui quid donare velit, an nolit."

Wolff, Institutiones, § 874, S. 547: „Cum donationes a libera voluntate donantis dependeant; eaedem inter conjuges naturaliter illicitae non sunt."

47 Wolff, Jus Naturae, Pars VII, cap. V, § 1072, S. 780:
„Naturaliter valida sunt pacta de hereditate inita. Quoniam dominus vi dominii de rebus suis disponere potest, quomodo voluerit; de successione quoque in bona post mortem suam relinquenda cum alio pacisci potest."

Wolff, Institutiones, § 942, S. 582: „cum dominus vi dominii de rebus suis pro lubito disponere possit; naturaliter valida sunt pacta de hereditate inita, consequenter etiam pacta successoria conjugum."

* * *

Sieht man davon ab, daß Christian Wolff seine allgemeinen Darlegungen sittenwidriger pacta nur auf die einseitigen Verträge bezieht, kann man es bei den anderen drei Vertretern des Naturrechts als den wesentlichen Fortschritt ansehen, daß sie den Satz von der Ungültigkeit sittenwidriger Rechtsgeschäfte als Generalklausel in ihre Ordnung des Rechts einbauen und so an seiner allgemeinen Gültigkeit keinen Zweifel lassen. Zwar haben bereits Mynsinger und Donellus in der Rezeptionszeit die Nichtigkeit von pacta contra bonos mores allgemein formuliert („generaliter", „sine exceptione") und auch verschiedene Juristen des Usus modernus haben diesen Satz, sei es allgemein, sei es auf bestimmte Rechtsgeschäfte wie mandata, pacta dotalia usw. bezogen, erwähnt. Dabei blieben sie aber stets an der Ordnung des Corpus Juris orientiert und regelten die Sittenwidrigkeit oft nur für pacta, Stipulationen, mandata oder pacta dotalia und damit letztlich wieder kasuistisch. Erst Grotius, Pufendorf und Thomasius lösen in den besprochenen Werken die sittenwidrigen Rechtsgeschäfte aus ihrem besonderen Zusammenhang der jeweiligen Einzelfälle und konstatieren die Nichtigkeit derartig fehlerhafter Rechtsgeschäfte als allgemeines, das ganze Rechtssystem betreffende Prinzip.

Als weiteres gemeinsames Kennzeichen der Naturrechtstheoretiker bei der Erörterung der unsittlichen Rechtsgeschäfte ergab sich die enge Verbindung von Recht und Moral, die sich in der teilweise synonymen Behandlung schändlicher und rechtswidriger Verträge äußerte und die ihre Erklärung in den jeweiligen, sittlich bezogenen Naturrechtsbegriffen bei Grotius, Thomasius und Wolff findet[48]. Zeiller bezeichnet deshalb in seinem Buch „Das natürliche Privat-Recht" die Epoche bis Thomasius als die Zeit der unbestimmten Behandlung des Naturrechts und die Zeit danach als die Epoche der bestimmten Behandlung, da nach seiner Auffassung erst nach Thomasius, insbesondere durch Hieronymus Gundling und Ephraim Gerhard das Naturrecht von der Moral getrennt worden ist[49]. Allerdings erscheint diese Einteilung nicht sehr zutreffend, da auch im „Jus Naturae" von Gundling, einem Schüler von Thomasius, das Honestum das

---

Die Gültigkeit von Erbverträgen setzt sich naturrechtlich allgemein durch: Heineccius, Elementa Juris Naturae, lib. I, cap. XI, § 292, S. 204: „ . . . consequens est, ut nihil caussae sit, cur juri naturae refragari existimemus pacta successoria"; ähnlich: von Eggers, Naturrecht, 1. Teil, lib. I, sectio II, cap. I, tit. III, § 99, S. 45

48 Pufendorf unterscheidet zwar unerlaubte und schändliche Verträge, im übrigen ist auch sein System gekennzeichnet von einer durchgängigen Ethisierung des Rechts und einem unauflöslichen Zusammenhang von Recht und Sittlichkeit; vgl. Welzel, Naturrechtslehre Pufendorfs, 4. Kap., S. 55, Anm. 14; Larenz, Recht und Sittlichkeit, 1. Kap., S. 187

49 Zeiller, Das natürliche Privat-Recht, § 34, S. 55:
„Bald nach Thomasius trennten Gundling und Gerhard das Naturrecht von der Moral, und begannen zum Vortheile beyder Wissenschaften die Epoche der bestimmten Behandlung."

Justum und Decens mit einschließt[50] und somit ein enger Zusammenhang von Recht und Moral bestehen bleibt. Aber auch Christian Wolff hält noch, wie schon dargestellt, an der gegenseitigen Abhängigkeit von Recht und Moral fest und auch Achenwall definiert in seinen „Prolegomena Juris naturalis" noch 1767 die Honestas als die Bewahrung der Naturgesetze, die Turpitudo dagegen als deren Mißachtung: „Custodia legum naturalium, quatenus parit existimationem bonam, dicitur honestas; contemtus legum naturalium pariens existimationem malam, turpitudo (inhonestas)"[51].

B. Die Kodifikationen

Ausgangspunkt des Problems, wie die Naturrechtsbücher die Sittenwidrigkeit von Rechtsgeschäften berücksichtigen, ist die Frage nach der Generalklausel und ihrer Formulierung. Darüber hinaus interessiert, ob und inwieweit die nach römischem Recht sittenwidrigen Rechtsgeschäfte in den jeweiligen Gesetzen Aufnahme gefunden haben. Der Untersuchung liegen die vier großen Naturrechtskodifikationen zugrunde, nämlich der Codex Maximilianeus Bavaricus civilis von 1756, das Allgemeine Landrecht für die Preußischen Staaten von 1794, der Code civil von 1804 in seiner deutschen Fassung, dem Badischen Landrecht von 1809, und schließlich das Allgemeine Bürgerliche Gesetzbuch Österreichs von 1811.

1. Codex Maximilianeus Bavaricus civilis 1756

Die allgemeine Regel über die Nichtigkeit sittenwidriger Rechtsgeschäfte ist im 1. Kapitel des 4. Teils („Von der Konvention und den hieraus entspringenden Pflichten überhaupt") unter § 16, der Vorschrift über verbotene Vertragsgegenstände („In was für Sachen keine Conventionen statthaben") eingebaut:

> Die Konvention hat in folgenden Sachen nicht statt:
> 1mo In Sachen, welche Natura vel Lege impossibiles sind, das ist, solche Dinge, welche entweder gegen die Natur, oder *gegen Ehrbarkeit*, Gesetz und Ordnung, oder einem Dritten zur Präjudiz gehen.

Kreittmayr, der Urheber dieses Gesetzes, ordnet hier die gegen die Ehrbarkeit verstoßenden Konventionen unter die lege impossibiles. Wie bei Grotius, Thomasius und Wolff zeigt sich auch hier wieder die für das Naturrecht typische enge Verbindung von Recht und Moral.

---

50 Gundling, Jus naturae, cap. I, § XVII, S. 7: „Igitur honestum comprehendit quoque iustum et decens."

51 Achenwall, Prolegomena, cap. V, § 72, S. 68

Im gleichen Abschnitt handelt § 8 von „Conventionibus sub Conditione":

> Conditiones Natura, Lege aut Facto impossibiles, das ist solche Bedingnisse, welche gegen die Natur laufen, oder so beschaffen sind, daß ein Verbrechen daraus erfolgt ... werden in Contracten nicht, wie im letzten Willen, pro non adjectis gehalten, sondern es wird vielmehr die Convention dadurch entkräftet.

Die gleiche Formulierung findet sich noch im Kapitel über Testamente (3. Teil, 3. Kap.) in § 10 („Von der Erbeinsetzung sub Conditione"), allerdings mit dem Unterschied in der Rechtsfolge, daß die unmöglichen Bedingungen für nicht hinzugefügt erachtet werden.

Kreittmayr, der zugleich den wichtigsten Kommentar zu seinem Gesetz geschrieben hat, nennt in den Anmerkungen zu den Testamentsbedingungen die conditio lege impossibilis ungültig, „weil es gegen Gebot oder Ehrbarkeit lauft, z.E. wenn er einen Todschlag, Ehebruch, oder andere ungebührliche Handlung thun wird. Denn ob sich schon dergleichen in facto gar vielfältig ergiebt, so hält man es doch für Sachen, welche saltem moraliter unmöglich sind"[52]; im Anschluß zitiert er im Wortlaut D 28, 7, 15[53], wonach alles Sittenwidrige dem Unmöglichen gleichzustellen ist.

Unter die moraliter unmöglichen Bedingungen rechnet Kreittmayr auch alle „extravaganten und lächerlichen Conditiones, z.E. wenn er barfuß im Rath erscheinen, pleureuses auf einem Galla-Kleid tragen, sich den Bart ein halb Jahr nicht putzen lassen wird, und dergleichen mehr"[54]. Er versteht also unter dieser Art von schändlichen Bedingungen weniger solche gegen die Moral als vielmehr gegen die bloßen Sitten, eine Differenzierung, die möglicherweise bereits aus der Unterscheidung des Honestum und Decorum bei Thomasius herrührt. Im weiteren kommentiert er die Bestimmungen über die schändlichen Testamentsbedingungen an Hand mehrerer Beispiele, die entweder dem römischen Recht oder der typischen Kasuistik des Usus modernus entnommen sind: Die Bedingung „wenn er schwören wird, daß der Erbe einen Grabstein errichten wolle", also die römischrechtliche condicio iurisiurandi, „wird, soviel den beigefügten Eidschwur betrifft, pro turpi et non adiecta geachtet; denn das Jurament ist hier unnötig, folglich auch unzulässig, weil der Namen Gottes nicht eitel genannt werden soll"[55]. Bei der Erörterung der Bedingung, die Religion zu wechseln, beschränkt sich Kreittmayr auf die Wiedergabe der verschiedenen Meinungen und die anschließende Feststellung, daß es in der Praxis und vor Gericht vor allem auf die Religion desjenigen ankomme, der über die Sache

52 Kreittmayr, Anmerkungen, 3. Teil, 3. Kap., § 10, Nr. 3, S. 272

53 D 28, 7, 15: nam quae facta laedunt pietatem existimationem verecundiam nostram et ut generaliter dixerim, contra bonos mores fiunt, nec facere nos posse credendum est.

54 Kreittmayr, Anmerkungen, 3. Teil, 3. Kap., § 10, Nr. 3, S. 272

55 Kreittmayr, Anmerkungen, 3. Teil, 3. Kap., § 10, Nr. 15, S. 284

entscheide: „Ein katholischer Richter wird zwar wohl die Condition: wenn Sejus den katholischen Glauben verlassen und einen andern annimmt, nicht aber vicissim, wenn er den katholischen annimmt und einen andern verläßt, pro turpi et non adjecta ansehen“[56]. Zu den schändlichen und moralisch unmöglichen Bedingungen zählt er auch noch jene, die den Erben veranlassen sollen, nicht zu heiraten, nur gemäß der Zustimmung eines Dritten zu heiraten[57] oder kinderlos zu bleiben[58].

Im Gesetz selbst wird noch der Auftrag[59] und die Wette[60] über unehrbare Dinge in besonderen Bestimmungen hervorgehoben, die sich eigentlich durch die eingangs zitierte Generalklausel erübrigen. Möglicherweise orientiert sich Kreittmayr hier noch an den entsprechenden Digestenstellen über sittenwidrige mandata[61] und sponsiones[62]. Dafür spricht auch noch die gesetzliche Regelung von Rechtsgeschäften, die bereits im Corpus Juris unter moralischen Gesichtspunkten erörtert werden: Wie im römischen Recht kann eine unter väterlicher Gewalt stehende Person einer Darlehensklage mit der Exceptio SC. Macedoniani begegnen[63], „damit“, wie Kreittmayr es in Anlehnung an die römischrechtliche Argumentationsweise formuliert, „nicht widrigenfalls die Kinder, wenn sie einmal mit Schulden oneriert sind, auf allerhand desperate Einfälle gerathen und endlich ihren Eltern gar nach dem Leben zu streben veranlaßt werden“[64]. Auch am Verbot der Schenkungen unter Ehegatten hält der Codex Maximilianeus fest[65], wobei sich Kreittmayr in seinem Kommentar ausdrücklich auf die

---

56 Kreittmayr, a.a.O., Nr. 13, S. 283

57 Kreittmayr, a.a.O., Nr. 11, S. 280/281

58 Kreittmayr, a.a.O., Nr. 12, S. 281

59 4. Teil, 9. Kap. (Von der Vollmacht [Mandato] und anderen ähnlichen Handlungen), § 4: Wie weit sie in unehrbaren Geschäften Statt hat? Unehrbare oder verbotene Geschäfte mögen mit Gültigkeit nicht übertragen werden.

60 4. Teil, 12. Kap. (Von unbenannten Contracten), § 6:
Gleichwie nun alle anderen Conventionen in unehrbaren Dingen nicht gestattet werden, so gelten auch dergleichen Wettungen nicht.

61 I 3, 26, 7: Illud quoque mandatum non est obligatorium, quod contra bonos mores est, veluti si Titius de furto aut damno faciendo aut de iniuria facienda tibi mandet.
D 17, 1, 6, 3: Rei turpis nullum mandatum est et ideo hac actione non agetur.

62 D 19, 5, 17, 5: plane si inhonesta causa sponsionis fuit, sui anuli dumtaxat repetitio erit.

63 4. Teil, 2. Kap., § 4: Stehet Mutuatarius zur Zeit des Anlehens noch unter väterlicher Gewalt, so hat er ... gegen die allenfalls gestellte Klage Exceptionem Senatus Consulti Macedoniani.

64 Kreittmayr, Anmerkungen, 4. Teil, 2. Kap., § 4, Nr. 10, S. 93

65 1. Teil, 6. Kap., § 31: Donationes simplices ... sind unter Eheleuten von keiner Gültigkeit.

Rezeption dieser Vorschrift beruft[66]. Vom römischen Recht übernommen wird auch die laesio enormis mit der für Käufer und Verkäufer gegebenen Möglichkeit, den Vertrag rückgängig zu machen oder wenigstens den Wertunterschied auszugleichen[67]. Nicht nur auf Grund der weitgehend am Corpus Juris und der Kasuistik des Usus modernus orientierten Kommentierung Kreittmayrs, sondern auch aus den genannten, überwiegend römischrechtlich empfundenen Gesetzesbestimmungen wird deutlich, daß der Codex Maximilianeus erst als ein Vorläufer der großen Naturrechtskodifikationen[68], im Grunde sogar noch als eine Zusammenstellung des römischen Rechts in der Form des Usus modernus anzusehen ist[69]. Ein naturrechtlicher Einfluß zeigt sich allenfalls bei den Erbverträgen, die ausnahmslos, einschließlich des pactums de hereditate tertii, gestattet werden[70].

2. Allgemeines Landrecht für die Preußischen Staaten 1794

Unter dem Kapitel über die Gegenstände von Willenserklärungen regelt das Allgemeine Landrecht die sittenwidrigen Rechtsgeschäfte im 4. Titel des 1. Teils („Von Willenserklärungen") unter mehreren Paragraphen:

(§ 6. Zu Handlungen, welche die Gesetze verbieten, kann durch Willenserklärungen Niemand verpflichtet oder berechtigt werden.)

§ 7. Auch nicht zu Handlungen, welche die Ehrbarkeit beleidigen.

§ 8. Willenserklärungen, welche zur Verheimlichung einer durch die Gesetze gemißbilligten Handlung, oder auf Entschädigung oder Belohnung des Uebertreters abzielen, sind nichtig.

§ 9. Gewissensfreiheit kann durch keine Willenserklärung eingeschränkt werden.

§ 10. Zusagen, wodurch eine Mannsperson bis über das dreißigste, und eine Frauensperson bis über das fünfundzwanzigste Jahr zum ehelosen Stande verpflichtet werden soll, sind ungültig.

§ 11. Auch ist niemand an eine Willenserklärung gebunden, wodurch er seinen Witwenstand nicht zu ändern angelobt hat.

---

66 Kreittmayr, Anmerkungen, 1. Teil, 6. Kap., § 31, Nr. 1, S. 266: „... genug, daß das römische Recht in diesem Stücke einmal bei uns recipiert ist."

67 4. Teil, 3. Kap., § 19: Ist aber Laesio enormis vel enormissima in dem Preise hierunter vorgegangen, so hat das sogenannte Remedium ex Lege 2. Cod. die rescind. Vend. statt. (= C 4, 44, 2)

68 Wieacker, § 19 I 3, S. 326

69 Molitor, Privatrechtsgeschichte, 3. Kapitel, S. 39

70 3. Teil, 11. Kap., § 1: Vergleich oder Gedinge über einer noch lebenden Person künftige Erb- oder Verlassenschaft werden affirmative oder negative gemacht. Sowohl das eine als andere ist zwar nach Römischen, nicht aber nach Teutschen Rechten und Gewohnheiten verboten. Jene Pacten hingegen, welche über die künftige Erb- oder Verlassenschaft eines Dritten noch Lebenden ohne dessen Mitbewilligung errichtet werden, gelten ohne Unterschied.

§ 12. Ist aber die Ehelosigkeit das notwendige Erfordernis eines gewissen Standes, so dauert die Verpflichtung dazu solange, als Jemand in diesem Stande sich befindet.

§ 13. Zur Sklaverei oder Privatgefangenschaft kann Niemand durch Willenserklärungen verpflichtet werden.

Hinsichtlich der sittenwidrigen Bedingungen wird in § 136 des gleichen Titels auf die oben zitierten Vorschriften verwiesen: „Was selbst kein Gegenstand einer Willenserklärung sein kann (§ 6–14), das kann auch Niemandem als eine Bedingung aufgelegt werden."

Das Allgemeine Landrecht begnügt sich also nicht mit einem allgemeinen Tatbestand für sittenwidrige Rechtsgeschäfte, sondern bringt über § 7 hinaus einen ganzen Katalog von Anwendungsbeispielen. Dies kann einmal gedeutet werden als das Bemühen dieses Gesetzes um Allgemeinverständlichkeit und Volkstümlichkeit, eine Forderung der Aufklärung, auf deren geistigen Grundlagen diese Kodifikation aufgebaut ist[71]. Insbesondere Montesquieu hatte in seinem Esprit des lois verlangt, „les lois ne doivent point être subtiles; elles sont faites pour des gens de médiocre entendement: elles ne sont point un art de logique, mais la raison simple d'un père de famille"[72]. In diesem Zusammenhang kann also die kasuistische Regelung der sittenwidrigen Rechtsgeschäfte als ein Zeichen des Bestrebens gesehen werden, sich mit dieser breiten Darstellung an die gesamte Bevölkerung zu wenden[73]. Förster glaubt in seiner Theorie und Praxis des preußischen Privatrechts allerdings, daß die so erreichte Verständlichkeit dem Gesetz durchaus zum Nachteil gereiche: „Man nahm das Moment der Belehrung auf und entfernte alle s.g. juristischen Kunstausdrücke, die dem Laien unverständlich sein konnten. Das Recht verlor dadurch das Plastische, was das römische so sehr auszeichnete, das Feste und Bestimmte; die individuellen Scheidungen, die Grenzen der einzelnen Institute vermischten sich und Koch hat nicht Unrecht, wenn er sagt, es habe sich in eine quecksilbrige Masse aufgelöst"[74].

Die ausführliche Exemplifizierung sittenwidriger Rechtsgeschäfte kann auch noch als Versuch, ein möglichst vollständiges Gesetzbuch zu schaffen, ausgelegt werden. Auch darin zeigt sich der Einfluß der Aufklärung, die jede richterliche Willkür durch ein möglichst ausführliches Gesetzbuch ausschließen will[75], sowie die Überzeugung des Naturrechts, bis ins Detail konkret richtiges Recht schaffen zu können[76]. Förster beurteilt auch diese Tendenz des Allgemeinen Landrechts kritisch: „Dieser Fehler des A.L.R. ist schon oft hervorgehoben und besprochen,

71 vgl. Conrad, Geistige Grundlagen des ALR, S. 11

72 Montesquieu, De l'esprit des lois. livre XXIXX, chapitre XVI, S. 291

73 vgl. Molitor, Privatrechtsgeschichte, 3. Kapitel, S. 42

74 Förster, Theorie, 1. Bd., Einleitung § 6, S. 18

75 Stintzing/Landsberg, 3. Abt., 1. Halbbd., 11. Kap., IV, S. 474

76 Wieacker, § 19 II 2 a, S. 332

die daraus erwachsenen Nachtheile liegen zu Tage: es genüge daher hier, daran zu erinnern, was Jhering über eine solche Eigenschaft eines Gesetzbuchs urtheilt: Die Kombinationskunst des Lebens ist so unerschöpflich, daß die reichste Kasuistik eines Gesetzbuchs ihren ewig neuen Fällen gegenüber dürftig erscheinen würde“[77].

Erik Wolf sieht in der Neigung des Allgemeinen Landrechts zu detaillierten Einzelregelungen nicht nur den Nachteil einer völligen Positivierung des Naturrechts, sondern auch den Ausdruck eines obrigkeitsstaatlichen Loyalismus mit seiner Neigung, gerade durch die ausgeprägte Kasuistik das Leben der Untertanen bis in die kleinsten Einzelheiten des alltäglichen Verkehrs zu regeln[78]. Auch Wieacker verweist gerade auf diese Grenzen des Gesetzes, die einerseits zu finden sind in seinem Mißtrauen gegen die staatsbürgerliche Selbstverantwortung und andererseits in der Anmaßung des Gesetzgebers, alle erdenklichen Verhältnisse ein für allemal vorregeln zu können, mit der Folge einer umfangreichen, bevormundenden Kasuistik[79].

Hinsichtlich der Rechtsgeschäfte, die das römische Recht aus moralischen Erwägungen in Frage stellt, erweist sich das Allgemeine Landrecht als weitgehend eigenständig. § 310 im 2. Teil, 1. Titel („Von Schenkungen unter Eheleuten“) bestimmt: „Geschenke unter Eheleuten sind, wie unter Fremden gültig.“ Nach Temme sieht das Allgemeine Landrecht in ihrem Verbot eine Beschränkung der persönlichen Freiheit[80] und Svarez erklärt in der Schlußrevision des Allgemeinen Landrechts von den Verbotsgründen des römischen Rechts: „Sie passen nicht mehr auf unser Zeitalter und da durch die allgemeinen Gesetze über die Schenkungen gegen Übereilungen und übertriebene Freigebigkeit hinlänglich Vorsorge getroffen ist, hat man nicht nötig, Eheleute in solchen Erweisungen von Liebe und Zuneigung mehr als andere einzuschränken“[81]. Bei den Erbverträgen schlägt das ALR im Verhältnis zum römischen Recht einen Mittelweg ein: Einfache und wechselseitige Erbverträge sind grundsätzlich möglich, I 12 § 617[82]. Die Erbschaftsverträge, die nach römischem Recht sittenwidrigen pacta de hereditate tertii, unterliegen bestimmten Beschränkungen: Verträge, in denen die Teilung einer künftigen, bestimmten Erbschaft im voraus zugeordnet wird, gelten nur unter den gesetzlichen Miterben des

77 Förster, Theorie, 1. Bd., Einleitung § 6, S. 19

78 Wolf, Naturrechtslehre, S. 146

79 Wieacker, § 19 II 3 b, S. 333

80 Temme, Preußisches Civilrecht, 2. Bd., § 238, S. 38

81 Svarez, Schlußrevision des ALR, S. 114

82 I 12 § 617: Auch durch Erbverträge kann ein Contrahent dem anderen, oder beide einander wechselseitig, Rechte auf ihren künftigen Nachlaß einräumen.

Erblassers, I 12 § 649[83]; zugunsten eines Dritten sind derartige Vereinbarungen nur wirksam, wenn der Erblasser einem solchen Vertrag als Mitkontrahent ausdrücklich beitritt, I 12 § 650[84].

Die §§ 58 bis 69 des I. Teils, 11. Titel handeln zwar der Überschrift nach „Von der Verletzung über die Hälfte", der sachlichen Regelung nach entsprechen diese Bestimmungen jedoch keineswegs mehr der römischrechtlichen laesio enormis. § 58 stellt zunächst fest, daß ein Mißverhältnis zwischen Kaufpreis und Wert der Kaufsache für sich allein den Vertrag noch nicht entkräften kann[85]. Nur wenn der Kaufpreis den wirklichen Wert der Sache um das Doppelte übersteigt, besteht zugunsten des Käufers die Rechtsvermutung eines zur Anfechtung berechtigenden Irrtums, I 11 § 59[86]. Kittelmann folgert deshalb in seiner Abhandlung über die laesio enormis aus der Beschränkung dieses Gestaltungsrechts auf den Käufer anstatt, wie im römischen Recht, auf den Verkäufer sowie aus der Regelung über die Vermutung eines Irrtums, daß die römischrechtliche laesio ultra dimidium im Allgemeinen Landrecht faktisch keine Anerkennung mehr findet[87].

Die erörterten Rechtsgeschäfte verdeutlichen die weitgehende Selbständigkeit des Allgemeinen Landrechts gegenüber dem römischen Recht[88]. Das Verbot der Ehegattenschenkungen und Erbverträge ist völlig beseitigt, das pactum de hereditate tertii und die laesio enormis werden in neuer, zweckmäßiger Weise geregelt.

3. Code civil 1804 und Badisches Landrecht 1809

Die Normierung der Nichtigkeit sittenwidriger Rechtsgeschäfte ergibt sich aus Art. 1108 i.V.m. 1133:

---

83 I 12 § 649: Verträge, wodurch einer künftigen bestimmten Erbschaft entsagt, oder die Teilung einer solchen Erbschaft im Voraus angeordnet wird, gelten nur unter denjenigen, welche in einer solchen Erbschaft als gesetzliche Miterben berufen sind.

84 I 12 § 650: Zu Gunsten eines Fremden gelten dergleichen Verträge nur alsdann, wenn derjenige, über dessen Nachlaß verfügt werden soll, dem Vertrage als Mitcontrahent ausdrücklich beitritt.

85 I 11 § 58: Der Einwand, daß der Kaufpreis mit dem Werthe der Sache in keinem Verhältnisse stehe, ist für sich allein den Vertrag zu entkräften nicht hinreichend.

86 I 11 § 59: Ist jedoch dieses Mißverständnis so groß, daß der Kaufpreis den doppelten Betrag des Werthes der Sache übersteigt, so begründet dieses Mißverhältnis, zum Besten des Käufers, die rechtliche Vermuthung eines den Vertrag entkräftenden Irrthums.

87 Kittelmann, Laesio enormis, S. 78

88 Plathner, Geist des Preußischen Privatrechts, 1. Bd., Kap. IV, S. XXXIV: „Dem Römischen Recht am selbständigsten gegenüber steht das Allgemeine Landrecht."
Anderer Ansicht Gründler, Preußisches Recht, § 16, S. 14: „Das römische Recht ist die Grundlage des preußischen Rechts."

Art. 1108: Zur Gültigkeit eines Vertrages gehören vier wesentliche Bedingungen:

.

.

.

Eine erlaubte Vertragsursache

Art. 1133: Jene Ursache ist unerlaubt, welche von dem Gesetz verboten, der Sittlichkeit entgegen oder der Staatsordnung zuwider ist.
(La cause est illicite, quand elle est prohibée par la loi, quand elle est contraire aux bonnes mœurs ou à l'ordre public.)

Im Gegensatz zum Allgemeinen Landrecht von Preußen verzichtet der Code civil auf eine katalogmäßige Aufzählung von einzelnen sittenwidrigen Rechtsgeschäften. Schon im Vergleich der beiden Generalklauseln wird das Grundkonzept des Code civil deutlich, nämlich der Verzicht auf ein kasuistisch ausgerichtetes Normensystem. Portalis, der Urheber des Code civil, betont in seinen Discours préliminaire ausdrücklich: „Wir haben uns vor dem gefährlichen Ehrgeiz gehütet, alles zu regeln und alles voraussehen zu wollen. Was man auch tun möchte, niemals könnten die positiven Gesetze in den Rechtshändeln des Lebens den Gebrauch der natürlichen Vernunft ersetzen. Die Bedürfnisse der Gesellschaft sind so verschieden, der Verkehr der Menschen ist so lebendig, ihre Interessen sind so vielfältig und ihre Beziehungen so ausgedehnt, daß der Gesetzgeber unmöglich für alles vorsorgen kann"[89].

Während im Codex Maximilianeus[90] ebenso wie im Allgemeinen Preußischen Landrecht[91] und, wie noch zu zeigen sein wird, im österreichischen Allgemeinen Bürgerlichen Gesetzbuch[92] der Vertragsgegenstand den entscheidenden Gesichtspunkt für die Sittenwidrigkeit eines Vertrages bildet, regelt der Code civil das unsittliche Rechtsgeschäft nicht im Abschnitt über den Gegenstand der Verträge (Art. 1126 bis 1130 C.c.), sondern im Kapitel über die Vertragsursache, Art. 1131 bis 1133. Diese Normierung nach der causa eines Rechtsgeschäfts kennt demnach keine Bestimmung, die ein Rechtsgeschäft wegen seines sittenwidrigen Gegenstandes für unwirksam erklärt. Da die Praxis aber ohne eine derartige Vorschrift nicht auskommt, gibt es zwei Theorien hinsichtlich einer Lösungsmöglichkeit. Die Meinung der „anticausalistes" geht dahin, die „cause" als relevantes Merkmal eines Rechtsgeschäfts überhaupt abzulehnen; sie halten die Art. 1131 bis 1133 C.c. über die Vertragsursache überhaupt für überflüssig

89 zitiert bei Federer, Badisches Landrecht, S. 126; siehe auch Gagnér, Ideengeschichte, S. 87

90 Codex Maximilianeus, 4. Teil, 1. Kap., § 16: Die Konvention hat in folgenden *Sachen* nicht statt: 1mo In *Sachen*, welche Natura ve Lege impossibiles sind . . .

91 ALR I 4 § 6: Zu *Handlungen*, welche die Gesetze verbieten, kann durch Willenserklärungen Niemand verpflichtet oder berechtigt werden.
§ 7: Auch nicht zu *Handlungen*, welche die Ehrbarkeit beleidigen.

92 ABGB § 878 Satz 2: Was nicht geleistet werden kann; was geradezu unmöglich oder unerlaubt ist, kann kein *Gegenstand* eines gültigen Vertrages werden.

und stützen die Unwirksamkeit sittenwidriger Rechtsgeschäfte schlechthin, also auch solcher mit einem unsittlichen Vertragsgegenstand, auf Art. 6 C.c.:

> On ne peut déroger, par des conventions particulières, aux lois qui intéressent l'ordre public et les bonnes mœurs.

In der Übersetzung des Badischen Landrechts:

> Von solchen Gesetzen, welche die Handhabung der öffentlichen Ordnung und der guten Sitten zum Zweck haben, können Verträge der Untertanen keine Ausnahme begründen.

Die Vertreter der Gegenansicht, die „causalistes", halten diese Lösung für unrichtig, da der Art. 6 C.c. nur die dort genannten Gesetze, nicht aber die guten Sitten von der Vertragsfreiheit ausnimmt. Sie befürworten daher eine ausdehnende Auslegung des Art. 1133 C.c. dahin, daß darunter auch Rechtsgeschäfte mit einem sittenwidrigen Gegenstand zu subsumieren sind[93].

Eine weitere Besonderheit des Code civil in der Formulierung der Generalklausel ist die Aufnahme der „öffentlichen Ordnung". Welche Bedeutung die Urheber des Code civil dem Ausdruck „ordre public" und seinem Verhältnis zum Begriff der guten Sitten beilegen, ergibt sich aus einer Rede des Tribunen Faure vor dem Corps législatif. Nach seiner Ansicht ist ordre public der weitere, bonnes mœurs der engere Begriff. Die bonnes mœurs seien lediglich eine „dépendance de l'ordre public", eine von mehreren seiner Erscheinungsformen. Wenn im Gesetz die Worte bonnes mœurs überhaupt aufgenommen würden, so verfolge man damit nur den Zweck, eine besonders deutliche Ausdrucksweise zu gewährleisten[94]. Diese Deutung – bonnes mœurs als Unterfall des ordre public – kann zumindest vom Wortlaut her freilich nur für Art. 6 C.c. gelten, denn in Art. 1133 C.c. werden die beiden Begriffe durch die Konjunktion „oder" verbunden, also alternativ verwendet. Auch der Umstand, daß bei der Regelung der sittenwidrigen Bedingungen (Vertragsbedingungen Art. 1172 C.c.[95]; Bedingungen letztwilliger Verfügungen Art. 900 C.c.[96]) die öffentliche Ordnung nicht erwähnt wird, spricht für eine gewisse Selbständigkeit des Begriffs der guten Sitten im Code civil.

Von den im römischen Recht aus moralischen Motiven untersagten Rechtsgeschäften wird das Verbot der Ehegattenschenkungen nicht mehr übernommen, Art. 1091 C.c.[97], dagegen das Verbot der Erbverträge prinzipiell beibehalten, Art. 1130 II C.c.[98].

93 Zum ganzen Theorienstreit vgl. Locher, Unsittliche Rechtsgeschäfte, S. 779

94 zitiert nach Sauerland, Ordre public, Kap. 5 a), S. 6 und Asmußen, Rechtsgeschäft gegen die guten Sitten, S. 9

95 Art. 1172 C.c.: Jede Bedingung einer unmöglichen, sittenwidrigen oder gesetzeswidrigen Sache gilt nicht und macht die darauf ausgesetzte Übereinkunft ungültig.

96 Art. 900 C.c.: Bei jeder Verordnung unter Lebenden oder auf den Todesfall werden die unmöglichen Bedingungen sowie diejenigen, welche den Gesetzen und den guten Sitten zuwider sind, für nicht geschrieben geachtet.

97 Art. 1091 C.C.: Ehegatten können in dem Heiratsvertrag sich wechselseitig oder auch eines allein dem andern jede Schenkung machen, die sie für gut finden, unter den hierunten ausgedrückten Bestimmungen.

4. Allgemeines Bürgerliches Gesetzbuch Österreichs 1811

Die Nichtigkeit sittenwidriger Rechtsgeschäfte wird im ABGB nicht ausdrücklich formuliert. Lediglich in § 878 Satz 2 heißt es:

> Was nicht geleistet werden kann; was gerade zu unmöglich oder unerlaubt ist, kann kein Gegenstand eines gültigen Vertrages werden.

Man hat also die Sittenwidrigkeit nicht besonders herausgestellt, sondern in den Begriff des Unerlaubten mit einbezogen. Möglicherweise ist diese enge Verflechtung von Recht und Moral, die sich bei den Theoretikern des Naturrechts als typische Erscheinung dieser Epoche zeigte, auf die naturrechtliche Grundhaltung dieses Gesetzes zurückzuführen. Eine gewisse Bestätigung dieser Auffassung ergibt sich aus der Entstehungsgeschichte dieses Paragraphen: Während im Codex Theresianus[99] und im Entwurf Hortens[100] noch von Handlungen gegen die Gesetze, guten Sitten und die Ehrbarkeit als unzulässiger Vertragsgegenstand gesprochen wird, setzt sich die Formulierung des ABGB mit seiner Beschränkung auf die bloße Unerlaubtheit erst im Entwurf Martinis[101] durch. Zumindest vom Codex Theresianus ist aber bekannt, daß er wegen zu starker Anlehnung an das römische Recht vom Staatskanzler Kaunitz abgelehnt wurde[102]. Daraus kann man folgern, daß erst in den mehr am Naturrecht orientierten Fassungen der ausdrückliche Verstoß gegen die guten Sitten weggelassen wurde und man das Verbot unerlaubter Rechtsgeschäfte schlechthin als genügend ansah.

Dniestrzanski glaubt, daß im Fall eines sittenwidrigen Rechtsgeschäfts auf § 7 ABGB[103] zurückzugreifen sei, um seine Zulässigkeit zu beurteilen[104]. Nach

---

98 Art. 1130 II C.c.: Nur auf die noch unangefallenen Erbschaften kann Niemand Verzicht tun, noch über solche irgendeinen Vertrag schließen, selbst nicht mit Bewilligung des Erblassers.

99 § 50: Verbotene und unerlaubte Handlungen sind, welche wider Unsere Gesetze, gute Sitten und die Ehrbarkeit laufen, und dahero keine Verbindungskraft haben, . . .
zitiert bei Harrasowsky, Codex Theresianus, 3. Bd., Caput I, § VI, S. 11

100 § 53: Für unmögliche Dinge sind auch alle jene Handlungen zu halten, die wider Unsere Gesetze, die guten Sitten und die Ehrbarkeit laufen.
zitiert bei Harrasowsky, a.a.O., 4. Bd., 3. Teil, 1. Capitel, S. 322

101 § 23: Dinge aber die sich nicht leisten lassen oder geradezu unmöglich oder unerlaubt sind, können keinen Gegenstand giltiger Verträge abgeben.
zitiert bei Harrasowsky, a.a.O., 5. Bd., 3. Teil, 1. Hauptstück, S. 161

102 Kaunitz war der Ansicht, daß der Codex „überhaupt nach dem fehlerhaften und unzusammenhängenden Plan der Institutionum Justinianarum angelegt ist, daß fast alle Definitionen und Divisionen nach dem alten römischen Geschmack eingerichtet sind und daß weder die Ordnung noch die Schreibart dem Genio unseres Saeculi angemessen befunden werden dürfte";
zitiert in Voltelini, Codex Theresianus, S. 42

103 § 7 ABGB: Läßt sich ein Rechtsfall weder aus den Worten noch aus dem natürlichen Sinn eines Gesetzes entscheiden, so muß auf ähnliche, in den Gesetzen bestimmt

dieser Bestimmung muß ein Rechtsfall nach den natürlichen Rechtsgrundsätzen entschieden werden, falls er sich weder aus dem Wortlaut noch aus dem natürlichen Sinn eines Gesetzes noch aus den Tatbeständen und Begründungen eines anderen Gesetzes entscheiden läßt. Das bedeutet aber nichts anderes als einen Verstoß gegen die guten Sitten am Naturrecht zu messen. Auch in dieser Auffassung bestätigt sich die enge Verbindung von Moral und Recht aus der Sicht des Naturrechts, die es gestattet, die sittenwidrigen Rechtsgeschäfte unter die unerlaubten zu subsumieren.

Das ABGB beläßt es jedoch nicht bei der allgemeinen Formel über den unerlaubten Vertragsgegenstand in § 878, sondern bringt in § 879 einen Katalog von ungültigen Rechtsgeschäften:

1. Wenn etwas für die Unterhandlung eines Ehevertrages bedungen wird;
2. Wenn ein Wundarzt oder was immer für ein Arzt sich von dem Kranken für die Uebernehmung der Cur; oder
3. Wenn ein Rechtsfreund sich für die Uebernehmung eines Processes eine bestimmte Belohnung bedingt; oder eine ihm anvertraute Streitsache an sich löset;
4. Wenn eine Erbschaft oder ein Vermächtnis, die man von einer dritten Person hofft, noch bey Lebzeiten derselben veräußert wird.

Diese geschlossene Aufzählung im Anschluß an die allgemeine Ungültigkeitserklärung unerlaubter Verträge ist erst im Entwurf Martinis[105] zu finden; im Codex Theresianus[106] sowie im Entwurf Hortens[107] sind die Verbote von Ehemäkelei und Prozeßübernahme verstreut und nicht in einem geschlossenen Paragraphen geregelt.

Die Motive für das Verbot dieser Verträge sind unterschiedlichster Art. Zeiller, der Urheber des ABGB in seiner letzten Fassung, nennt die Gründe in seinem

---

entschiedene Fälle, und auf die Gründe anderer damit verwandten Gesetze Rücksicht genommen werden. Bleibt der Rechtsfall noch zweifelhaft, so muß solcher mit Hinsicht auf die sorgfältig gesammelten und reiflich erwogenen Umstände nach den natürlichen Rechtsgrundsätzen entschieden werden.

104 Dniestrzanski, Die natürlichen Rechtsgrundsätze, S. 27

105 § 28, zitiert aus Harrasowsky, Codex Theresianus, 5. Bd., 3. Teil, 1. Hauptstück, S. 162:
Folgende Verträge sollen ungiltig sein: 1. Wenn der Rechtsfreund sich von seiner Partei für die Behauptung eines Prozesses, oder 2. wenn der Arzt sich von dem Kranken eine bestimmte Belohnung für die Cur vorhinein bedingen will, 3. wenn es um die Abtretung eines Processes, welcher schon anhängig gemacht worden ist, oder 4. wenn es um die Verabredung über die Erbschaft einer dritten noch lebenden Person zu thun ist.

106 Prozeßübernahme: § 57, zitiert aus Harrasowsky, a.a.O., 3. Bd., Caput II, § X, S. 29/30;
Ehemäkelei: § 59, zitiert ebenda, 1. Bd., Caput III, § 1, S. 98

107 Prozeßübernahme: § 66, zitiert ebenda, 4. Bd., 3. Teil, 1. Capitel, S. 324;
Ehemäkelei: § 20, zitiert ebenda, 4. Bd., 1. Teil, 3. Capitel, S. 42/43

Kommentar zum ABGB. Zur Untersagung der Ehemäkelei gibt er die Erläuterung: „So bedienen sich gewinnsüchtige Unterhändler, welche für die Unterhandlung eines Ehevertrages sich etwas bedingen, gewöhnlich falscher, listiger Angaben, wodurch beyde Brautpersonen, oder doch Eine derselben zu einer in der Folge oft sehr bereueten Ehe verleitet wird, welche für die Familie sehr nachtheilig ist"[108]. „Von einem zwischen dem Arzte und dem Kranken für die Uebernehmung der Cur geschlossenen Vertrage, wodurch sich ersterer eine bestimmte Belohnung bedinget, vermuthet das Gesetz, daß er in einer Zwangslage geschlossen worden ist, und es läßt, indem es den Vertrag schlechterdings für ungültig erklärt, keinen rechtfertigenden Beweis des Gegentheils zu, daß der Kranke freywillig zur Forderung sich verstanden habe"[109]. Durch das Verbot von entgeltlichen Prozeßübernahmen und Prozeßabtretungen will der Gesetzgeber den Rechtsvertretern die Gelegenheit nehmen, die streitenden Parteien durch Vorspiegelung eines großen Kostenaufwands oder durch angedrohte Versagung des Rechtsbeistands zu unmäßigen Honoraren oder zur billigen Abtretung der Streitsache zu veranlassen[110]. Zum pactum de hereditate tertii schließlich führt Zeiller noch aus: „Obschon die Deutsche Gesetzgebung, zur Ehre dieser edlen Nation, nicht so mißtrauisch, wie die Römische, fast bey jeder Gelegenheit Nachstellungen für das Leben der Mitbürger besorgt, so verdient doch die Veräußerung eines gehofften Nachlasses einer dritten noch lebenden Person um so minder den Rechtsbeystand, als sie nur zwischen Betrügern, oder mit ruchlosen oder leichtsinnigen Verschwendern, und Wucherern, oder verabscheuungswürdigen Erbschleichern geschlossen zu werden pflegt, und, wenn gleich nicht zu Lebensnachstellungen, doch zum Sittenverderbnisse, und zur Zerrüttung der Familien-Eintracht den Weg bahnet"[111].

Die Normierung der sittenwidrigen Bedingungen verläuft ähnlich wie bei den sittenwidrigen Verträgen: Der Codex Theresianus[112] sowie der Entwurf

---

108 Zeiller, Commentar über das ABGB, 3. Bd., § 879, Anm. 1, S. 47

109 Zeiller, a.a.O., § 879, Anm. 2, S. 48

110 Zeiller, a.a.O., § 879, Anm. 3, S. 49: „Die Vertreter haben die Gelegenheit, kurzsichtige Parteyen durch Vorspiegelungen des großen Kosten- und Müheaufwandes, und durch die angedrohte Versagung des Rechtsbeystandes zu unmäßigen Verheißungen, oder zur Abtretung ihres Rechtes, das sie doch zu verfechten übernommen haben, gegen eine unbillige Vergütung, zu verleiten."

111 Zeiller, a.a.O., § 879, Anm. 4, S. 49

112 § 149: (Bedingungen ...) Welche der Natur nach unmöglich sind, oder etwas, was durch Unsere Gesetze verboten ist, oder wider die guten Sitten und Ehrbarkeit lautet, oder an sich lächerlich und unnütz ist, werden für nicht beigefügt, folglich die Erbeinsetzung oder das Vermächtnis für unbedingt und also geachtet, als ob keine Bedingnis beigesetzt worden wäre;
zitiert aus Harrasowsky, Codex Theresianus, 2. Bd., Caput XII, § V, S. 220/221;
Sittenwidrige Bedingungen bei Verträgen: § 59, zitiert ebenda, 3. Bd., Caput I, § VII, S. 11/12

Hortens[113] greifen auf die traditionelle Formulierung zurück, die die unmöglichen, gesetz- und sittenwidrigen Bedingungen unterscheidet; im Entwurf Martinis[114] und im ABGB selbst (§§ 698 bzw. 897 i.V.m. 698[115]) ist dagegen (neben den unmöglichen) nur von unerlaubten Bedingungen schlechthin die Rede. Ebenso wie schon bei den Verträgen kann man in dieser Entwicklung die Durchsetzung der naturrechtlichen Auffassung mit ihrem engen Bezug zur Moral sehen. Eine einfachere Erklärung ergibt sich freilich aus den Aufzeichnungen von der Abfassung des § 698 ABGB: Zeiller, dessen Meinung für die Formulierung dieser Vorschrift letztlich maßgebend war, vertrat die Ansicht: „Den Begriff ‚unerlaubt' näher zu bestimmen, ist unnöthig, da schon der gemeine Sprachgebrauch ‚unerlaubt' nennt, was der Sittlichkeit, den Sittengesetzen zuwider ist"[116]. Zeiller reduziert hier das Problem, inwieweit der Verstoß gegen die guten Sitten im Unerlaubten enthalten ist, lediglich auf eine Frage der sprachlichen Ausdrucksweise. Möglicherweise liegt diese Terminologie auch der Abfassung des bereits erörterten § 878 Satz 2 zugrunde, was sich allerdings aus dem zur Verfügung stehenden Quellenmaterial nicht nachweisen läßt.

§ 700 ABGB erklärt als Sonderfall die Bedingung der Nichtverehelichung über die Volljährigkeit hinaus für unwirksam[117]. Pfaff-Hofmann erläutern die Ratio

---

113 § 36: Wenn ein Erblasser seiner Anordnung eine solche Bedingnis beigefügt hat, welche der Natur nach unmöglich ist, oder ohne sträfliche Verletzung Unserer Gesetze und der Sitten nicht vollzogen werden kann, so soll Dasjenige, was Jemanden auf diese Weise zugewendet worden, gänzlich ungiltig sein.
zitiert nach Harrasowsky, Codex Theresianus, 4. Bd., 2. Teil, 9. Capitel, S. 200.
Sittenwidrige Bedingungen bei Verträgen: § 37, zitiert bei Harrasowsky, a.a.O., 4. Bd., 3. Teil, 1. Capitel, S. 319

114 § 3: Bedingungen, die im letzten Willen vorgeschrieben werden, und in unmöglichen Ereignissen oder unerlaubten Handlungen bestehen, sind für nicht beigefügt zu halten, und können das Erbrecht weder aufschieben noch auflösen.
zitiert nach Harrasowsky, a.a.O., 5. Bd., 2. Teil, 14. Hauptstück, S. 136;
Sittenwidrige Bedingungen bei Verträgen: § 30, zitiert ebenda, 5. Bd., 3. Teil, 1. Hauptstück, S. 162

115 § 698: Die Anordnung, wodurch jemanden unter einer aufschiebenden unmöglichen Bedingung ein Recht ertheilt wird, ist ungültig, obschon die Erfüllung der Bedingung erst in der Folge unmöglich, und die Unmöglichkeit dem Erblasser bekannt geworden wäre. Eine auflösende unmögliche Bedingunge wird als nicht beigesetzt angesehen. Alles dies gilt auch von den unerlaubten Bedingungen.
§ 897 ABGB: In Ansehung der Bedingungen bey Verträgen gelten überhaupt die nähmlichen Vorschriften, welche über die den Erklärungen des letzten Willens beygesetzten Bedingungen aufgestellt worden sind.

116 zitiert bei Pfaff-Hofmann, ABGB, 2. Bd., 4. Abteilung, § 698, Anm. I, S. 564

117 § 700 ABGB: Die Bedingung, daß der Erbe oder der Legatar sich selbst nach erreichter Großjährigkeit, nicht verehelichen solle, ist als nicht beygesetzt anzusehen. Nur eine verwitwete Person muß, wenn sie ein oder mehrere Kinder hat, die Bedingung erfüllen.

legis dieser Bestimmung mit dem staatlichen Interesse der Bevölkerungsvermehrung: „Gleichwohl war es bis in unser Jahrhundert hinein ein Gemeinplatz der Volkswirthe und Staatslehrer, daß die Zunahme der Bevölkerung wünschenswerth sei, damit die Zahl der arbeitenden Hände, der Nationalreichthum vergrößert sowie auch die Streitmacht des Staates erhöht werde"[118]. Zeiller glaubt, „ein unbestimmtes, oder doch über die Großjährigkeit einer Person sich erstreckendes Verboth der Verehelichung, unter Androhung des Nachlaßverlustes, ist der Moralität und der Bevölkerung nachtheilig"[119]. So kann diese Bestimmung entweder gedeutet werden als ein Rückgriff auf die römischen leges Julia et Papia Poppaea oder einfach aus der nach wie vor gleichen staatlichen Interessenlage, die bereits diesen augusteischen Gesetzen zugrunde lag, nämlich jede Beschränkung des Bevölkerungswachstums zu verhindern.

Die Schenkungen unter Ehegatten durften im Codex Theresianus auf seiten des Mannes ein Drittel seines Vermögens, bei der Frau ein Viertel ihres Vermögens nicht übersteigen[120]; der Entwurf Hortens untersagte diese Rechtsgeschäfte insoweit, als sie zu einer Pflichtteilsverkürzung der Kinder führen[121]. Der Entwurf Martinis[122] und das ABGB selbst (§ 1246)[123] stellen die Ehegattenschenkungen hinsichtlich ihrer Gültigkeit oder Ungültigkeit den normalen Schenkungen gleich, „weil die Gründe, aus welchen das römische Recht diese Schenkungen verbietet, nicht ausreichen, um hierin eine Abweichung von dem allgemeinen Rechte zu rechtfertigen"[124].

Die Kodifikation der Erbverträge verläuft ähnlich wechselhaft. Der Codex Theresianus erklärt sie für den Regelfall ungültig, es sei denn, sie würden mit

118 Pfaff-Hofmann, ABGB, 2. Bd., 4. Abteilung, § 700, Anm. II, S. 581

119 Zeiller, Commentar über das ABGB, 2. Bd., § 700, S. 668

120 § 193: Außer dem Heirathgut und der Widerlage pflegen auch Eheleute sich einander mit Schankungen zu betreuen. ... so sollen solche niemalen ... den dritten Theil ihres damals habenden Vermögens, an Seiten des Mannes hingegen mit Einbegriff der Widerlage, Leibgedings und witiblichen Unterhalts den vierten Theils seines zur Zeit der Schankung besitzenden Vermögens nicht übersteigen.
zitiert nach Harrasowsky, Codex Theresianus, 1. Bd., Caput III, § IV, S. 118/119

121 § 73: Außer dem Heirathsgute und der Widerlage können die Eheleute sich zwar noch ferner mit Schankungen betreuen, doch nur in der Maß, wenn selbe ... den Kindern an ihrem Pflichttheile zu keiner Verkürzung gereichen.
zitiert bei Harrasowsky, a.a.O., 4. Bd., 1. Teil, 3. Capitel, S. 54/55

122 § 26: Die Giltigkeit und Ungiltigkeit der Schenkungen zwischen Eheleuten muß nach den bei andern Geschenkgebern und Geschenknehmern bestehenden Gesetzen beurtheilet werden ...
zitiert bei Harrasowsky, a.a.O., 5. Bd., 3. Teil, 10. Hauptstück, S. 201

123 § 1246 ABGB: Die Gültigkeit oder Ungültigkeit der Schenkungen zwischen Ehegatten wird nach den für die Schenkungen überhaupt bestehenden Gesetzen beurtheilt.

124 Winiwarter, Das Oesterreichische buergerliche Recht, 4. Bd., § 327, S. 441

kaiserlicher Einwilligung und Bestätigung getroffen[125]. Der Entwurf Hortens statuiert als wichtige Ausnahme dieses Verbots die Erbverträge zwischen Ehegatten[126], während im Entwurf Martinis diese Rechtsgeschäfte allgemein für zulässig erachtet werden, soweit dem Erblasser noch ein Viertel seines Vermögens zur freien testamentarischen Verfügung steht[127]. Nachdem bei der Superrevision des ABGB nochmals alle Einwände erörtert und insbesondere die Erbschleicherei und Überlistung als bedenkliche Begleiterscheinungen vorgebracht werden[128], entschließt man sich schließlich zu einer Mittellösung: Erbverträge gelten nach § 602[129] nur zwischen Ehegatten und zwar, entsprechend dem Entwurf Martinis, bloß bis zu einer Höhe von drei Viertel des Vermögens des Erblassers, § 1253[130]; so bleibt ihm immer noch ein Viertel seines Vermögens, um zugunsten anderer Personen testamentarische Verfügungen zu treffen.

Das dem SC. Macedonianum entsprechende Verbot des Darlehens an Hauskinder wurde auf Antrag Zeillers im ABGB weggelassen[131]: „Die ärgerliche Vermu-

---

125 § 166: Dahingegen wollen wir alle über die Erbschaft eines Lebenden aufrichtende Verträge . . . , welche ohne Unserer höchsten Einwilligung und Bestätigung getroffen werden, hiemit gänzlich für kraftlos und ungiltig erkläret haben.
zitiert bei Harrasowsky, Codex Theresianus, 3. Bd., Caput II, § XIV, S. 44

126 § 66: Doch wollen Wir von diesem allgemeinen Verbot folgende Fälle ausgenommen haben, erstens wenn der Vertrag über die Erbschaft einer ungewissen Person eingegangen wird, zweitens wenn Eheleute sich über ihre künftige wechselseitige Erbfolge vereinigen, drittens, wenn Kinder oder Enklen nach der von Vater, Mutter, Großvater, Großmutter erhaltenen Abfertigung, auf deren weitere Erbfolge Verzicht thun.
zitiert bei Harrasowsky, a.a.O., 4. Bd., 3. Teil, 1. Capitel, S. 324

127 § 12: Jedoch kann Niemand durch Erbverträge auf die Befugniß über sein Vermögen zu testieren gänzlich Verzicht thun, und soll ein derlei Vertrag nur bis auf drei Viertheil des ganz freien Vermögens gelten, das eine Viertheil hingegen der letztwilligen Verordnung des Erblassers vorbehalten werden.
zitiert bei Harrasowsky, a.a.O., 5. Bd., 2. Teil, 15. Hauptstück, S. 141

128 Ofner, Urentwurf, 2. Bd., S. 549

129 § 602 ABGB: Erbverträge über die ganze Verlassenschaft, oder einen in Beziehung auf das Ganze bestimmten Theil derselben, können nur unter Ehegatten gültig geschlossen werden.

130 § 1253 ABGB: Durch den Erbvertrag kann ein Ehegatte auf das Recht, zu testieren, nicht gänzlich Verzicht thun. Ein reiner Viertheil, worauf weder der jemanden gebührende Pflichttheil, noch eine andere Schuld haften darf, bleibt kraft Gesetzes zur freyen letzten Anordnung immer vorbehalten.

131 Im Entwurf Martinis dagegen sind derartige Rechtsgeschäfte noch nicht erlaubt:
§ 10: Darlehen, welche sowohl minderjährige, als auch großjährige Kinder ohne Einwilligung ihrer Eltern und unter der Bedingung aufnehmen, daß die Bezahlung bis zum Tod des Vaters, der Mutter oder eines andern Erblassers in aufsteigender Linie verschoben werden soll, gehören ebenfalls zu den unerlaubten Borgverträgen.
zitiert bei Harrasowsky, Codex Theresianus, 5. Bd., 3. Teil, 8. Hauptstück, S. 188

thung, daß solche Kinder dem Erblasser nach dem Leben streben würden, habe man in Deutschland nie angenommen, sonst könnte man auch die Erbverträge nicht gelten lassen"[132].

§ 934 ABGB schließlich regelt die laesio enormis: „Hat bey zweyseitig verbindlichen Geschäften ein Theil nicht einmahl die Hälfte dessen, was er dem andern gegeben hat, von diesem an dem gemeinen Werthe erhalten; so räumt das Gesetz dem verletzten Theile das Recht ein, die Aufhebung, und die Herstellung in den vorigen Stand zu fordern. Dem andern Theile steht aber bevor, das Geschäft dadurch aufrecht zu erhalten, daß er den Abgang bis zum gemeinen Werthe zu ersetzen bereit ist." Die Vorschrift entspricht demnach im wesentlichen dem römischen Recht mit Ausnahme der Anwendung für alle Rechtsgeschäfte und der Einbeziehung auch des Käufers.

Aus dem Gesichtspunkt dieser moralisch bedenklichen Rechtsgeschäfte fällt es nicht leicht, den Autoren beizustimmen, die das ABGB als ausgesprochen naturrechtliches Erzeugnis bezeichnen[133], das sich durch seine freie Stellung gegenüber dem römischen Recht hervorhebe[134]. Diese Tendenzen werden zwar deutlich in der unbeschränkten Zulassung der Ehegattenschenkungen, dem Wegfall eines dem SC. Macedonianum entsprechenden Darlehensverbotes sowie im Verzicht einer ausdrücklich formulierten Sittenklausel bei bloßem Verweis auf die Unerlaubtheit von Verträgen und Bedingungen. Dagegen zeigen der enge Anwendungsbereich der Erbverträge, das grundsätzliche Festhalten am Institut der laesio enormis, das Verbot der entgeltlichen Prozeßvertretung und des pactums de hereditate tertii sowie der Bedingung, nicht zu heiraten, daß das ABGB sich in Einzelheiten oft noch an das römische Recht anschließt und verschiedene Rechtssätze bewußt daraus übernimmt[135]. Daher bestätigt sich eher die Auffassung Steinwenters, daß das Naturrecht zwar als die geistesgeschichtliche Voraussetzung für die Entstehung des ABGB anzusehen ist, daß jedoch das Material für das Gesetz weitgehend das gleiche geblieben ist, nämlich das sorgfältig bewahrte einheimische Recht einerseits und die Doktrin des rezipierten Rechts andererseits; die naturrechtliche Grundidee offenbart sich lediglich in der Rationalisierung und Formulierung des Materials[136].

---

132 Zitiert bei Schey, Obligationsverhältnisse, 1. Bd., 1. Heft, § 13, Anm. 4, S. 91

133 Molitor, Privatrechtsgeschichte, 3. Kapitel, S. 51;
Klein, Lebenskraft des ABGB, S. 5;
Landsberg, Festschrift zum ABGB, ZRG Germ. 32/S. 460

134 Wellspacher, Naturrecht und ABGB, S. 183

135 Koschembahr-Lyskowski, Römisches Recht im ABGB, S. 245

136 Steinwenter, Römisches Recht in Österreich, S. 425/426

IV. DAS 19. JAHRHUNDERT

Die Reihenfolge der Erörterung, wie die moralisch fehlerhaften Rechtsgeschäfte im 19. Jahrhundert behandelt werden, entspricht den wichtigsten Abschnitten dieser Epoche: Den Ausgangspunkt bildet die historische Rechtsschule in ihrer dualistischen, nämlich romanistischen und germanistischen Ausprägung. Es folgt die Prüfung der Kommentare zum ALR und ABGB sowie der höchstrichterlichen Rechtsprechung unter dem Gesichtspunkt der sittenwidrigen Rechtsgeschäfte. Am Ende des Jahrhunderts kommen dann die Probleme zur Sprache, die sich bei der Kodifikation des § 138 I BGB ergeben; im Zusammenhang mit § 138 II BGB wird schließlich noch den wucherischen Rechtsgeschäften ein besonderes Kapitel gewidmet.

A. Die historische Rechtsschule

1. Romanisten und Pandektenwissenschaft

Im Gegensatz zu den Kodifikationen, wo sich die Untersuchungen in erster Linie auf die Generalklausel konzentrieren, interessiert bei der Erörterung der Romanisten darüber hinaus die Frage, ob sie dem Begriff der guten Sitten Beachtung schenken und inwieweit sie die sittenwidrigen Rechtsgeschäfte nach übergeordneten Gesichtspunkten, also in Fallgruppen einzuteilen versuchen, Probleme, die von den Juristen der Rezeptionszeit und des Usus modernus zwar in Ansätzen aufgezeigt, aber doch nicht eingehend dargelegt wurden. Um ein halbwegs vollständiges Bild vom Stand der Meinungen zu erzielen, werden neben den Hauptvertretern wie Savigny, Puchta, Regelsberger, Arndts oder Windscheid auch weniger bekannte Pandektisten in die Untersuchung einbezogen.

a. Sittenwidrige Rechtsgeschäfte

Den Grundsatz der Unwirksamkeit sittenwidriger Rechtsgeschäfte erwähnen nahezu alle Romanisten, wenn auch in unterschiedlichsten Formulierungen und unter verschiedenen übergeordneten Gesichtspunkten. Die Kriterien für ihre Einordnung in einen systematischen Zusammenhang des Rechtsstoffes sind entweder die Zulässigkeit des Inhalts oder des Gegenstandes von Rechtsgeschäften.

Schweppe, Sintenis, Baron, Bekker und Keller behandeln die Nichtigkeit sittenwidriger Rechtsgeschäfte jeweils unter dem Paragraphen mit der Bezeichnung „Inhalt der Rechtsgeschäfte bzw. Verträge“. Nach Schweppe darf ein Rechtsgeschäft seinem Inhalt nach „kein Vergehen zum Gegenstand haben, den Anstand und die guten Sitten nicht verletzen und nicht einen verwerflichen Gewinn zu Wege bringen“[1]. In der Anmerkung verweist er auf D 45, 1, 26, D 45, 1, 35, 1, D 30, 112, 3 und C 2, 3, 6[2], wo pacta, stipulationes und testamenta contra bonos mores für ungültig erklärt werden. Sintenis beschränkt die Gültigkeit von Verträgen „durch den Gesichtspunkt der Sittlichkeit und Schicklichkeit“[3] und bei Baron ist der Inhalt eines Rechtsgeschäfts verboten „entweder durch eine positive Rechtsvorschrift oder durch das Sittengesetz (boni mores)“[4]; zur Verdeutlichung bringt er in der Anmerkung noch einen Hinweis auf D 45, 1, 26 und 27 p, D 30, 112, 3 und C 8, 38 (39), 4[5]. Bekker sieht die Grenzen des Inhalts eines Rechtsgeschäfts im Verstoß „wider den guten Brauch“ („contra bonos mores“)[6] und Keller „in dem Satze, daß das Recht keinem rechtswidrigen oder unsittlichen Willen zur Geltung verhilft“[7]. Vangerow hält im Kapitel über die objektiven Erfordernisse der Verträge diejenigen für nichtig, „welche eine turpitudo enthalten, in welcher eine Leistung versprochen wird, welche contra leges vel bonos mores geht“[8]. Als Beispiele nennt er unter Anführung von D 45, 1, 26 und 27 p, D 17, 2, 57 und I 3, 26, 7[9] Verträge, in denen sich jemand zu einer Unsittlichkeit geradezu verpflichtet, sowie das pactum ne dolus praestetur nach D 2, 14, 27, 3 und 4[10].

1 Schweppe, Römisches Privatrecht, 1. Bd., § 109, S. 235

2 D 45, 1, 26: siehe Anm. 31, S. 7;
D 45, 1, 35, 1: siehe Anm. 25, S. 5;
D 30, 112, 3: Si quis scripserit testamento fieri, quod contra ius est vel bonos mores, non valet, veluti si quis scripserit contra legem aliquid vel contra edictum praetoris vel etiam turpe aliquid.
C 2, 3, 6: siehe Anm. 7, S. 2

3 Sintenis, Gemeines Civilrecht, 2. Bd., § 97, S. 278

4 Baron, Pandekten, § 61, S. 118

5 D 45, 1, 26 und 27 p: siehe Anm. 31, S. 7;
D 30, 112, 3: siehe Anm. 2, s.o.;
C 8, 38 (39), 4: siehe Anm. 86, S. 17

6 Bekker, System des Pandektenrechts, 2. Bd., § 99, S. 142

7 Keller, Pandekten, 1. Bd., § 50, S. 50, S. 121

8 Vangerow, Vorlesungen über Pandekten, § 601/602, S. 244

9 D 45, 1, 26 und 27 p: siehe Anm. 31, S. 7;
D 17, 2, 57: siehe S. 13;
I 3, 26, 7: siehe Anm. 3, S. 2

10 D 2, 14, 27, 3 und 4: Illud nulla pactione effici potest, ne dolus praestetur, quamvis si quis paciscatur ne depositi agat, vi ipsa id pactus videatur, ne dolo agat: quod pactum proderit. Pacta, quae turpem causam continent, non sunt observanda: veluti si paciscar ne furti agam vel iniuriarum, si feceris: expedit enim timere furti vel iniuriarum poenam.

Auf den Gegenstand einer Obligation stellen es ab Mühlenbruch, Müller, Wendt und Seuffert. Im Paragraphen über allgemeine Bestimmungen hinsichtlich des Gegenstandes einer Obligation verbietet Mühlenbruch „unanständige oder gesetzlich verbotene Handlungen" als Objekt einer Obligation[11] und verweist in der Fußnote auf die immer wieder angeführten Stellen D 45, 1, 26 und C 2, 3, 6[12]. Nach Müller (§ 100: „Gegenstand der Obligation überhaupt") darf sich die zum Gegenstand eines Vertrages gemachte Handlung nicht contra bonos mores richten[13] und Wendt („§ 185: Gegenstand der Obligationen. Im Allgemeinen") hält Verträge für unwirksam, „wenn sie zur Verletzung von Ehre und Sitte geschlossen werden"[14]. Seuffert schließlich untersagt im Absatz „Von den Rechtsgeschäften, Objekt" Rechtsgeschäfte, „die unmoralische Handlungen zum Gegenstand haben"[15]. Auch die drei letztgenannten Autoren verdeutlichen den Satz von der Unwirksamkeit sittenwidriger Rechtsgeschäfte nicht durch Beispiele, sondern verweisen lediglich in Fußnoten auf die wichtigsten Quellen im Corpus Juris wie D 45, 1, 26[16] (alle), I 3, 19, 24[17] (Müller), D 28, 7, 15[18] (Wendt) und D 17, 2, 57[19], D 30, 112, 3[20] und C 2, 3, 6[21] (Seuffert).

Die zitierten Autoren beschäftigen sich weder mit dem Problem, was unter guten Sitten zu verstehen ist, noch versuchen sie, die sittenwidrigen Rechtsgeschäfte in verschiedene Kategorien einzuteilen, sondern beschränken sich auf die Wiedergabe der Generalklausel. Dies geschieht freilich bei allen im Rahmen einer systematischen Ordnung der Rechtsmaterie, d.h. der Satz von der Unwirksamkeit sittenwidriger Rechtsgeschäfte wird im Paragraphen über den Inhalt bzw. Gegenstand von Obligationen mit Geltung für das gesamte Privatrecht niedergelegt. Zur Exemplifizierung dienen dann die Hinweise auf die entsprechenden Stellen aus dem Codex und den Pandekten. Von der Systematik her greift man also auf die Theoretiker des Naturrechts zurück, die das Prinzip von der Unwirksamkeit sittenwidriger Verträge erstmals, wie dargestellt, konsequent als Generalnorm in ihre Systeme eingebaut haben. Von der Kasuistik her sind die erwähnten Autoren dagegen entsprechend der zum Vorbild genommenen romanistischen Tradition ausschließlich am Corpus Juris orientiert.

---

11 Mühlenbruch, Lehrbuch des Pandektenrechts, 2. Teil, § 324, S. 241

12 D 45, 1, 26: siehe Anm. 31, S. 7;
C 2, 3, 6: siehe Anm. 7, S. 2

13 Müller, Lehrbuch der Institutionen, § 100, S. 247

14 Wendt, Lehrbuch der Pandekten, § 185, S. 456

15 Seuffert, Pandektenrecht, 1. Bd., § 74, S. 90

16 D 45, 1, 26: siehe Anm. 31, S. 7

17 I 3, 19, 24: siehe Anm. 48, S. 11

18 D 28, 7, 15: siehe Anm. 19, S. 4

19 D 17, 2, 57: siehe S. 13

20 D 30, 112, 3: siehe Anm. 2, S. 94

21 C 2, 3, 6: siehe Anm. 7, S. 2

Die Behandlung der sittenwidrigen Verträge unter den Titeln „Gegenstand" bzw. „Inhalt" von Rechtsgeschäften läßt die Vermutung zu, daß man es allein auf die objektive Sittenwidrigkeit des Rechtsgeschäfts abstellt und nicht auf unsittliche Motive und Gesinnungen, also subjektive Momente auf seiten der vertragschließenden Parteien. Seuffert und Vangerow sprechen in den jeweiligen Paragraphen-Überschriften ausdrücklich vom „Objekt der Rechtsgeschäfte" bzw. den „objektiven Erfordernissen der Verträge". Eine explizite Erwähnung der subjektiven Unsittlichkeit als Abgrenzung zu den vermuteten objektiven Gesichtspunkten findet sich freilich bei keinem der oben zitierten Autoren.

Eine Definition des sittenwidrigen Vertrages in Form einer Fallgruppenbildung bringt von den Pandektisten erstmals Windscheid im Paragraphen über den Inhalt des Vertrages: Ein Vertrag, der gegen die Sittlichkeit verstößt, liegt vor, „wenn der Vertrag auf Hervorrufung oder Beförderung des Verbotenen, oder auf Hinderung des Gebotenen gerichtet ist; ferner wenn durch ihn auf die Freiheit des Entschlusses in Dingen eingewirkt werden soll, in welchen der Mensch sich durch äußere Motive nicht soll bestimmen lassen; endlich kann der Vertrag auch wegen der Verwerflichkeit der Gesinnung, welche sich in ihm verräth, ein unsittlicher sein"[22]. Windscheid belegt diese verschiedenen Fälle wie die anderen Pandektisten mit Beispielen aus dem Codex und den Digesten. Zur ersten Gattung rechnet er die Stipulation und den Auftrag zur Begehung eines Verbrechens, D 45, 1, 27 p und 123, D 17, 1, 22, 6[23], das Versprechen, die eigene Schwester zu heiraten, D 45, 1, 35, 1[24], sowie das pactum ne dolus praestetur, D 2, 14, 27, 3[25]; eine unzulässige Beschränkung der Freiheit sieht er in der Stipulation, in der sich die Vertragsparteien verpflichten, ihre Kinder miteinander zu verheiraten, und diese Vereinbarung durch eine Strafstipulation bekräftigen, D 45, 1, 134 p[26], oder in einer Vertragsstrafe für den Fall, sich scheiden zu lassen, C 8, 38 (39), 2[27]. Als Verträge, die eine verwerfliche Gesinnung aufweisen, bezeichnet er vor allem solche, durch die sich jemand ein gebotenes Verhalten, wie z.B. ein Verbrechen nicht zu begehen, abkaufen läßt, D 2, 14, 7, 3[28], ferner das pactum de hereditate tertii[29].

22 Windscheid, Lehrbuch des Pandektenrechts, 2. Bd., § 314, S. 181

23 D 45, 1, 27 p: siehe Anm. 31, S. 7;
D 45, 1, 123: siehe Anm. 33, S. 7;
D 17, 1, 22, 6: siehe S. 13

24 D 45, 1, 35, 1: siehe Anm. 25, S. 5

25 D 2, 14, 27, 3: siehe Anm. 10, S. 94

26 D 45, 1, 134 p: siehe Anm. 36, S. 8

27 C 8, 38 (39), 2: siehe Anm. 25, S. 43

28 D 2, 14, 7, 3: si ob maleficium ne fiat promissum sit, nulla est obligatio ex hac conventione.

29 C 2, 3, 30: Si duabus vel pluribus personis spes alienae fuerat hereditatis ex cognatione forte ad eos devolvendae, pactaque inter eos inita sunt pro adventura

Eine ähnliche Einteilung findet sich in Göschens „Vorlesungen über das gemeine Civilrecht" im Paragraphen über die Legalität von Obligationen[30]. Danach ist jeder Vertrag untersagt, wodurch jemand sich zu etwas Verbotenem oder wenigstens Unsittlichem verpflichtet[31], ferner jeder Vertrag mit einem Anreiz zu etwas Unerlaubtem wie das pactum ne furti agam und ne dolus praestetur[32]. Den Motiven nach unsittlich nennt er wie Windscheid einen Vertrag, wenn man sich für die Unterlassung eines Verbrechens eine Belohnung ausbedingt[33].

Dernburg, der den unsittlichen Versprechen einen eigenen Paragraphen widmet, differenziert sie in „Geschäfte, die direkt Unsittliches versprechen, z.B. die Beschädigung von Sachen Dritter, wie auch solche, die indirekt eine Unsittlichkeit in sich schließen, indem man Geld oder Geldeswerth zu dem Zwecke verspricht, um Unsittlichkeit hervorzurufen oder zu fördern. Unsittlich sind insbesondere Geschäfte, welche die Freiheit der Persönlichkeit des Promittenten in übertriebener Weise beschränken oder Entschlüsse erzwingen sollen, die nur der Ausdruck eigener freier Überzeugung sein dürfen"[34]. In der Fußnote betont Dernburg, daß bei der Frage der Unsittlichkeit eines Geschäfts die bestimmenden und offensichtlichen Motive notwendig in Betracht gezogen werden müßten, da gerade sie vorzugsweise über die Lauterkeit oder Unsittlichkeit des Geschäfts entscheiden. Jedoch seien entferntere, bloß mögliche, vorübergehende Zwecke nicht zu beachten, da sonst Vertragstreue und Rechtssicherheit gefährdet würden[35]. Diese Einteilung Dernburgs zeigt weitgehende Ähnlichkeit mit der Definition Windscheids. Beide stellen die Rechtsgeschäfte, die das Verbotene befördern sowie die Entscheidungsfreiheit übermäßig beeinträchtigen, neben solchen mit unsittlichen Motiven als eigene Kategorie heraus, Dernburg die letzteren allerdings mit der Beschränkung auf naheliegende und offensichtliche Beweggründe.

Nach Regelsberger (§ 147: „Allgemeine Erfordernisse der Rechtsgeschäfte")

---

hereditate, quibus specialiter declarabatur, si ille mortuus fuerit et hereditas ad eos perveniat certos modos in eadem hereditate observari, vel si forte ad quosdam ex his hereditatis commodum pervenerit, certas pactiones evenire ... Secundum veteres itaque regulas sancimus omnimodo huiusmodi pacta, quae contra bonos mores inita sunt, repelli et nihil ex his pactionibus observari ...

30 Göschen, Vorlesungen über das gemeine Civilrecht, 2. Bd., 2. Abt., § 432, S. 185

31 Als Beispiele aus dem Corpus Juris führt er in der Anmerkung an:
D 45, 1, 26 und 27 p: siehe Anm. 31, S. 7;
D 45, 1, 35, 1: siehe Anm. 25, S. 5;
D 17, 2, 57: siehe S. 13;
I 3, 26, 7: siehe Anm. 3, S. 2

32 D 2, 14, 27, 3 und 4: siehe Anm. 10, S. 94

33 D 2, 14, 7, 3: siehe Anm. 28, S. 96

34 Dernburg, Pandekten, 2. Bd., § 16 II, S. 48

35 Dernburg, a.a.O., S. 48/49, Anm. 18

„muß ein Geschäft nicht bloß dann als unsittlich erachtet werden, wenn es zu einer unsittlichen Handlung verpflichtet, sondern auch, wenn es nur zur Stärkung einer unsittlichen Gesinnung dient, z.B. wenn sich jemand etwas dafür versprechen läßt, daß er eine unsittliche oder ungesetzliche Handlung nicht begeht"[36].

Ähnlich bezeichnet Vering einen Vertrag als ungültig, wenn in der darin bedungenen Leistung oder in ihrem Verhältnis zur Gegenleistung etwas Unrechtliches oder Unsittliches oder die Anreizung oder Versuchung zu solchem liegt"[37]. Zur Verdeutlichung verweist er ohne Unterscheidung im einzelnen auf die immer wieder bezeichneten Fundstellen D 45, 1, 26; 27 p; 35, 1 und 123; D 2, 14, 7, 3; D 2, 14, 27, 3 und 4; D 17, 2, 57 und I 3, 26, 7[38].

Bei allen diesen Autoren findet sich also die prinzipielle Unterscheidung in Rechtsgeschäfte, die bereits eine unsittliche Handlung zum Gegenstand haben, und solche mit unsittlichen Motiven. Windscheid und Dernburg halten es darüber hinaus für sittenwidrig, die persönliche Freiheit in gewissen Bereichen durch Rechtsgeschäfte einzuschränken.

Lotmar lehnt in seiner Schrift „Der unmoralische Vertrag" jede Einbeziehung subjektiver Momente ab, da sich nach seiner Auffassung aus den römischen Quellen eine Nichtigkeit der Rechtsgeschäfte nur bei objektiver Sittenwidrigkeit herleiten läßt. Aus der Kasuistik des Corpus Juris entnimmt er die allgemeine Regel, daß ein Vertrag contra bonos mores verstößt, „1) wenn er eine Handlung, Duldung oder Unterlassung vereinbart, die unmoralisch ist, 2) wenn er zum Gegenstand einer Vereinbarung macht eine Handlung, Duldung oder Unterlassung, die zwar nicht unmoralisch ist, aber von Moral wegen nicht vertraglich vorgenommen oder zugesichert und damit dem Rechtszwang unterstellt werden darf, und 3) wenn er eine ökonomische Leistung in Kausalbeziehung zu einer Handlung, Duldung oder Unterlassung setzt, welche – mag sie moralisch oder unmoralisch sein – von Moral wegen nicht in solcher Kausalbeziehung zu Geld oder Geldeswert stehen soll"[39].

Zu den Verträgen mit einer unmoralischen Handlung, Duldung oder Unterlassung rechnet er u.a. die stipulatio und societas turpis, das mandatum contra

36 Regelsberger, Pandekten, 1. Bd., § 147 II, S. 541

37 Vering, Römisches Privatrecht, § 189 XIII, S. 373

38 D 45, 1, 26 und 27 p: siehe Anm. 31, S. 7;
D 45, 1, 35, 1: siehe Anm. 25, S. 5;
D 45, 1, 123: siehe Anm. 33, S. 7;
D 2, 14, 7, 3: siehe Anm. 28, S. 96;
D 2, 14, 27, 3 und 4: siehe Anm. 10, S. 94;
D 17, 2, 57: siehe S. 13;
I 3, 26, 7: siehe Anm. 3, S. 2

39 Lotmar, S. 68, 71 und 73

bonos mores und den Verzicht des Ehemannes auf das beneficium competentiae gegenüber der Ehefrau[40]; bei den Verträgen, die man von Moral wegen überhaupt nicht vornehmen soll, führt er an die pacta ne dolus praestetur[41] und ne furti agam[42] sowie die Vereinbarung über die Erbschaft eines Dritten[43]. Als Beispiele der dritten Fallgruppe nennt er den Lehrvertrag der Philosophie- und Rechtsprofessoren, die sich nach dem Grundsatz der Inästimabilität, der Unentgeltlichkeit der Wissenschaft, kein Honorar ausbedingen durften[44], ferner die Strafstipulation für den Fall, daß der Promittent den Stipulator nicht zum Erben einsetzt[45], oder den Verzicht der Ehefrau auf die dos[46]. Im Ergebnis stellt Lotmar noch fest, daß diese Definition des sittenwidrigen Vertrages abschließend ist, d.h., daß nicht jeder Vertrag, der irgendwie unmoralische Momente aufweise, sittenwidrig und folglich ungültig sei, sondern nur ein solcher, der in eine der drei Fallgruppen eingeordnet werden könne[47]. Diesen rein objektiven Standpunkt, der die Berücksichtigung unsittlicher Motive ablehnt, vertritt auch noch Ravit, nach dessen Ansicht bei der Nichtigkeit auch der Verträge mit einer verwerflichen Gesinnung die Sicherheit des Rechtslebens ernstlich gefährdet werde[48]. Lotmar und Ravit bleiben jedoch, soweit ersichtlich, mit ihrer objektiven Auffassung allein, während man die Meinungen Windscheids, Göschens, Dernburgs, Regelsbergers und Verings mit ihrer ausdrücklichen Beachtung subjektiver Momente wohl als die damals herrschende Lehre ansehen muß[49].

Die Ausführungen haben gezeigt, daß sich eine Reihe der Pandektisten nicht bloß damit begnügt, den Satz von der Nichtigkeit sittenwidriger Rechtsgeschäfte in die Ordnung ihres Privatrechts systemgerecht einzufügen, sondern darüber hinaus eine Fallgruppierung sittenwidriger Verträge vornimmt, die zugleich die Pro-

40 Lotmar, S. 68/69; zum Verzicht auf das beneficium competentiae siehe S. 73 und D 24, 3, 14, 1: Si paciscatur maritus, ne in id quod facere possit condemnetur, sed in solidum, an hoc pactum servandum sit? et negat servari oportere, quod quidem et mihi videtur verum: namque contra bonos mores id pactum esse melius est dicere, quippe cum contra receptam reverentiam, quae maritis exhibenda est, id esse apparet.

41 D 2, 14, 27, 3: siehe Anm. 10, S. 94;
D 16, 3, 1, 7: siehe Anm. 56, S. 13

42 D 2, 14, 27, 4: siehe Anm. 10, S. 94

43 Lotmar, S. 72

44 vgl. im einzelnen Loewenfeld, Artes liberales, S. 365 f., zitiert bei Lotmar, S. 38

45 D 45, 1, 61: siehe Anm. 26, S. 6

46 Lotmar, S. 73/74: zum Verzicht auf die dos siehe S. 27 und D 23, 4, 27 (siehe Anm. 60, S. 14)

47 Lotmar, S. 77

48 Ravit, Unsittliche Bedingungen, AcP 58 (1875), S. 66

49 Anderer Ansicht Klusmann (§§ 134, 138 BGB, S. 37), der die Ansicht Lotmars für die herrschende Lehre hält.

bleme um den Begriff des sittenwidrigen Rechtsgeschäfts aufwirft wie etwa bei der Frage nach den subjektiven und objektiven Momenten in den Rechtsgeschäften contra bonos mores. Der Fortschritt in der Behandlung der sittenwidrigen Rechtsgeschäfte ist also zweifach: Der vom Vernunftrecht übernommene Systemgedanke führt einmal dazu, die Generalklausel in den Abschnitten über Gegenstand oder Inhalt von Rechtsgeschäften als allgemeingültigen Rechtssatz festzulegen. Die zuletzt besprochenen Pandektisten bringen dieses Ordnungsprinzip darüber hinaus noch bei den sittenwidrigen Rechtsgeschäften selbst zur Anwendung, indem sie die Kriterien für deren Einordnung in bestimmte Fallgruppen entwickeln, wobei man freilich an der römischrechtlichen Kasuistik festhält. Aus der Sicht der sittenwidrigen Rechtsgeschäfte verdeutlicht sich hier die Vereinigung römischrechtlicher und naturrechtlicher Elemente: Das Naturrecht liefert das System und das Corpus Juris die Kasuistik; so wird es möglich, die verschiedenen Fälle von Rechtsgeschäften contra bonos mores nach den übergeordneten Kriterien, wie sie Windscheid, Dernburg usw. entwickeln, einzustufen und Fallgruppen zu bilden. Erste Ansätze dazu wurden bereits bei den Rezeptionsjuristen Freigius und Mynsinger festgestellt[50], jedoch nicht im Rahmen einer systematischen Bearbeitung der Rechtsmaterie, sondern als kommentierende Anmerkung zu D 45, 1, 26 bzw. I 3, 19, 24. Erst den Pandektisten bleibt es vorbehalten, die Kasuistik in einer eigenen, vom Aufbau und den Quellen des Corpus Juris unabhängigen Systematik zu gruppieren.

Die Unterscheidung der Begriffe „Sitte" und „Sittlichkeit" wird im Rahmen der sittenwidrigen Rechtsgeschäfte nur vereinzelt berücksichtigt.

Wie der Überblick über die verschiedenen Formulierungen, die die einzelnen Autoren für die Bezeichnung moralisch fehlerhafter Rechtsgeschäfte verwenden, gezeigt hat, werden die Begriffe Sitte und Sittlichkeit oder ähnliche Ausdrücke wie „Anstand" (Schweppe), „Sittengesetz" (Baron, Windscheid), „guter Brauch" (Bekker), „boni mores" (Baron, Müller) oder „Ehre" (Wendt) verwendet, ohne im einzelnen klarzustellen, ob es für die Sittenwidrigkeit eines Rechtsgeschäfts wirklich auf die Moral oder die bloße Sitte oder auf beides ankommen soll. Nur wenige Autoren geben durch eine kumulative Anführung beider Begriffe zu erkennen, daß sie sich über deren Bedeutung bei der Wahl ihrer Formulierung im klaren sind und beide Momente im Hinblick auf das sittenwidrige Rechtsgeschäft für wesentlich halten: Froben glaubt, daß schon nach römischem Recht der Richter eine Klage verworfen habe, „wenn die Forderung des Klägers dem Anstand oder der Sittlichkeit widerstreitet"[51]. Dabelow hält Bedingungen, die eine Verletzung des natürlichen Sittengesetzes verlangen, für moralisch unmöglich; „Ob dagegen schon jede Bedingung ohne Unterschied, in welcher Verletzung der conventionellen Sitte enthalten ist, zu den moralisch unmoegli-

50 siehe S. 10 f.

51 Froben, Einzelne Lehren des römischen Rechts, 1. Bd., § 9, S. 15

chen gehoere, ist noch gar nicht entschieden. Man kann bloß annehmen, daß hieher gehoerige Bedingungen in so fern zu den moralisch-unmoeglichen gehoeren, als sie denjenigen, welcher sie erfuellen soll, zugleich der allgemeinen Verspottung und Verachtung Preiß geben, oder ihn doch allgemein laecherlich machen wuerden"[52]. Ebenso unterscheidet Mühlenbruch ohne nähere Ausführungen die „unanständigen" von den „eigentlich unmoralischen" Bedingungen[53] und Sintenis verweist auf die Grenzen jedes Vertragsinhalts, die durch die „Sittlichkeit und Schicklichkeit" bestimmt würden[54]. Die im Wortlaut gleiche Differenzierung trifft Bekker bei den sittenwidrigen Bedingungen[55]. Sintenis unterteilt neben den Verträgen auch die unsittlichen Bedingungen in „unmoralische" und „unanständige", wobei er die letzteren den lächerlichen Bedingungen gleichsetzt[56]; Vangerow dagegen betrachtet diese condiciones derisoriae als eigene Kategorie neben den „unsittlichen" und „unanständigen" Bedingungen[57]. Siebenhaar, der Schöpfer und Kommentator des im wesentlichen romanistisch gehaltenen Sächsischen Bürgerlichen Gesetzbuchs, rechnet zum Begriff der guten Sitten ausdrücklich den „gewöhnlichen Anstand"[58], räumt jedoch ein, daß es in den meisten Fällen schon an einem rechtlichen Interesse dessen fehlen werde, der sich eine derartige Handlung wie etwa das öffentliche Tragen von auffälliger oder unanständiger Kleidung versprechen lasse[59]. Von diesen wenigen Autoren abgesehen, die eine begriffliche Unterscheidung vornehmen, kann bei den übrigen Romanisten allenfalls aus der Formulierung hergeleitet werden, ob sie einen Verstoß gegen die Sitte oder die Sittlichkeit als Kriterium für die Unwirksamkeit eines Rechtsgeschäfts ansehen. Eine gewisse Vereinheitlichung zeichnet sich ab bei Windscheid[60], Dernburg[61] und Regelsberger[62], die vorwiegend die Formulierungen „Sittlichkeit", „Unsittlichkeit" und „unsittlich" verwenden und damit wohl zu erkennen geben, daß sie den Gesichtspunkt der Sittlichkeit und nicht den der Sitte für entscheidend ansehen[63]. Die gleiche Betrachtungsweise scheint auch bei Lotmar vorzuherr-

52 Dabelow, Pandektenrecht, 2. Teil, § 139, S. 80

53 Mühlenbruch, Lehrbuch des Pandektenrechts, 1. Teil, § 106, S. 210

54 Sintenis, Gemeines Civilrecht, 2. Bd., § 97, S. 278

55 Bekker, System des Pandektenrechts, 2. Bd., § 117, S. 353

56 Sintenis, a.a.O., 1. Bd., § 20, S. 174

57 Vangerow, Lehrbuch der Pandekten, 1. Bd., 1. Abt., § 93, S. 158

58 Siebenhaar, Lehrbuch des Sächsischen Privatrechts, § 53, S. 91, Anm. 5

59 Siebenhaar, Sächsisches BGB, 1. Bd., § 79, S. 109

60 Windscheid, Lehrbuch des Pandektenrechts, 2. Bd., 1. Abt., § 314, S. 181

61 Dernburg, Pandekten, 2. Bd., § 16 II, S. 48

62 Regelsberger, Pandekten, 1. Bd., § 147 II, S. 540/541

63 Vogel (Begriff des Rechtsgeschäfts gegen die guten Sitten, § 2, S. 17) glaubt, daß die Auffassung von der Unsittlichkeit als dem entscheidenden Moment im Gegensatz zur bloßen Sittenwidrigkeit den Pandektisten selbstverständlich gewesen sei.

schen, für den das Verhältnis eines Vertrags zur Moral das Rechtsproblem seiner Untersuchungen darstellt[64]. Soweit er daneben vom Verstoß gegen die guten Sitten spricht, scheint es sich lediglich um eine Übernahme des Terminus „contra bonos mores" zu handeln.

Eine grundsätzliche Abgrenzung der Begriffe „Sitte" und „Sittlichkeit" bringt Jhering 1883 im zweiten Band seines Werkes „Der Zweck im Recht": In einem historischen Aufriß stellt er zunächst fest, daß die Römer zwar das Recht von der Moral geschieden hätten, daß aber erst in der deutschen Sprache die Begriffe Sitte und Moral klar getrennt und hinreichend scharf charakterisiert worden seien[65]. Diese Feststellung erfährt aus der Sicht der sittenwidrigen Rechtsgeschäfte insofern eine gewisse Bestätigung, als die Pandektisten erstmals eine Differenzierung von unanständigen und unsittlichen Verträgen und Bedingungen vornehmen. Das römische Recht trennte zwar die Rechtsgeschäfte, die es mit „contra bonos mores", „turpis" oder „inhonestus" bezeichnete, deutlich von den rechtswidrigen, eine Differenzierung nach dem Verstoß gegen die Sittlichkeit und gegen die bloße Sitte war im Corpus Juris aber ebenso unbekannt wie bei den Juristen der Rezeptionszeit und des Usus modernus. Erst Thomasius hat mit seinen Begriffen des Justum, Honestum und Decorum diese Dreiteilung vorgenommen[66], wobei man überwiegend die Ansicht vertritt, daß er das „Decorum" als Sitte und Konvention aufgefaßt habe[67], was sich freilich nicht aus den „Fundamenta Juris Naturae" selbst ergebe, sondern aus dem Zusammenhang mit entsprechenden Stellen in anderen Werken von Thomasius[68].

Jhering sieht das Kennzeichen der Sitte, die er begrifflich gleichsetzt dem Anständigen, Ziemlichen und Schicklichen, in ihrer beschränkten Gültigkeit und ihrer lokal, national und sozial bedingten Bindungswirkung[69]. Dagegen sei die Sittlichkeit nach seiner Auffassung gemäß ihrer sprachlichen Verwendung als allgemeingültig zu verstehen; sie kenne weder einen Unterschied von Land, Rang und Stand, noch einen solchen der Zeit und vindiziere sich damit den Charakter des Absoluten[70]. Jhering entwickelt diese Erörterungen zwar nicht im Zusammenhang mit den sittenwidrigen Rechtsgeschäften, die Verbindung ergibt sich jedoch aus dem zeitlichen Zusammentreffen mit den erwähnten Zitaten jener

64 Lotmar, S. 68 und 76. Endemann kritisiert in seiner Besprechung von Lotmar's „Der unmoralische Vertrag" den Ausdruck „unmoralischer" Vertrag als zu eng, da er die bloßen Sitten nicht berücksichtige; S. 524

65 Jhering, Zweck im Recht, 2. Bd., S. 52 f.

66 s. S. 72

67 Welzel, Naturrecht, S. 164; Wolf, Rechtsdenker, 10. Kap., IX, S. 405; Wolf, Naturrechtslehre, S. 140; Mitteis, Naturrecht, IV, S. 24

68 vgl. im einzelnen Rüping, Naturrechtslehre Thomasius', II 10 c, S. 50/51

69 Jhering, Zweck im Recht, 2. Bd., S. 61

70 Jering, a.a.O., S. 62/63

Pandektisten, die die unsittlichen und bloß unanständigen Rechtsgeschäfte erstmals unterscheiden.

b. Sittenwidrige Bedingungen

Die sittenwidrigen Bedingungen werden nach wie vor getrennt von den sittenwidrigen Rechtsgeschäften behandelt; obwohl der Satz von der Nichtigkeit der Rechtsgeschäfte contra bonos mores von den Pandektisten, wie im vorigen Abschnitt dargestellt, als ein für das ganze Privatrecht gültiges Prinzip aufgefaßt wird und sich deshalb die besondere Erörterung sittenwidriger Bedingungen erübrigen müßte, sieht man in den Bedingungen offensichtlich noch ein von den Rechtsgeschäften separates Institut, das von der Generalklausel nicht erfaßt wird.

Die sittenwidrigen Bedingungen werden entweder in besonderen Paragraphen unter der Bezeichnung „Unzulässige Bedingungen“[71], „Unmögliche Bedingungen“[72] oder in den allgemeinen Kapiteln „Begriff und Arten der Bedingungen“[73] oder einfach „Bedingungen“[74] besprochen. Bei Thibaut[75], Mühlenbruch[76], Puchta[77], Sintenis[78], Vangerow[79], Arndts[80] und Seuffert[81] findet sich das Verbot sittenwidriger Konditionen außerdem noch in einem besonderen Abschnitt über „Nebenbestimmungen bei Erbeinsetzungen“. Diese Autoren orientieren sich damit wohl an den Digestentiteln D 28, 7, („De condicionibus

---

71 Baron, Pandekten, § 58, S. 110 f.;
Regelsberger, Pandekten, 1. Bd., § 153, S. 565 f.;
Wächter, Württembergisches Privatrecht, 2. Bd., § 96 III, S. 723 f.

72 Thibaut, Pandektenrecht, 1. Bd., § 123, S. 95;
Arndts, Lehrbuch der Pandekten, § 72, S. 92/93;
Reyscher, Württembergisches Privatrecht, 1. Bd., § 115, S. 190

73 Mühlenbruch, Lehrbuch des Pandektenrechts, 1. Teil, § 106, S. 209;
Vangerow, Lehrbuch der Pandekten, 1. Bd., 1. Abt., § 93, S. 155 f.;
Seuffert, Pandektenrecht, 1. Bd., § 76, S. 92

74 Puchta, Pandekten, § 60, S. 92;
Puchta, Vorlesungen des Römischen Rechts, 1. Bd., § 60, S. 127;
Müller, Lehrbuch der Institutionen, § 111, S. 300;
Sintenis, Gemeines Civilrecht, 1. Bd., § 20, Nr. 3, S. 174 f.;
Keller, Pandekten, 1. Bd., § 51, S. 126 f.;
Brinz, Lehrbuch der Pandekten, 4. Bd., § 539, S. 130 f.

75 Thibaut, Pandektenrecht, 2. Bd., § 803, S. 226 f.

76 Mühlenbruch, Lehrbuch des Pandektenrechts, 3. Teil, § 649, S. 259

77 Puchta, Pandekten, § 475, S. 670

78 Sintenis, Gemeines Civilrecht, 3. Bd., § 173 III, S. 413

79 Vangerow, Lehrbuch der Pandekten, 2. Bd., § 434, S. 127

80 Arndts, Lehrbuch der Pandekten, § 495, S. 752

81 Seuffert, Pandektenrecht, 3. Bd., § 536, S. 166 f.

institutionum") und D 35, 1 („De condicionibus... eorum, quae in testamento scribuntur"), in denen die römischrechtlichen Fundstellen über sittenwidrige Bedingungen ausschließlich zu finden sind.

In der Formulierung des Verbotes sittenwidriger Bedingungen zeigt sich ebensowenig eine Einheitlichkeit wie bei der Generalklausel über sittenwidrige Rechtsgeschäfte. Ein Teil der Pandektisten, nämlich Thibaut[82], Mühlenbruch[83], Lang[84], Arndts[85], Dabelow[86], Bucher[87] und Sell[88], behandelt die sittenwidrigen Bedingungen als einen Unterfall der unmöglichen und zwar als moralisch unmögliche im Gegensatz zur juristischen und natürlichen Unmöglichkeit. Diese Bezeichnung der schändlichen Bedingungen als moralisch unmögliche läßt sich unschwer über die Juristen des Usus modernus wie Lauterbach, Hellfeld, Heineccius, bis zu Freigius, Mynsinger und Sichard zurückverfolgen, bei denen die sittenwidrigen Bedingungen ebenfalls als impossibiles lege (Sichard[89], Lauterbach[90]), jure (Freigius[91], Mynsinger[92]) oder moraliter (Hellfeld[93], Heineccius[94]) erörtert werden. Möglicherweise haben sich die genannten Pandektisten einfach an diese Tradition gehalten oder sich bewußt an der Papinianstelle D 28, 7, 15[95] orientiert, die das Sittenwidrige gleichsam für unmöglich erklärt und auch schon den erwähnten Autoren der Rezeptionszeit und des Usus modernus als Vorlage diente.

Diese Einordnung der sittenwidrigen Bedingungen unter die unmöglichen wird insbesondere von Savigny, dem sich Mommsen[96] und Vangerow[97] anschließen, entschieden abgelehnt: „Das Wesen der unmöglichen Bedingungen besteht darin, daß ihnen der Grundcharakter wahrer Bedingungen, die Ungewißheit des Erfolgs, gänzlich fehlt, daß also bey ihnen weder der menschlichen Freyheit, noch dem

82 Thibaut, Pandektenrecht, 1. Bd., § 123, S. 95

83 Mühlenbruch, Lehrbuch des Pandektenrechts, 1. Teil, § 106, S. 210

84 Lang, Römisches Recht, § 232, S. 230/231

85 Arndts, Lehrbuch der Pandekten, § 72, S. 92/93

86 Dabelow, Civil-Recht, 1. Teil, §§ 386, 387, S. 204

87 Bucher, Recht der Forderungen, § 40, S. 134

88 Sell, Unmögliche Bedingungen, § 26, S. 125/126

89 Sichard, Praelectiones, tom. II, lib. 6, tit. 25, Rnr. 8, Sp. 427

90 Lauterbach, Collegium Pandectarum, 2. Bd., lib. XXVI, tit. VII, § IX, S. 724

91 Freigius, In Pandectas Commentarii, lib. XLV, tit. I, l. VII, S. 709

92 Mynsinger, Apotelesma, lib. II, tit. XIV, § Impossibilis, S. 207

93 Hellfeld, Jurisprudentia forensis, lib. XXVIII, tit. VII, § 1459, S. 557

94 Heineccius, Elementa Institutionum, lib. II, tit. IV, § 521, S. 193/194

95 D 28, 7, 15: nam quae facta laedunt pietatem existimationem verecundiam nostram et ut generaliter dixerim, contra bonos mores fiunt, nec facere nos posse credendum est.

96 Mommsen, Die Unmöglichkeit der Leistung, § 1, S. 4

97 Vangerow, Lehrbuch der Pandekten, 1. Bd., 1. Abt., § 93, S. 156

Zufall, irgend ein Spielraum übrig bleibt. Mit diesen nun werden in jener Lehre als gleichartig zusammengestellt diejenigen Handlungen, welche entweder durch Rechtsregeln oder durch Regeln der Sittlichkeit misbilligt werden. Diese sind aber völlig frey, bey ihnen ist es ganz ungewiß, ob sie geschehen oder nicht geschehen werden, und sie sind daher dem Grundcharakter der Bedingungen, welchem die unmöglichen widersprechen, ganz angemessen“[98]. Eine Gleichstellung der sittenwidrigen Bedingungen mit den unmöglichen rechtfertigt sich nach der Auffassung Savignys nur im Hinblick auf die Rechtsfolgen: In beiden Fällen würden Verträge unwirksam und Erbeinsetzungen und Legate in unbedingte verwandelt[99]. Dagegen „ist die Fiction, daß dem Menschen, vermöge seiner sittlichen Natur, das Schlechte unmöglich sey, zu dieser sicheren Beurtheilung keineswegs ausreichend“[100]. Savigny deutet also die Papinianstelle D 28, 7, 15 mit ihrer Gleichsetzung von Unsittlichkeit und Unmöglichkeit dahin, daß unmögliche und sittenwidrige Bedingungen dieselbe Rechtsfolge aufweisen, nicht aber, daß dem Menschen eine moralisch verwerfliche Handlung unmöglich sein müßte.

Diese begriffliche Trennung Savignys hat zur Folge, daß die sittenwidrigen Bedingungen nunmehr als eigene Kategorie neben den unmöglichen behandelt werden. Man verbietet sie als „Bedingungen gegen die guten Sitten“[101], „Bedingungen, die eine Unsittlichkeit enthalten“[102], „conditiones turpes“[103] oder „unsittliche Bedingungen“[104]. Zur Erläuterung verweisen die Pandektisten wie bei der Erörterung der sittenwidrigen Rechtsgeschäfte auf die wichtigsten Fundstellen aus dem Codex und den Digesten: Die Marcianstelle D 28, 7, 14[105],

98 Savigny, System, 3. Bd., § 122, S. 170

99 Savigny, a.a.O., S. 171/172; ders., Das Obligationenrecht, 1. Bd., § 37, S. 382/383 im Zusammenhang mit dem Gegenstand von Obligationen

100 Savigny, System, 3. Bd., § 122, S. 172

101 Müller, Lehrbuch der Institutionen, § 111, S. 300

102 Vangerow, Lehrbuch der Pandekten, 1. Bd., 1. Abt., § 93, S. 155

103 Glück, Erläuterung der Pandekten, 4. Teil, § 337 a, S. 482;
Puchta, Pandekten, § 60, S. 92;
Vangerow, Lehrbuch der Pandekten, 2. Bd., § 434, S. 127;
Seuffert, Pandektenrecht, 1. Bd., § 76, Anm. 2 a, S. 92

104 Puchta, Pandekten, § 475, S. 670;
Sintenis, Gemeines Civilrecht, 1. Bd., § 20, Nr. 3, S. 174und 3. Bd., § 173 III, S. 413;
Seuffert, Pandektenrecht, 1. Bd., § 76, Anm. 2a, S. 92 und 3. Bd., § 536, S. 167;
Keller, Pandekten, 1. Bd., § 51, S. 126;
Bekker, System des Pandektenrechts, 2. Bd., § 117, S. 352;
Regelsberger, Pandekten, 1. Bd., § 153, S. 564;
Dernburg, Pandekten, 1. Bd., § 107, S. 256

105 D 28, 7, 14: Condiciones contra edicta imperatorum aut contra leges aut quae legis vicem optinent scriptae vel quae contra bonos mores vel derisoriae sunt aut huiusmodi quas praetores improbaverunt pro non scriptis habentur et perinde, ac si condicio hereditati sive legato adiecta non esset, capitur hereditas legatumve.

die den allgemeinen Grundsatz der Streichung sittenwidriger Bedingungen enthält, zitieren nahezu alle Autoren[106]. Häufig erwähnt[107] wird auch noch D 28, 7, 9[108], die Bedingung, den Vater nicht aus der Gefangenschaft freizukaufen oder den Eltern den Unterhalt zu verweigern, ferner die condicio iurisiurandi nach D 28, 7, 8[109] und D 35, 1, 20[110], die Bedingung also, dem Erblasser eine Leistung unter Eid zu versprechen[111], sowie die Bedingung, sich vom Ehepartner scheiden zu lassen[112], C 6, 25, 5[113] und D 7, 8, 8, 1[114]. Zur

106 Puchta, Pandekten, § 60, Anm. n, S. 92;
Puchta, Institutionen, 2. Bd., § 204, Anm. t, S. 47;
Müller, Lehrbuch der Institutionen, § 111, Anm. 2, S. 300;
Sintenis, Gemeines Civilrecht, 1. Bd., § 20, Anm. 48, S. 174;
Vangerow, Lehrbuch der Pandekten, 1. Bd., 1. Abt., § 93, S. 156und 2. Bd., § 434, S. 127;
Savigny, System, 3. Bd., § 122, Anm. c, S. 171;
Arndts, Lehrbuch der Pandekten, § 72, Anm. h, S. 93 und § 495, Anm. d, S. 752;
Seuffert, Pandektenrecht, 3. Bd., § 563, Anm. 5, S. 167;
Windscheid, Lehrbuch des Pandektenrechts, 1. Bd., § 94, Anm. 9, S. 272;
Brinz, Lehrbuch der Pandekten, 4. Bd., § 539, Anm. 22, S. 132;
Wächter, Württembergisches Privatrecht, 2. Bd., § 96, Anm. 10, S. 723

107 Mühlenbruch, Lehrbuch des Pandektenrechts, 1. Teil, § 106, Anm. 8, S. 211;
Puchta, Pandekten, § 60, Anm. n, S. 92;
Müller, Lehrbuch der Institutionen, § 111, Anm. 2, S. 300;
Vangerow, Lehrbuch der Pandekten, 1. Bd., 1. Abt., § 93, S. 156 und 2. Bd., § 434, S. 127;
Arndts, Lehrbuch der Pandekten, § 72, Anm. h, S. 93 und § 495, Anm. d, S. 752;
Seuffert, Pandektenrecht, 3. Bd., § 563, Anm. 5, S. 167;
Windscheid, Lehrbuch des Pandektenrechts, 1. Bd., § 94, Anm. 9, S. 272;
Regelsberger, Pandekten, 1. Bd., § 153, Anm. 4, S. 564

108 D 28, 7, 9: siehe Anm. 103, S. 20

109 D 28, 7, 8: siehe Anm. 110, S. 20

110 D 35, 1, 20: siehe Anm. 110, S. 20

111 Glück, Erläuterung der Pandekten, 4. Teil, § 337 a, Anm. 55 und 56, S. 482;
Thibaut, Pandektenrecht, 1. Bd., § 123, Anm. c, S. 95; und 2. Bd., § 803 III, Anm. d, S. 227;
Puchta, Pandekten, § 60, Anm. n, S. 93;
Sintenis, Gemeines Civilrecht, 3. Bd., § 173 III, Anm. 17, S. 413;
Savigny, System, 3. Bd., § 123, S. 185 f.;
Arndts, Lehrbuch der Pandekten, § 72, Anm. i, S. 93;
Windscheid, Lehrbuch des Pandektenrechts, 1. Bd., § 94, Anm. 15, S. 274;
Brinz, Lehrbuch der Pandekten, 4. Bd., § 539, Anm. 22, S. 132;
Dabelow, Civil-Recht, 1. Teil, § 388, Anm. 1, S. 205

112 Puchta, Pandekten, § 60, Anm. n, S. 93;
Müller, Lehrbuch der Institutionen, § 111, Anm. 2, S. 300;
Vangerow, Lehrbuch der Pandekten, 1. Bd., 1. Abt., § 93, S. 156;
Savigny, System, 3. Bd., § 123, Anm. b, S. 180;
Arndts, Lehrbuch der Pandekten, § 72, Anm. 5 d, S. 94;
Seuffert, Pandektenrecht, 3. Bd., § 536, Anm. 5, S. 167;

kasuistischen Erläuterung dienen darüber hinaus noch die Heirats- und Religionsbedingungen, die bereits bei den Juristen des Usus modernus als turpes condiciones aufgeführt sind. Bei den Heiratsbedingungen zitiert man meist die Bedingung, überhaupt nicht bzw. nach dem Urteil eines Dritten zu heiraten, D 35, 1, 72, 5[115] bzw. D 35, 1, 72, 4[116]. Obwohl sie nach diesen Digestenstellen nur als rechts- und nicht als sittenwidrig verboten werden, hält man offenbar an der seit dem Usus modernus zu beobachtenden Einteilung fest, diese Bedingungen als turpes condiciones zu behandeln.

Auch die Auffassungen über die Zulässigkeit der Religionsbedingungen bleiben wie im Usus modernus kontrovers. Nach Puchta muß die Bedingung, die Religion zu ändern, als turpis betrachtet werden, „sofern durch Disposition ein Motiv, also eine äußerliche Triebfeder gegeben werden soll, wo bloß die innere

---

Baron, Pandekten, § 58 III, Anm. 14, S. 111;
Windscheid, Lehrbuch des Pandektenrechts, 1. Bd., § 94, Anm. 10, S. 273;
Keller, Pandekten, 1. Bd., § 51, Anm. 22, S. 126;
Regelsberger, Pandekten, 1. Bd., § 153, Anm. 4, S. 564;
Brinz, Lehrbuch der Pandekten, 4. Bd., § 539, Anm. 17, S. 131;
Wächter, Württembergisches Privatrecht, 2. Bd., § 96, Anm. 15, S. 725;
Reyscher, Württembergisches Privatrecht, 1. Bd., § 115, Anm. 1, S. 191;

113 C 6, 25, 5: siehe Anm. 109, S. 20

114 D 7, 8, 8, 1: Sed si usus aedium mulieri legatus sit ea condicione 'si a viro divortisset', remittendam ei condicionem et cum viro habitaturam, quod et Pomponius libro quinto probat.

115 D 35, 1, 72, 5: ‚Maeviae, si non nubserit, fundum cum morietur lego' potest dici et si nubserit, eam confestim ad legatum admitti.
Thibaut, Pandektenrecht, 2. Bd., § 803, Anm. e, S. 227;
Puchta, Pandekten, § 60, Anm. n, S. 93;
Sintenis, Gemeines Civilrecht, 1. Bd., § 20, Anm. 53, S. 175 und 3. Bd., § 173 III, Anm. 20, S. 413;
Vangerow, Lehrbuch der Pandekten, 2. Bd., § 434, Anm. 3, S. 132;
Savigny, System, 3. Bd., § 123, Anm. a, S. 180;
Arndts, Lehrbuch der Pandekten, § 72, Anm. 5 a, S. 94;
Seuffert, Pandektenrecht, 3. Bd., § 536, Anm. 7, S. 167;
Baron, Pandekten, § 58 III, Anm. 12, S. 111;
Keller, Pandekten, 1. Bd., § 51, Anm. 21, S. 126

116 D 35, 1, 72, 4: ‚Si arbitratu Titii Seia nubserit, heres meus ei fundum dato.' vivo Titio etiam sine arbitrio Titii eam nubentem legatum accipere respondendum est eamque legis sententiam videri, ne quod omnino nuptiis impedimentum inferatur.
Puchta, Pandekten, § 60, Anm. n, S. 93;
Sintenis, Gemeines Civilrecht, 1. Bd., § 20, Anm. 53, S. 175 und 3. Bd., § 173 III, Anm. 20, S. 413;
Vangerow, Lehrbuch der Pandekten, 2. Bd., § 434, Anm. 3, S. 132;
Savigny, System, 3. Bd., § 123, Anm. c, S. 181;
Arndts, Lehrbuch der Pandekten, § 72, Anm. 5 a, S. 94;
Seuffert, Pandektenrecht, 3. Bd., § 536, Anm. 7, S. 167;
Baron, Pandekten, § 58 III, Anm. 15, S. 111

Ueberzeugung entscheiden darf"[117]. Die gleiche Ansicht vertritt Baron, „weil das Religionsbekenntnis von der freien Überzeugung abhängen, von pecuniärem Gewinn oder Verlust unbeeinflußt bleiben soll"[118], sowie Keller, nach dessen Meinung „bei einer Religionsänderung ökonomische Rücksichten in gar keine Betrachtung fallen sollen"[119]. Windscheid schließt sich ohne nähere Begründung diesen Auffassungen an[120]. Den gegenteiligen Standpunkt vertreten Vangerow und Wächter. Vangerow hält es nicht für entscheidend, ob jemand aus Eigennutz den religiösen Glauben beibehält oder ändert, „indem zu moralisch unmöglichen Bedingungen nur solche Handlungen gezählt werden dürfen, die schon objektiv betrachtet das Sittengesetz verletzen, nicht aber solche, die nur erst durch die dabei zugrundeliegende Gesinnung zu unsittlichen werden können"[121]. Wächter hält es für durchaus zulässig, „daß eben der Disponent den Vorteil bloß denen zuwenden wolle, die im Glauben mit ihm übereinstimmen und gegen eine solche Absicht an und für sich nichts zu erinnern sei, es auch in eine unsichere Gewissensrichterei führe, die Motive des Annehmenden zu untersuchen"[122].

Die wohl überwiegende Ansicht der Romanisten versucht das Problem mit einer differenzierenden Betrachtungsweise zu lösen: Die Bedingung, die Religion zu ändern oder beizubehalten, ist dann unsittlich, wenn sie darauf abzielt, jemand durch die Aussicht auf pekuniären Vorteil oder Nachteil zur Änderung oder Beibehaltung des Bekenntnisses gegen dessen innere Überzeugung bewegen zu wollen, wenn also Eigennutz zum Motiv des Wechsels oder Nichtwechsels wird. Dagegen ist eine derartige Bedingung sittlich unbedenklich, wenn ihr die Absicht fehlt, auf den Entschluß eines anderen Einfluß zu nehmen, so wenn jemandem etwas versprochen wird zur Linderung materieller Nachteile, die dieser durch eine von seinem Gewissen geforderte, vom Testator aber keineswegs beabsichtigte Änderung des Bekenntnisses voraussichtlich erleiden wird[123].

Von geringen Abweichungen abgesehen, läßt sich also bei der Behandlung der sittenwidrigen Bedingungen die gleiche Verbindung römischrechtlicher Kasuistik mit naturrechtlicher Systematik feststellen wie schon im vorigen Abschnitt über die sittenwidrigen Rechtsgeschäfte. Mit Ausnahme der Religionsbedingungen finden sich die vorgetragenen Beispiele durchwegs im Corpus Juris, werden aber

117 Puchta, Vorlesungen des römischen Rechts, 1. Bd., § 60, S. 127

118 Baron, Pandekten, § 58 III, S. 112

119 Keller, Pandekten, 1. Bd., § 51, S. 127

120 Windscheid, Lehrbuch des Pandektenrechts, 1. Bd., § 94, Anm. 13, S. 274

121 Vangerow, Lehrbuch der Pandekten, 1. Bd., 1. Abt., § 93, Anm. 1, S. 158

122 Wächter, Württembergisches Privatrecht, 2. Bd., § 96, Anm. 18, S. 725/726

123 Seuffert, Pandektenrecht, 3. Bd., § 536, Anm. 5, S. 167;
Bekker, System des Pandektenrechts, 2. Bd., § 117, S. 353;
Regelsberger, Pandekten, 1. Bd., § 153 I B, S. 565;
Scheurl, Nebenbestimmungen, § 79, S. 292/293;
Fitting, Unsittliche Bedingungen, AcP 56/S. 420 f.

jetzt systematisch zusammengefaßt unter den Paragraphen über schändliche oder moralisch unmögliche Bedingungen. Dabei beschränken sich einige Autoren, wie ausgeführt, nicht auf ein Kapitel über unzulässige Bedingungen bei Rechtsgeschäften überhaupt, sondern bringen darüber hinaus noch einen besonderen Absatz über die Nebenbestimmungen bei letztwilligen Verfügungen. Dies kann einmal, wie schon erwähnt, damit erklärt werden, daß man sich an die Vorlage der Digesten hält, die die Beispiele rechts- und sittenwidriger Bedingungen ausschließlich unter den Titeln über Erbeinsetzungen (D 28, 7) bzw. Testamente (D 35, 1) anführen. Im übrigen rechtfertigt sich diese zusätzliche Erörterung verbotener Bedingungen auch aus systematischen Gesichtspunkten, da die rechts- und sittenwidrigen Bedingungen nach damaliger Ansicht ein Rechtsgeschäft unter Lebenden ungültig machten, bei Testamenten und Legaten dagegen für nicht geschrieben erachtet wurden, wobei diese letztwilligen Verfügungen als unbedingte wirksam blieben[124]. Einen allgemeinen Rechtssatz, daß unsittliche Bedingungen einem Rechtsgeschäft seine rechtliche Gültigkeit nehmen, konnte es daher in bezug auf alle Rechtsgeschäfte schlechthin ohnehin nicht geben: Eine Generalklausel über sittenwidrige Bedingungen mußte also entweder zwischen den Rechtsgeschäften unter Lebenden und denen von Todes wegen differenzieren oder für jede Art dieser Rechtsgeschäfte eigens aufgestellt werden; für die sittenwidrigen Testamentsbedingungen war es dabei systematisch zweckmäßiger, dafür einen Paragraphen über die Nebenbestimmungen bei Erbeinsetzungen zu bilden.

Die kasuistischen Beispiele sittenwidriger Bedingungen, die in den Digesten ausschließlich als Nebenbestimmungen von letztwilligen Verfügungen angeführt sind, werden von den Pandektisten durchwegs auf die Rechtsgeschäfte schlechthin bezogen; auch die Autoren, die den Bedingungen bei Erbeinsetzungen ein zusätzliches Kapitel widmen, verwenden die Beispielsfälle der Digesten ebenfalls in den Paragraphen über die Bedingungen bei Rechtsgeschäften unter Lebenden. Lediglich Vangerow[125] und Wächter[126] kritisieren diese Übung im Hinblick auf die Heiratsbedingungen, die nach den leges Julia et Papia Poppaea eben nur bei letztwilligen Verfügungen verboten waren. Jene freie Verwendung der Digestenbeispiele setzt aber voraus, daß die Zulässigkeit von Bedingungen eben auch in einem allgemeinen Kapitel, das sich auf alle Rechtsgeschäfte oder zumindest auf solche unter Lebenden bezieht, erörtert wird. Gerade darin aber besteht der Fortschritt der Pandektistik nicht nur gegenüber dem römischen Recht, das die rechts- und sittenwidrigen Bedingungen nur bei Erbeinsetzungen und Testamenten regelte, sondern auch gegenüber der Literatur der Rezeptionszeit und des

---

124 Savigny, System, 3. Bd., § 122, S. 172

125 Vangerow, Lehrbuch der Pandekten, 1. Bd., 1. Abt., § 93, Anm. 2, S. 159

126 Wächter, Württembergisches Privatrecht, 2. Bd., § 96, Anm. 17, S. 725

Usus modernus: Auch die Rezeptionsjuristen[127] und die Autoren des Usus modernus[128] kannten bereits, wie dargestellt[129], eine Zusammenstellung der verbotenen oder speziell der unsittlichen Bedingungen in besonderen Kapiteln, jedoch nur als ausdrückliche Kommentierung zu den erwähnten Digestentiteln oder in enger Anlehnung an das römische Recht als Abhandlung über Testamentsbedingungen. Bei den Pandektisten dagegen werden die unsittlichen Bedingungen in einem allgemeinen Paragraphen über die Gültigkeitsvoraussetzungen der Bedingungen behandelt, der sich in der Regel auf alle Bedingungen irgendeines Rechtsgeschäfts bezieht und nur bei den Autoren, die die Testamentsbedingungen zusätzlich in einem besonderen Kapitel regeln, auf die Bedingungen bei Rechtsgeschäften unter Lebenden beschränkt ist. Daß die Pandektisten die Digestenbeispiele nicht mehr bloß zur Erläuterung der Bedingungen bei letztwilligen Verfügungen zitieren, ist also nur eine Folgeerscheinung der neuen Systematik, die die Sittenwidrigkeit als ein Problem aller Bedingungen, nicht nur solcher, die einer letztwilligen Verfügung beigesetzt sind, erkennt.

Wie schon bei den sittenwidrigen Rechtsgeschäften besteht also auch hier die Entwicklung einmal darin, daß der Erörterung der sittenwidrigen Bedingungen – sei es in bezug auf Rechtsgeschäfte allgemein, sei es speziell im Hinblick auf Erbeinsetzungen – ein bestimmter Platz im systematischen Aufbau des Rechts zugewiesen wird. Der Systemwille der Pandektisten zeigt sich darüber hinaus – wiederum parallel zu den sittenwidrigen Rechtsgeschäften – in dem Versuch, die sittenwidrigen Bedingungen selbst nach bestimmten Kriterien einzuteilen und damit Fallgruppen zu bilden. Seuffert[130], Arndts[131], Müller[132], Brinz[133], Dernburg[134] und Wächter[135] unterscheiden die Bedingung, die bereits selbst eine schändliche Handlung enthält, von derjenigen, die zwar von ihrem Inhalt her ethisch neutral ist, die aber dadurch einen unsittlichen Charakter annimmt, daß sie überhaupt als Bedingung eines Rechtsgeschäfts gesetzt wird. Zur ersten Gruppe zählen die Bedingungen, die eine Zuwendung davon abhängig machen,

---

127 Sichard, Praelectiones, tom. II, lib. 6, tit. 25, Rnr. 8, Sp. 427;
Freigius, In Pandectas Commentarii, lib. XLV, tit. I, l. VII, S. 709;
Mynsinger, Apotelesma, lib. II, tit. XIV, § Impossibilis, S. 207

128 Lauterbach, Collegium Pandectarum, 2. Bd., lib. XXVIII, tit. VII, § IX, S. 724;
Hellfeld, Jurisprudentia forensis, lib. XXVIII, tit. VII, § 1459, S. 557;
Heineccius, Elementa Institutionum, lib. II, tit. IV, § 521, S. 193/194

129 siehe S. 19 f. und S. 56 f.

130 Seuffert, Pandektenrecht, 3. Bd., § 536, S. 167

131 Arndts, Lehrbuch der Pandekten, § 72, S. 93

132 Müller, Lehrbuch der Institutionen, § 111, Anm. 2, S. 300

133 Brinz, Lehrbuch der Pandekten, 4. Bd., § 539, S. 130

134 Dernburg, Pandekten, 1. Bd., § 107, S. 256

135 Wächter, Württembergisches Privatrecht, 2. Bd., § 96 III, S. 723 f.

daß der bedingt Begünstigte eine sittenwidrige Handlung vornimmt. Im zweiten Fall ist es zwar moralisch indifferent, die Religion zu ändern, unverheiratet zu bleiben oder nach Gutdünken eines Dritten zu heiraten, aber eben nur solange es nicht durch eine Bedingung motiviert ist.

Sell differenziert in seiner Abhandlung „Die Lehre von den unmöglichen Bedingungen" prinzipiell nach moralisch unmöglichen und bloß unanständigen Bedingungen[136]. Zur ersten Art zählt er die Bedingung des Religionswechsels[137] sowie die Heiratsbedingungen[138], zu den unanständigen Bedingungen rechnet er diejenigen, die gegen das Schicklichkeitsgefühl und den Anstand verstoßen[139].

In seiner Monographie „Über den Begriff der unsittlichen Bedingung" definiert Fitting diese „als eine Bedingung, deren Erfüllung in einem sei es schon an sich selbst oder doch in Verbindung mit dem hinzutretenden Beweggrunde pecuniären Vortheils unsittlichen Verhalten bestehen würde, und welche als Bedingung eines Vortheils gesetzt ist in der unsittlichen Absicht, dadurch zu jenem an sich oder in Verbindung mit dem genannten Beweggrunde unsittlichen Verhalten zu bestimmen"[140]. Entscheidend für die Sittenwidrigkeit einer Bedingung ist also nach Fitting ihre unsittliche Tendenz, d.h. „sie muß von ihrem Urheber in der Absicht gesetzt sein, dadurch auf ein unsittliches Benehmen hinzuwirken"[141]. Er erläutert dies an der Bedingung der Ehescheidung: Unsittlich ist es, die Ehescheidung zur Bedingung eines Vermögensvorteils zu machen in der Absicht, damit den Entschluß zur Scheidung hervorzurufen. Würde dagegen einer Frau etwas vermacht für den Fall, daß es unglücklicherweise zu einer Scheidung kommen sollte und die Frau dann unversorgt wäre, so kann man eine derartige Bedingung in keiner Weise als unsittlich ansehen[142].

Ähnlich sieht Scheurl in seiner Schrift „Zur Lehre von den Nebenbestimmungen bei Rechtsgeschäften" deren Unsittlichkeit vor allem darin, „daß sich darin ein absolut unsittlicher Wille offenbart, dem als solchem das Recht keine Geltung zugestehen kann"[143]. Nach Fitting und Scheurl entscheidet über die Unsittlichkeit einer Bedingung also nicht die mögliche Zuordnung in die eine oder andere Fallgruppe, sondern allein die sich in ihr offenbarende Willensrichtung.

Scheurl zieht dabei noch eine weitere Schlußfolgerung: „Dem strengen Begriff der eigentlichen Nebenbestimmung gemäß kann es keine unsittliche Nebenbe-

136 Sell, Unmögliche Bedingungen, § 27, S. 128
137 Sell, a.a.O., § 31, S. 142 f.
138 Sell, a.a.O., § 35 f., S. 157 f.
139 Sell, a.a.O., § 27, S. 128
140 Fitting, Unsittliche Bedingungen, S. 420
141 Fitting, a.a.O., S. 412
142 Fitting, a.a.O., S. 416
143 Scheurl, Nebenbestimmungen, § 79, S. 288

stimmung geben, die es nur für sich wäre, ohne zugleich die mit ihr ein untheilbares Ganzes ausmachende rechtliche Willenserklärung vermöge ihres Zusammenhanges mit der Nebenbestimmung zu einer unsittlichen ... zu machen"[144]. Scheurl deutet hier erstmals an, daß für die Frage der Unsittlichkeit eigentlich nicht die Nebenbestimmung, sondern die Willenserklärung selbst, letzten Endes also das Rechtsgeschäft, dem die Bedingung beigefügt wird, entscheidend ist. Windscheid nennt die unerlaubten Bedingungen solche, „durch welche die Willenserklärung einen unerlaubten oder doch mißbilligten Inhalt annimmt"[145], und nach Regelsberger kommt es bei der unsittlichen Bedingung „nicht auf die Beschaffenheit des bedingenden Umstands, sondern der unter der Bedingung getroffenen Verfügung" an[146]. Ravit zieht dann in seinem Aufsatz „Über unsittliche Bedingungen und Verträge" als einziger die Konsequenz aus dieser Erkenntnis, nämlich „auf die Aufstellung einer allgemeinen Kategorie der unsittlichen Bedingungen zu verzichten"[147]. So zeichnet sich erst bei den späteren Autoren das Ende der getrennten Behandlung von sittenwidrigen Rechtsgeschäften und Bedingungen und die Beschränkung auf die allumfassende Klausel von der Nichtigkeit sittenwidriger Rechtsgeschäfte ab, wie sie dann im Bürgerlichen Gesetzbuch verwirklicht wird.

Wie bei den sittenwidrigen Rechtsgeschäften verdeutlicht sich also die Entwicklung der sittenwidrigen Bedingungen einmal in ihrer systematischen Einordnung in den gesamten Aufbau der Rechtsmaterie, zum anderen in den dargestellten Versuchen der Systematisierung sittenwidriger Bedingungen selbst. Diese Fallgruppenbildung steht aber wiederum in engem Zusammenhang mit der Frage nach einem allgemeinen Begriff der sittenwidrigen Bedingungen überhaupt, die letztlich dahin entschieden wird, daß es auf den Gesamtcharakter des Rechtsgeschäfts und nicht auf den der Bedingung ankommt. Wenn bei der Kodifikation des BGB die sittenwidrigen Bedingungen nicht mehr in einer besonderen Norm berücksichtigt werden, so ist dies das Ergebnis einer konsequenten Entwicklung: Ausgangspunkt ist die systematische Gruppierung der sittenwidrigen Bedingungen, die dann zum Problem der generellen Definition von condiciones turpes überhaupt führt. Die Erkenntnis, daß die Tendenz des Rechtsgeschäfts letztlich für die Unsittlichkeit maßgebend ist, postuliert schließlich den Verzicht auf die besondere Behandlung sittenwidriger Bedingungen.

144 Scheurl, a.a.O., § 79, S. 289

145 Windscheid, Lehrbuch des Pandektenrechts, 1. Bd., § 44, S. 272

146 Regelsberger, Pandekten, 1. Bd., § 153 I B, S. 564

147 Ravit, Unsittliche Bedingungen, AcP 58/S. 63

2. Germanisten

Von den germanistischen Vertretern der historischen Rechtsschule erwähnen nur Beseler, Stobbe und Gierke den Grundsatz von der Nichtigkeit sittenwidriger Rechtsgeschäfte. Beseler formuliert in § 107 („Der Vertrag") des Abschnitts über das Obligationenrecht: „Auf keinen Fall kann das, was den guten Sitten oder den Präceptivgesetzen widerspricht, zum Gegenstand einer gültigen Verabredung gemacht werden"[148]. Stobbe erwähnt im § 212 („Modifikationen des römischen Kontraktsystems im gegenwärtigen Recht") die Ungültigkeit von Verträgen, „welche eine turpitudo enthalten und contra bonos mores sind"[149], und Gierke stellt im Paragraphen über die „Begründung der Schuldverhältnisse" fest, daß „eine versprochene Leistung, deren bindende Zusage unsittlich ist oder deren Bewirkung oder Empfang wider das Sittengesetz verstieße, überhaupt nicht geschuldet wird"[150]. Die Parallelität dieser Zitate zu den entsprechenden Aussagen bei den Pandektisten zeigt sich eindeutig in der systematischen Einordnung dieser Sätze: Bei den Autoren der Pandektistik finden sich die Aussagen über sittenwidrige Rechtsgeschäfte in den Paragraphen über Inhalt und Gegenstand von Obligationen, also ebenso in den allgemeinen Erörterungen über das Schuldrecht wie bei den zitierten Germanisten. Diese verzichten lediglich auf die Verweisungen zu der entsprechenden Kasuistik des römischen Rechts. Germanisten wie Romanisten geben dem Satz von der Nichtigkeit sittenwidriger Rechtsgeschäfte seinen bestimmten Platz innerhalb des Rechtssystems und machen ihn so zur Generalklausel. Der Unterschied zeigt sich somit nur in der Exemplifizierung: Beseler bringt überhaupt kein Beispiel, Stobbe erwähnt in der Anmerkung lediglich Art. 1131 C.c. und den bereits kodifizierten § 138 BGB und Gierke verdeutlicht die Sittenklausel durch Anführung der Wuchergeschäfte und der Verträge, die eine übermäßige Selbstbeschränkung der Freiheit enthalten.

Die genannten Zitate sind allerdings, soweit ersichtlich, die einzigen Stellen, in denen Germanisten die Generalklausel erwähnen. Weder Eichhorn noch Phillips, Hillebrand, Runde oder Gerber, um die wichtigsten Vertreter dieser Rechtsschule zu nennen, befassen sich mit der Sittenwidrigkeit von Rechtsgeschäften als grundsätzlichem Problem. Wohl wird bei der Abhandlung der Spiel- und Wettverträge gelegentlich festgestellt, daß diese Rechtsgeschäfte keine Unsittlichkeit enthalten dürfen[151], als allgemeines Prinzip findet sich das Verbot

148 Beseler, System des deutschen Privatrechts, § 107, S. 479

149 Stobbe, Deutsches Privatrecht, 3. Bd., § 212 IV, S. 123

150 Gierke, Deutsches Privatrecht, 3. Bd., § 177, S. 114

151 Gengler, Lehrbuch des deutschen Privatrechts, Anm. zu § 155, S. 731;
Bluntschli, Deutsches Privatrecht, § 125, Nr. 1, S. 354 und § 126, Nr. 2 d), S. 357;
Gerber, System des deutschen Privatrechts, § 194, S. 525;
Beseler, System des deutschen Privatrechts, § 118 I, S. 535;
Mittermaier, Grundsätze des deutschen Privatrechts, 2. Bd., § 297, S. 84

sittenwidriger Rechtsgeschäfte sonst nirgends. Der Grund dafür muß in folgendem Zusammenhang gesehen werden: Im „Allgemeinen Teil“ des Obligationenrechts, in dem die Pandektisten und auch die oben zitierten Germanisten die Generalklausel systematisch einordnen, begnügen sich alle anderen Vertreter der germanistisch-historischen Rechtsschule mit dem Hinweis auf die Regeln des römischen Rechts, das nach ihrer Auffassung auf diesem Gebiet überwiegend oder vollständig rezipiert worden ist. Mittermaier stellt im Paragraphen „Heutiges Recht über die Gültigkeit der Verträge“ einleitend fest: „In Bezug auf die Erfordernisse der Gültigkeit der Verträge entscheiden im heutigen Rechte die Grundsätze des römischen Rechts“[152]. Nach Maurenbrecher (§ 309: „Von den Verträgen, allgemeine Theorie“) „macht das römische Recht in der allgemeinen Theorie der Verträge so sehr die Grundlage des heutigen Rechtes aus, daß alle Besonderheiten des letzteren, wenn sie selbst aus deutschen Rechtsgrundsätzen herrühren, doch nur als Modifikationen des römischen Rechtes aufgefaßt zu werden pflegen“[153]. Im Kapitel über die „Grundsätze des in Deutschland geltenden Obligationenrechts“ vertritt Phillips die Auffassung, daß „die Frage, was zur Gültigkeit überhaupt gehört, durchaus nach Römischen Rechte beurtheilt wird“[154], und Gerber behauptet im Abschnitt „Allgemeines von den Forderungensrechten überhaupt“, „daß die allgemeinen Grundsätze des Obligationenrechts im Ganzen aus dem römischen Rechte übernommen und nur in einzelnen Punkten modifiziert oder ergänzt worden sind“[155]. Bei Renaud schließlich heißt es im Abschnitt über „die Rechtshandlungen in ihren Wirkungen im Allgemeinen“: „Die gemeinrechtliche Theorie der Rechtsgeschäfte giebt aber im Allgemeinen das römische Recht“[156]. Den Grund für die weitgehende Aufnahme des römischen Rechts in diesem Bereich sieht man in dem niedrigen Entwicklungsstand des deutschen Obligationenrechts zur Zeit der Rezeption. Dies führt man wiederum darauf zurück, daß die Rechtsbeziehungen sich in erster Linie auf der Ebene der Naturalwirtschaft abspielten[157], daß sich viele Güter nach Standes- oder Dienstrecht verteilten und überdies das Hof- und Dienstrecht einen großen Teil der Leistungen gewährte, die man sich sonst vertraglich versprechen läßt[158]. Gegen diese Begründungen und der daraus folgenden Vernachlässigung des deutschen Vertragsrechts wendet sich Stobbe in seiner Abhandlung über die Geschichte des deutschen Vertragsrechts: „Kein Volk kann ohne Kauf- oder Tauschgeschäfte bestehen: es muß sich bald auch das

152 Mittermaier, Grundsätze des deutschen Privatrechts, 2. Bd., § 272, S. 3
153 Maurenbrecher, Lehrbuch des deutschen Rechts, 2. Bd., § 309, S. 391
154 Phillips, Grundsätze des Deutschen Privatrechts, 1. Bd., § 70, S. 446
155 Gerber, System des deutschen Privatrechts, § 153, S. 412
156 Renaud, Lehrbuch des Deutschen Privatrechts, 1. Bd., § 75, S. 163
157 Gerber, System des deutschen Privatrechts, § 153, S. 140
158 Löher, System des preußischen Landrechts, S. 52

Darlehen, die Leihe, der Aufbewahrungsvertrag entwickeln. Und ebenso wenig denkbar ist es, daß wenn es einmal solche Verkehrsformen giebt, nicht auch allgemeine Grundsätze mit Nothwendigkeit entstehen sollten, welche die rechtlichen Verpflichtungen der miteinander in Vertrag stehenden Personen regelten. In einer Zeit, in welcher, wie im späteren Mittelalter, Gewerbe und Handel auf einer hohen Stufe standen, mußte es daher nicht bloß Formen des Verkehrs, sondern auch Rechtsgrundsätze über den Verkehr geben ... Nur nationales Recht konnte hier entscheiden, denn das Aufblühen der Städte ist mehrere Jahrhunderte älter, als das Vorwiegen des römischen Rechts"[159].

Stobbe bleibt mit dieser Ansicht allerdings allein. Die Folge der herrschenden Auffassung von der Dominanz des römischen Rechts im Obligationenrecht zeigt sich darin, daß im Allgemeinen Teil des Schuldrechts nur einige deutschrechtliche Besonderheiten wie spezielle Förmlichkeiten bei Abschluß eines Vertrags oder Bestärkungsmittel der Verträge behandelt werden. Die grundsätzlichen Ausführungen über die allgemeinen Gültigkeitsvoraussetzungen der Verträge und damit auch über die sittenwidrigen Rechtsgeschäfte erübrigen sich dagegen wegen der Generalverweisung auf das römische Obligationenrecht. Die meisten Darstellungen des deutschen Privatrechts enthalten zwar, wie zitiert, ein Kapitel über das allgemeine Vertragsrecht, in das das Verbot der sittenwidrigen Rechtsgeschäfte eingeordnet werden könnte, und unterscheiden sich also von der Systematik her in keiner Weise von den entsprechenden Werken der Pandektisten. Nur inhaltlich begnügen sie sich mit der bloßen Bezugnahme auf das römische Recht, so daß die Ausführungen der Romanisten über die sittenwidrigen Rechtsgeschäfte in diesen Rahmen einzufügen sind.

In den Kapiteln über besondere Schuldverträge erläutern die Germanisten dann noch verschiedene Wuchergeschäfte, die nach deutschem Recht verboten waren. So finden bei der Darstellung der Kaufverträge die Kaufgeschäfte über noch ungeerntete Früchte[160] sowie die Monopolkäufe[161] Erwähnung, die bereits in den Reichspolizeiordnungen von 1530, 1548 und 1577 eine Regelung erfuhren. Die Paragraphen über das Darlehen enthalten häufig den Hinweis auf den

159 Stobbe, Deutsches Vertragsrecht, Vorwort, S. VI

160 Krüll, Teutsches Privatrecht, § 255, S. 290;
Runde, Grundsätze des deutschen Privatrechts, § 191, S. 179;
Maurenbrecher, Lehrbuch des deutschen Rechts, 2. Bd., § 328, S. 409;
Phillips, Grundsätze des Deutschen Privatrechts, 1. Bd., § 75, 1, S. 468;
Hillebrand, Lehrbuch des deutschen Privatrechts, § 101, S. 314;
Gengler, Lehrbuch des deutschen Privatrechts, § 87 I A a, S. 370;
Beseler, System des deutschen Privatrechts, § 112 V, S. 509;
Stobbe, Deutsches Privatrecht, 3. Bd., § 231, 1., S. 297;
Danz, Handbuch des deutschen Privatrechts, 2. Bd., § 191, S. 171/172;

161 Krüll, Teutsches Privatrecht, § 255, S. 291;
Runde, Grundsätze des deutschen Privatrechts, § 197 b, S. 186;
Danz, Handbuch des deutschen Privatrechts, 2. Bd., § 206, S. 222

verdeckten Zinswucher und seine Untersagung in den genannten Reichspolizeiordnungen[162]. In der Regel begnügen sich die Autoren mit der bloßen Verweisung auf diese Gesetze oder ihrer inhaltlichen Wiedergabe ohne eigene Anmerkungen oder Stellungnahmen. Daß man bei den Wettverträgen häufig das Erfordernis eines sittlich einwandfreien Inhaltes derartiger Rechtsgeschäfte herausstellt, wurde bereits erwähnt.

Das Problem der Immoralität von Rechtsgeschäften wird auch wieder bei der Frage nach der Gültigkeit von Erbverträgen aufgeworfen. Die Germanisten betonen ihre Gültigkeit nach deutschem Recht im Gegensatz zum römischen immer wieder unter Hinweis auf die unterschiedlichen moralischen Standpunkte: Ausgehend von den Bedenken des römischen Rechts, das bei diesen Verträgen lebensgefährdende Nachstellungen für den Erblasser befürchtet, betont Bluntschli, daß das deutsche Recht diesen Einwand nicht kenne[163], und Walter, daß im Erbvertrag nichts „moralisch Anstößiges" liege[164]. Nach Danz „steht die argwöhnische Gesinnung, als ob der durch Vertrag bestimmte Erbe dem Leben des Erblassers gefährlich werden würde, mit dem offenen deutschen Charakter, der Hinterlist nicht kennt, im Widerspruche"[165]. Runde weist ebenfalls darauf hin, daß bei den Deutschen der Gültigkeit der Erbverträge nicht „dieser durch Sittenverderbniß erzeugte Argwohn" entgegengestanden habe; vielmehr gründen sich die Zweifel „auf kein aechtes, ursprünglich deutsches Recht, sondern auf spaetere, unschickliche Einmischungen fremder Grundsätze"[166]. Den genannten Autoren bietet die Erörterung der Erbverträge offensichtlich eine günstige Gelegenheit, das deutsche Recht als einen Ausfluß einer unverdorbenen Moral darzustellen. Eine Gegenstimme findet sich lediglich bei Hasse in seiner Abhandlung über den Erbvertrag: „Die schlechteste Erklärung, welche aber lange herrschend gewesen, ist die, daß die Giftmischer und Meuchelmörder, die zur Zeit des Sittenverderbnisses in Rom so häufig geworden, dies Recht hervorgebracht haben. . . . Das Wahrscheinlichste ist aber doch, daß bei den acquisitiven Erbverträgen wenigstens die urspruengliche Idee die war: es ist zu unwuerdig, daß ein Civis romanus sich um die Freiheit zu testieren. . . sollte bringen können"[167]. Mit welcher Begründung auch immer die Unwirksamkeit der Erbverträge nach römischem Recht abgelehnt wird, an ihrer Gültigkeit nach deutschem Recht gibt es keinen Zweifel mehr.

162 Runde, Grundsätze des deutschen Privatrechts, § 203 a, S. 195 f.;
Phillips, Grundsätze des Deutschen Privatrechts, 1. Bd., § 80, Anm. 11, S. 499;
Danz, Handbuch des deutschen Privatrechts, 2. Bd., §§ 203 a, 205, S. 254

163 Bluntschli, Deutsches Privatrecht, § 240, S. 712

164 Walter, System des deutschen Privatrechts, § 425, S. 483

165 Danz, Handbuch des deutschen Privatrechts, 7. Bd., § 660, S. 378/379

166 Runde, Grundsätze des deutschen Privatrechts, § 660, S. 668

167 Hasse, Erbvertrag, 1. Cap., § 2, S. 156 und 158

Dagegen bleiben die Ansichten über die rechtliche Zulässigkeit des Vertrags über die Erbschaft eines Dritten nach wie vor kontrovers. Eichhorn[168], Danz[169], Mittermaier[170] und Runde[171] glauben, daß die Wirksamkeit der Erbverträge sich auch auf die pacta de hereditate tertii bezieht. Dagegen ist Beseler der Ansicht, daß dieses Rechtsgeschäft schon deshalb an der allgemeinen Entwicklung der Lehre von den Erbverträgen keinen Anteil genommen habe, weil es nicht zum Erbrecht, sondern zum Obligationenrecht gehöre[172]. Im übrigen begründet man die Ablehnung dieser Verträge hauptsächlich damit, daß es nicht nur bei den Römern, sondern zu allen Zeiten als unmoralisch angesehen werde, Verfügungen zu treffen, die zeigten, wie sehr man sich schon in Gedanken mit dem Tod des Erblassers beschäftige[173].

B. Kommentierende Literatur zu den Kodifikationen des Naturrechts

Das Preußische Allgemeine Landrecht und das Österreichische Allgemeine Bürgerliche Gesetzbuch, beide um die Jahrhundertwende kodifiziert, erfahren ihre Erläuterung in den Kommentaren und Lehrbüchern des 19. Jahrhunderts. Die wichtigsten Autoren dieser Literatur sind Dernburg, Förster, Koch, Bielitz und Bornemann für das ALR und Zeiller, Winiwarter, Unger und Hasenöhrl für das ABGB. Da ihre Werke insgesamt weder der Literatur des Naturrechts noch der historischen Rechtsschule zugeordnet werden können, sollen ihre Aussagen über die sittenwidrigen Rechtsgeschäfte in diesem besonderen Abschnitt untersucht werden.

1. Allgemeines Landrecht für die Preußischen Staaten

Da das Gesetz neben der Generalklausel (I 4 § 7) noch einen Katalog von aus sittlichen Gründen verbotenen Rechtsgeschäften anführt[174], ist insoweit bereits ein Rahmen sowohl in der Kasuistik wie in der Bildung von Fallgruppen

168 Eichhorn, Einleitung in das deutsche Privatrecht, § 339, S. 791, Anm. d)

169 Danz, Handbuch des deutschen Privatrechts, 7. Bd., § 660, S. 384

170 Mittermaier, Grundsätze des deutschen Privatrechts, 2. Bd., § 453, S. 571

171 Runde, Grundsätze des deutschen Privatrechts, § 660, S. 668 und S. 669, Anm. c)

172 Beseler, System des deutschen Privatrechts, § 141, S. 649

173 Beseler, Erbverträge, 2. Bd., 2. Halbbd., Anhang, S. 334;
Wolff, Gemeines deutsches Privatrecht, 1. Bd., § 193, Nr. 3, S. 433, 434;
Hasse, Erbvertrag, 2. Cap., § 3, S. 233

174 siehe S. 80/81

vorgegeben. Die meisten Autoren begnügen sich denn auch mit der Wiedergabe dieser Vorschriften und einiger erläuternder Umschreibungen. Bielitz bemerkt in der Kommentierung zu I 4 § 7: „Die Verschiedenheit der Begriffe der Menschen über das, was anständig und unanständig ist, macht es nicht selten zweifelhaft, ob eine Handlung wirklich in die Kategorie der die Ehrbarkeit verletzenden gehört; und hierüber lassen sich auch, aus dem erwähnten Grunde, keine allgemeinen Bestimmungen geben"[175]. Ähnlich kommentiert Rönne den gleichen Paragraphen: „Die Beantwortung der Frage, ob eine Handlung oder eine Leistung zu den . . . die Ehrbarkeit beleidigenden gehöre, ist tatsächlicher Natur. Was nicht gegen die guten Sitten, ist auch nicht wider die Ehrbarkeit"[176]. Zu I 4 § 9 ALR[177] werden in beiden Kommentaren die Probleme der Religionsbedingung dargelegt und bei den §§ 10 und 11[178] desselben Titels beschäftigt man sich vor allem mit den Rechtsfolgen der Heiratsbedingungen. Dernburg erwähnt in seinem Lehrbuch des Preußischen Privatrechts das Prinzip der Nichtigkeit sittenwidriger Rechtsgeschäfte unter dem Paragraphen „Unzulässige Geschäfte, Allgemeines": „Unstatthaft sind nämlich Geschäfte, welche, als für das gemeine Wohl schädlich, positiv verboten sind, und diejenigen, welche eine Unsittlichkeit enthalten[179]. Auf einen allgemeinen Begriff des Unsittlichen läßt er sich jedoch ebensowenig ein wie Bielitz und Rönne: „Was jedoch im Einzelnen als dem Gemeinwohl widerstreitend, als schädlich und unsittlich gilt, bestimmt sich verschieden nach den wechselnden ethischen Anschauungen und den jeweiligen ökonomischen Bedürfnissen der Völker und Zeiten"[180]. Im nächsten Paragraphen über „Einzelne Arten unzulässiger Geschäfte" zählt er als Beispielsfälle auf die Verträge, die die Heirats- und Gewissensfreiheit beschränken sowie die bürgerliche und wirtschaftliche Selbständigkeit beseitigen, und verweist in der Anmerkung auf die entsprechenden Bestimmungen des ALR[181]. In Bornemanns „Systematische Darstellung des Preußischen Civilrechts" steht die Generalklausel im Paragraphen „Von Handlungen": „Gegenstände des subjectiven Rechts können nun alle Handlungen sein, welche ein gesetzliches Verbot oder die Sittlichkeit nicht verletzen"[182]. In der Folge werden die §§ 8 bis 13 des 4. Titels, 1. Teil ALR mit den üblichen Problemen der Heirats- und Religions-

175 Bielitz, Kommentar zum ALR, 1. Bd., I 4 § 7, S. 410

176 Rönne, Erläuterungen des ALR, 1. Bd., I 4 § 7, S. 120

177 Bielitz, a.a.O., I 4 § 9, S. 411/412
Rönne, a.a.O., I 4 § 9, S. 120/121

178 Bielitz, a.a.O., I 4 § 10/11, S. 414
Rönne, a.a.O., I 4 § 10, S. 122

179 Dernburg, Preußisches Privatrecht, 1. Bd., § 77, S. 137

180 Dernburg, a.a.O., S. 137

181 Dernburg a.a.O., § 78, S. 138/139

182 Bornemann, Preußisches Civilrecht, 1. Bd., § 46, S. 283

bedingungen erörtert[183]. Förster[184] und Hübner[185] beschränken sich in ihren Darstellungen des ALR unter den Paragraphen „Inhalt des Testaments" bzw. „Arten von Bedingungen" darauf, die unerlaubten Bedingungen mit den oben zitierten Paragraphen des ALR zu exemplifizieren: Eine Bedingung gilt danach als unerlaubt, wenn sie die Ehrbarkeit beleidigt (I 4 § 7), die Entschädigung oder Belohnung einer Gesetzesübertretung bezweckt (§ 8), die Gewissensfreiheit einschränkt (§ 9), auf die Ehelosigkeit abzielt (§ 10) oder die Sklaverei und Privatgefangenschaft beabsichtigt (§ 13). Bei der Bedingung der Ehelosigkeit unterscheidet Förster zwischen wirklicher Bedingung und bloß tatsächlicher Voraussetzung: Schon aus dem Gesetz ergebe sich, daß zwar Zusagen, durch die sich jemand zur Ehelosigkeit *verpflichte*, ungültig seien, nicht aber Zuwendungen unter der Bestimmung, *solange* jemand ehelos bleibe[186]. Hinsichtlich der Religionsbedingung sei dagegen die Ausdrucksweise des Gesetzes nicht so eindeutig, das einfach jede Einschränkung der Gewissensfreiheit schlechthin untersage, I 4 § 9. „Gleichwohl sprechen die inneren Gründe mehr dafür, auch hier die Unterscheidung zwischen einer auferlegten Bedingung und einer thatsächlichen Voraussetzung festzuhalten. Nur darin kann die Unsittlichkeit, also das Unerlaubte liegen, daß Jemand zur Aenderung oder Beibehaltung der Religion verpflichtet werden soll, denn nur in diesem Fall wird die Freiheit des Gewissens beschränkt"[187].

Grundsätzliche Ausführungen dieser Art bleiben in den angeführten Lehrbüchern freilich die Ausnahme. Wie dargestellt, kommt man über eine wiederholende Aufzählung der im ALR genannten Rechtsgeschäfte unsittlichen Charakters kaum hinaus. Dabei werden wie in der Literatur der historischen Rechtsschule die sittenwidrigen Rechtsgeschäfte und Bedingungen systemgerecht in die Ordnung des Privatrechts eingefügt, das Material hierzu bildet aber nicht das historische römische oder deutsche Recht, also die römischrechtliche Kasuistik der Verträge contra bonos mores oder die deutschrechtlichen Wuchergeschäfte, sondern eben das Preußische Allgemeine Landrecht.

Daneben gibt es eine Reihe von Lehrbüchern und Kommentaren, in denen bei der Erörterung der sittenwidrigen Rechtsgeschäfte und Bedingungen auch noch die einschlägigen Fundstellen des Corpus Juris Berücksichtigung finden:

Koch formuliert im § 115 („Rechtsgeschäfte. In Ansehung des Gegenstandes")

---

183 Bornemann, a.a.O., S. 283–291

184 Förster, Preußisches Privatrecht, 4. Bd., § 250, S. 385; Förster, Theorie, 4. Bd., § 250, S. 117

185 Hübner, System des ALR, § 115, S. 59

186 Förster, Preußisches Privatrecht, 4. Bd., § 250, S. 385; Förster, Theorie, 4. Bd., § 250, S. 117/118

187 Förster, Preußisches Privatrecht, a.a.O., S. 386; Förster, Theorie, a.a.O., S. 118/119

seines Lehrbuchs des Preußischen Privatrechts die Generalklausel „Unerlaubt ist Alles, was gegen das öffentliche Interesse oder gegen die guten Sitten verstößt“[188] und verweist in der Fußnote auf die Digestenstelle 45, 1, 26[189]. Die sich anschließenden Beispiele wiederholen die verschiedenen Fälle des ALR; dabei zitiert er zu den Willenserklärungen, die eine Handlung gegen die Ehrbarkeit enthalten (I 4 § 7), die Institutionenstelle I 3, 19, 24[190] und bei den Willenserklärungen, die auf eine Entschädigung oder Belohnung von Gesetzesübertretungen abzielen (I 4 § 8), bezieht er sich auf D 2, 14, 27, 4[191]. Die gleiche Darstellungsweise wählt Koch in seiner Abhandlung „Das Recht der Forderungen nach gemeinem und nach preußischem Rechte“ bei der Besprechung der unerlaubten Bedingungen. Eine condicio turpis nennt er eine „solche, welche eine unerlaubte oder verbotene Handlung desjenigen voraussetzt, welchem die Bedingung auferlegt ist“[192] und stützt sich in der Fußnote auf D 35, 1, 20, D 28, 7, 14 und D 29, 1, 29, 2[193]. In den folgenden Beispielen, denen überwiegend die §§ 8–13 des 4. Titels, 1. Teil ALR zugrundeliegen, notiert er zur Bedingung der Nichtverehelichung die Stelle D 35, 1, 72, 5[194] und zur Scheidungsbedingung C 6, 25, 5[195] in der Anmerkung. Plathner stellt in seinem Werk „Der Geist des Preußischen Privatrechts in Vergleichung mit dem Römischen/Oesterreichischen und Französischen Recht“ die Texte des Corpus Juris und des ALR vergleichsweise nebeneinander; in § 268 („Verpflichtung zu etwas thatsächlich Unmöglichem oder rechtlich Unzulässigem“) zitiert er als

188 Koch, Lehrbuch des Preußischen Privatrechts, 1. Bd., § 115, S. 226

189 D 45, 1, 26: siehe Anm. 31, S. 7;
Koch, a.a.O., § 115, Anm. 5, S. 226

190 I 3, 19, 24: siehe Anm. 48, S. 11;
Koch a.a.O., § 115, Anm. 7, S. 227

191 D 2, 14, 27, 4: siehe S. 13;
Koch, a.a.O., § 115, Anm. 8, S. 227

192 Koch, Recht der Forderungen, 2. Bd., § 92 III 3, S. 212

193 D 35, 1, 20: siehe Anm. 110, S. 20;
D 28, 7, 14: Condiciones contra edicta imperatorum aut contra leges aut quae legis vicem optinent scriptae vel quae contra bonos mores vel derisoriae sunt aut huiusmodi quas praetores improbaverunt pro non scriptis habentur et perinde, ac si condicio hereditati sive legato adiecta non esset, capitur hereditas legatumve.
D 29, 1, 29, 2: Edictum praetoris, quo iusiurandum heredibus institutis legatariisque remittitur, locum habet etiam in militum testamentis, sicut etiam in fideicommissis: idemque si turpis esset condicio.
Koch, a.a.O., § 92 III 3, Anm. 19, S. 212

194 D 35, 1, 72, 5: ‚Maeviae, si non nubserit, fundum cum morietur lego'. potest dici et si nubserit, eam confestim ad legatum admitti.
Koch, a.a.O., § 92 III 3, Anm. 22, S. 212

195 C 6, 25, 5: siehe Anm. 109, S. 20;
Koch, a.a.O., Anm. 21, S. 212

Beleg für Verträge, in denen etwas gesetzlich Unzulässiges versprochen wird, zunächst die Digestenstellen über sittenwidrige Stipulationen und Mandate, nämlich D 45, 1, 26, D 45, 1, 35, 1, D 45, 1, 61 bzw. D 17, 1, 6, 3 sowie D 17, 1, 22, 6[196], und daran anschließend I 4 §§ 6 und 7 ALR[197]. Eine nähere Erläuterung dazu fehlt; ihm genügt die Gegenüberstellung als Hinweis, daß das Verbot von Verträgen über gesetz- und sittenwidrige Handlungen im römischen wie im preußischen Privatrecht in gleicher Weise zu finden ist.

Die Zitate aus den Werken von Koch und Plathner zeigen, daß das Allgemeine Landrecht mit den römischen Digestenstellen erläutert und verglichen wird. Der Einfluß der historischen, romanistischen Rechtsschule ist offenbar so stark, daß selbst bei der Erläuterung eines Gesetzes, das dem Naturrecht entspringt, das römische Recht zur Anwendung gebracht wird. Wie bei allen bisher besprochenen Werken des 19. Jahrhunderts ist es auch bei Koch und Plathner kennzeichnend, daß die sittenwidrigen Rechtsgeschäfte und Bedingungen ihren bestimmten Platz im System des Privatrechts erhalten; die der Bearbeitung zugrundeliegende Rechtsmaterie besteht in den letztgenannten Lehrbüchern aber nicht nur, wie der Titel vermuten ließe, in den Bestimmungen des Allgemeinen Landrechts zu den moralisch verwerflichen Rechtsgeschäften, sondern auch noch in den wichtigsten Digestenstellen über Verträge contra bonos mores und condiciones turpes.

Koch bezieht sich selbst in seinem Kommentar zum ALR, der schon vom Aufbau her an sich streng an das Gesetz gebunden ist, auf verschiedene Stellen aus dem Corpus Juris. In der Anmerkung zu I 4 § 7[198], der allgemeinen Bestimmung über Willenserklärungen in bezug auf ehrverletzende Handlungen, erwähnt er D 45, 1, 26[199] sowie I 3, 19, 24[200] und zu I 4 § 8[201], der die Willenserklärungen über vereinbarte Entschädigungen oder Belohnungen von Gesetzesübertretungen regelt, verweist er auf D 45, 1, 123[202] und D 2, 14, 27, 4[203]. Die gleichen Stellen aus den Digesten zitieren zu denselben Vorschriften des ALR Gruchot in seinen Beiträgen zur Erläuterung des Preußischen

196 D 45, 1, 26: siehe Anm. 31, S. 7;
D 45, 1, 35, a: siehe Anm. 25, S. 5;
D 45, 1, 61: siehe Anm. 26, S. 6;
D 17, 1, 6, 3 und D 17, 1, 22, 6: siehe S. 13

197 Plathner, Geist des Preußischen Privatrechts, § 268, S. 119

198 Koch ALR-Kommentar, 1. Bd., I 4 § 7, S. 127

199 D 45, 1, 26: s. Anm. 31, S. 7

200 I 3, 19, 24: s. Anm. 48, S. 11

201 Koch, a.a.O., I 4 § 8, S. 128

202 D 45, 1, 123: s. Anm. 33, S. 7

203 D 2, 14, 27, 4: siehe S. 13

Rechts[204] und Heydemann in seinem System des Preußischen Civilrechts[205], Abhandlungen, die ebenfalls gleich Kommentaren nach den Paragraphen des ALR gegliedert und deshalb primär am Gesetz orientiert sind. Aus dem Umstand, daß Gesetze des Naturrechts mit den entsprechenden Zitaten aus dem Corpus Juris kommentiert werden, bestätigt sich die bereits getroffene Feststellung von der Dominanz der Pandektistik und ihrem Einfluß auch auf nichtromanistische Rechtsgebiete.

2. Allgemeines Bürgerliches Gesetzbuch Österreichs

Die Autoren der Kommentare und Lehrbücher des Österreichischen ABGB stehen bei der Behandlung der sittenwidrigen Rechtsgeschäfte prinzipiell vor der gleichen Aufgabe wie die Juristen des ALR, nämlich ein Gesetz zu erläutern, das neben der Generalklausel bereits einen Katalog unerlaubter, weil sittlich bedenklicher Rechtsgeschäfte in den Text aufnimmt. Wie im ALR ist damit für die Erörterung dieses Problemkreises ein engerer Rahmen gezogen als bei einer Kodifikation, die sich mit der bloßen Normierung der Generalklausel begnügt.

So beschränken sich Zeiller[206], Nippel[207] und Winiwarter[208] in ihren Kommentaren darauf, die Motive für das Verbot der in § 879 ABGB genannten Verträge vorzutragen: Die Befürchtung falscher und listiger Angaben der Vermittler beim Ehemäklervertrag, § 879 Ziff. 1, die Unterstellung einer Zwangslage des Kranken beim Honorarvertrag mit einem Arzt, § 879 Ziff. 2, die Bedenken wegen unrichtiger Vorspiegelung der Rechtslage und des Prozeßrisikos beim Honorarvertrag mit einem Rechtsfreund, § 879 Ziff. 3, und schließlich die Annahme von wucherischen und betrügerischen Erbschleichern beim Vertrag über die Erbschaft eines Dritten, § 879 Ziff. 4.

Hasenöhrl bringt im Paragraphen 22 über „Unerlaubte Verträge" seines Oesterreichischen Obligationenrechts einige grundsätzliche Ausführungen zum Problem der sittenwidrigen Rechtsgeschäfte: „Eine genauere Feststellung der Grenzen des Unsittlichen ist unthunlich, da diese Grenzen nicht feststehen, sondern durch das jeweilige Volksbewußtsein bestimmt werden und daher auch mit den Aenderungen der Anschauungen im Volke wechseln. ... Zu den unerlaubten Verträgen können im Allgemeinen nur jene gerechnet werden, welche in objectiver Weise gegen das Gesetz verstossen oder den guten Sitten zuwiderlaufen, bei welchen also der objective Inhalt des Vertrages ein solcher ist, daß sich daraus die

204 Gruchot, Erläuterung des Preußischen Rechts, I 4 §§ 7 und 8, S. 142 f.
205 Heydemann, System des preußischen Civilrechts, 1. Bd., I 4, S. 161/162
206 Zeiller, Commentar über das ABGB, 3. Bd., § 879, S. 46 f.
207 Nippel, Erläuterung des ABGB, 6. Bd., § 879, S. 72 f.
208 Winiwarter, Das Oesterreichische buergerliche Recht, 4. Bd., § 879, S. 35 f.

Beförderung des Unerlaubten entnehmen läßt"[209]. Daran anschließend nennt Hasenöhrl die wichtigsten Fallgruppen unerlaubter Verträge, die er mit Beispielen aus den Digesten belegt. Als unerlaubte Verträge bezeichnet er „1. Alle jene Verträge, in welchen eine Leistung bedungen wird, welche sich in objectiver Weise als eine unerlaubte Handlung charakterisiert, so z.B. der Vertrag, wodurch sich jemand verpflichtet, einen Anderen zu ermorden, oder eine unsittliche Handlung zu begehen. 2. Unerlaubt sind auch jene Verträge, durch welche zwar an sich erlaubte Leistungen bedungen werden, denen aber ein für beide Theile erkennbarer, wenn auch entfernterer Zweck zu Grunde liegt, welcher darauf gerichtet ist, daß etwas Unerlaubtes gefördert werde. 3. Zu den unerlaubten Verträgen müssen ferner alle Jene gerechnet werden, in deren Abschluss eine strafbare Handlung liegt"[210]. Zu den Verträgen der Ziffer 1 verweist Hasenöhrl auf D 17, 1, 6, 3 und D 17, 1, 22, 6, ferner auf D 45, 1, 27 p, D 45, 1, 123 und I 3, 26, 7[211]; zur Verdeutlichung der Verträge mit einem unsittlichen Zweck nach Ziffer 2 zitiert er C 8, 38 (39), 2, den Vertrag über eine Scheidung, D 45, 1, 19, die Strafstipulation für eine Ehescheidung sowie D 2, 14, 7, 3, das Versprechen, keine Straftat zu begehen[212]. Erst unter Ziffer 4 nennt er dann einzelne konkrete Beispiele sittenwidriger Rechtsgeschäfte, unter anderem auch die in § 879 ABGB erwähnten. Auch hier bezieht er sich in den Fußnoten, soweit möglich, auf die entsprechenden Fundstellen im Codex und in den Digesten: Bei der durch § 879 Ziff. 3 ABGB verbotenen Übernahme eines Prozesses durch den Anwalt selbst erinnert er an das im römischen Recht untersagte pactum de quota litis, das Versprechen eines Teils des Prozeßgewinns, D 17, 1, 7 und D 50, 13, 1, 12[213]. Das Verbot der Veräußerung einer zu erwartenden Erbschaft nach § 879 Ziff. 4 ABGB belegt er in der Anmerkung mit

---

209 Hasenöhrl, Oesterreichisches Obligationenrecht, 1. Bd., § 31, S. 392/393

210 Hasenöhrl, a.a.O., § 31, S. 393/394

211 D 17, 1, 6, 3 und D 17, 1, 22, 6: siehe S. 13;
D 45, 1, 27 p: siehe Anm. 31, S. 7;
D 45, 1, 123: siehe Anm. 33, S. 7;
I 3, 26, 7: siehe Anm. 3, S. 2;
Hasenöhrl, a.a.O., § 31, Anm. 11, S. 393

212 C 8, 38 (39), 2: siehe Anm. 25, S. 43;
D 45, 1, 19: Si stipulatio facta fuerit: ‚Si culpa tua divortium factum fuerit, dari? ', nulla stipulatio est, quia contenti esse debemus poenis legum comprehensis: nisi si et stipulatio tantundem habeat poenae, quanta lege sit comprehensa.
D 2, 14, 7, 3: Si ob maleficium ne fiat promissum sit, nulla est obligatio ex hac conventione.
Hasenöhrl, a.a.O., § 31, Anm. 12, S. 393 und Anm. 14, S. 394

213 D 17, 1, 7: siehe Anm. 2, S. 39;
D 50 13, 1, 12: Litis causa malo more pecuniam tibi promissam ipse quoque profiteris. sed hoc ita ius est, si suspensa lite societatem futuri emolumenti cautio pollicetur.
Hasenöhrl, a.a.O., § 31, Anm. 25, S. 396

D 39, 5, 29, 2 und C 2, 3, 30[214], wo das pactum de hereditate tertii für unerlaubt erklärt wird. Zu den sonstigen unzulässigen Verträgen zählt er neben dem Ehemäkler- und Arzthonorarvertrag noch den Vertrag, durch den etwas für den Fall des Rücktritts vom Verlöbnis bedungen wird, unter Hinweis auf D 45, 1, 134 p[215].

Im Kapitel über „Uneigentliche Bedingungen" vertritt Hasenöhrl einleitend die schon bei einigen Pandektisten zu lesende Auffassung, daß es bei den condiciones turpes für die Beurteilung ihrer Zulässigkeit nicht auf den Inhalt der Bedingung, sondern auf den Charakter des Vertrags ankomme, dem die Bedingung beigesetzt sei: „Eine Bedingung ist ihres Inhaltes wegen an und für sich weder erlaubt noch unerlaubt, sie wird dies vielmehr nur durch ihre Beziehung zum Inhalt des ganzen Vertrages, indem derselbe durch ihre Beisetzung einen Charakter annehmen kann, welcher ihn zu einem unerlaubten Vertrage stempelt. Man sollte also streng genommen, nicht von unerlaubten Bedingungen sprechen, sondern nur von unerlaubten Verträgen, doch ist es üblich, auch die Bedingung, deren Beisetzung den Vertrag zu einem unerlaubten macht, als unerlaubte Bedingung zu bezeichnen"[216]. Im folgenden hebt er als die wichtigsten Fallgruppen unerlaubter Bedingungen hervor: „1. Bedingungen, welche in solcher Weise beigesetzt sind, daß der Vertrag dadurch etwas Unerlaubtes oder Unsittliches fördert, wie z.B. die Zusicherung eines Vorteils unter der Bedingung, eine unerlaubte Handlung zu begehen"; in der Fußnote nennt er als die entsprechenden Quellen im Corpus Juris D 7, 8, 8, 1, C 6, 25, 5 sowie D 45, 1, 35, 1 und 123[217]. 2. kann nach der Einteilung Hasenöhrls die Bedingung auch dann zu einer unerlaubten werden, wenn durch den Vertrag ein sittliches und erlaubtes Verhalten gefördert wird. Dieser Fall wird deutlicher durch die Beifügung von D 2, 14, 7, 3[218] in der Fußnote: Wer etwas dafür

214 D 39, 5, 29, 2: siehe Anm. 87, S. 17;
C 2, 3, 30: siehe Anm. 29, S. 96/97;
Hasenöhrl, a.a.O., § 31, Anm. 27, S. 396

215 D 45, 1, 134 p: siehe Anm. 36, S. 8;
Hasenöhrl, a.a.O., § 31, Anm. 29, S. 397

216 Hasenöhrl, a.a.O., § 38 V, S. 483/484

217 D 7, 8, 8, 1: Sed si usus aedium mulieri legatus sit ea condicione 'si a viro divortisset', remittendam ei condicionem et cum viro habitaturam, quod et Pomponius libro quinto probat.

C 6, 25, 5: siehe Anm. 109, S. 20;
D 45, 1, 35, 1: siehe Anm. 25, S. 5;
D 45, 1, 123: siehe Anm. 33, S. 7;
Hasenöhrl, a.a.O., § 38 V, Anm. 53, S. 484

218 D 2, 14, 7, 3: Si ob maleficium ne fiat promissum sit, nulla est obligatio ex hac conventione.
Hasenöhrl, a.a.O., § 38 V, Anm. 55, S. 484

verspricht, daß der Vertragspartner kein Verbrechen begeht, ist aus dieser Vereinbarung zu nichts verpflichtet, da es als unsittlich angesehen wird, wenn sich der Vertragspartner ein ohnehin gebotenes Verhalten abkaufen läßt.

Unger unterscheidet im Paragraphen über „Bedingungen" in seinem System des österreichischen Privatrechts zwei Arten unerlaubter Bedingungen. Die erste Gruppe bilden jene, „welche für jemanden die Erlangung eines Vortheils oder die Abwendung eines Nachtheils an die Begehung einer widerrechtlichen oder unsittlichen Handlung oder an die Unterlassung einer rechtlich oder sittlich gebotenen Handlung knüpfen"[219]; in der dazugehörigen Fußnote zitiert er D 28, 7, 14 und 15[220]. Zur Kennzeichnung der zweiten Erscheinungsform unerlaubter Bedingungen bezieht er sich auf „Handlungen, welche nicht schon an sich rechtswidrig oder unsittlich sind, welche aber dadurch einen verwerflichen Charakter erlangen, daß sie unter gewissen Umständen zur Bedingung eines Rechtsgeschäfts gemacht werden: solche Bedingungen werden, obgleich sie nicht auf etwas an sich Rechtswidriges oder Unsittliches gerichtet sind, durch die besondere Gestaltung des Falles zu unerlaubten"[221]. Als derartige Fälle zählt er auf die Bedingung, wenn sich jemand das Unterlassen einer strafbaren Handlung abkaufen läßt, wobei er zur Verdeutlichung auf D 2, 14, 7, 3 verweist[222], ferner die Bedingung der Ehelosigkeit, das Versprechen einer Konventionalstrafe für den Fall der Unterlassung einer bestimmten Ehe (D 45, 1, 134 p[223]) sowie je nach Sachlage die Religionsbedingung.

Die ausführliche Darstellung dessen, was Hasenöhrl und Unger zum Problem der sittenwidrigen Rechtsgeschäfte und Bedingungen erörtern, soll verdeutlichen, daß bei ihnen das Allgemeine Bürgerliche Gesetzbuch sowohl systematisch wie auch inhaltlich kaum in Erscheinung tritt, sondern die eigenen Begriffsbildungen sowie die Verweisungen auf das römische Recht im Vordergrund stehen. Während Koch, Plathner und Gruchot zwar ebenfalls das römische Recht berücksichtigen, dabei aber das Allgemeine Landrecht von Preußen als Gerüst und Material für die unehrbaren Verträge und Bedingungen mit verwenden, verliert bei Hasenöhrl und Unger das Allgemeine Bürgerliche Gesetzbuch Österreichs seine

---

219 Unger, Österreichisches Privatrecht, 2. Bd., § 82, S. 84

220 Unger, a.a.O., § 82, Anm. 97, S. 84:
D 28, 7, 14: Condiciones contra edicta imperatorum aut contra leges aut quae legis vicem optinent scriptae vel quae contra bonos mores vel derisoriae sunt aut huiusmodi quas praetores improbaverunt pro non scriptis habentur et perinde, ac si condicio hereditati sive legato adiecta non esset, capitur hereditas legatumve.
D 28, 7, 15: siehe Anm. 19, S. 4

221 Unger, a.a.O., § 82, S. 85

222 Unger, a.a.O., § 82, Anm. 102, S. 85:
D 2, 14, 7, 3: siehe Anm. 28, S. 96

223 Unger, a.a.O., § 82, Anm. 110, S. 86:
D 45, 1, 134 p: siehe Anm. 36, S. 8

eigenständige Bedeutung. Der Grund dieses Unterschieds besteht wohl darin, daß Hasenöhrl und Unger nicht so sehr – wie die genannten Juristen des ALR – als Kommentatoren des ABGB in Erscheinung treten, sondern in erster Linie als die wichtigsten Vertreter der historischen romanistischen Rechtsschule Österreichs anzusehen sind[224]. Koch, Plathner, Gruchot und Heydemann sind zwar von der Pandektistik beeinflußt, ihr vornehmlicher Untersuchungsgegenstand bleibt trotzdem das ALR, da das römische Recht von den eigentlichen Autoren des Historismus bearbeitet wird. Bei Hasenöhrl und Unger bildet das ABGB dagegen – zumindest aus der Sicht der sittenwidrigen Rechtsgeschäfte – nur den Titel, in der Darstellung der moralisch fehlerhaften Verträge und Bedingungen kommt es selbst kaum zur Geltung.

Aus diesem Umstand, daß Hasenöhrl und Unger die wichtigsten Autoren der österreichischen Pandektistik darstellen, erklärt sich auch der Gegensatz zur Darstellung der sittenwidrigen Rechtsgeschäfte bei Zeiller, Nippel und Winiwarter: Diese bilden die sog. exegetische Rechtsschule, für die das Gesetz die oberste Richtschnur bildet[225]. Demgemäß beschränken sie sich bei den unsittlichen Verträgen auf eine bloße Wiederholung und Motivierung der in § 879 ABGB niedergelegten Verbote, ohne eine eigene Aussage und Erklärung vorzubringen. Der Gegensatz Ungers und Hasenöhrls zu dieser bloßen Exegetik und ihr Wille, das ABGB im Sinne der Pandektistik zu reformieren, kommt dann auch bei der Darstellung der sittenwidrigen Rechtsgeschäfte und Bedingungen entsprechend zum Ausdruck: § 878 und die Kasuistik des § 879 ABGB sind kaum mehr erwähnt, es dominieren die eigenen Begriffsbestimmungen und ihr Beleg mit den Fundstellen des Corpus Juris.

C. Höchstrichterliche Rechtsprechung

Die Schwierigkeit, allgemeine Kriterien für die Sittenwidrigkeit eines Rechtsgeschäfts zu entwickeln, und die damit verbundene Neigung, den moralischen Fehler eines Rechtsgeschäfts von Fall zu Fall nachzuprüfen, finden ihren Niederschlag in der erheblichen Anzahl obergerichtlicher Urteile zu diesem Problemkreis. Dabei interessiert im Rahmen des Themas zunächst die der Rechtsprechung zugrundeliegende Kasuistik, die Frage also, bei welchen Sachverhalten man einen Sittenverstoß in Erwägung zieht, insbesondere im Vergleich zu den bisher in der Literatur und den Gesetzen genannten sittenwidrigen Rechtsgeschäften. Diese Untersuchung beschränkt sich auf die wichtigen, immer

224 Ogris, Österreichische Privatrechtswissenschaft, Kap. III, S. 9 f.

225 Ogris, a.a.O., Kap. II, S. 8

wieder behandelten Fälle, also auf die wesentlichen Problemkreise, und vernachlässigt daher spezielle Sachverhalte, die nur einmal zur höchstrichterlichen Entscheidung gelangten. In einem weiteren Abschnitt soll dann noch erörtert werden, inwieweit sich die Obergerichte mit dem Begriff der guten Sitten auseinandersetzen und sie neben der bloßen Würdigung des der Beurteilung vorliegenden Falles noch grundsätzliche Erwägungen zu den allgemeinen Kriterien der Sittenwidrigkeit treffen. Die Frage nach der Generalklausel entfällt bei der Erörterung der Rechtsprechung ebenso wie das Untersuchungskriterium der Fallgruppenbildung, da den betreffenden Gerichten eben nur Einzelfälle zur Beurteilung vorliegen.

1. Hauptfälle sittenwidriger Rechtsgeschäfte

Einen ersten wichtigen Bereich der immer wieder unter dem Gesichtspunkt der Sittenwidrigkeit erörterten Rechtsgeschäfte bilden solche, die gegen die Ehe und Familienordnung verstoßen. Dazu zählen unbestritten die Geldversprechen, mit denen eine Frau zum Geschlechtsverkehr[226] oder zur Fortsetzung eines bestehenden Konkubinats[227] überredet werden soll. Ein Geldversprechen, mit denen sich ein Ehebrecher das Stillschweigen des Ehemannes erkauft, hält das OAG Celle[228] für turpis, setzt sich mit dieser Auffassung jedoch in Widerspruch zu den OAG Kassel[229] und Kiel[230] sowie zum Obertribunal Berlin[231], wonach eine derartige Vereinbarung lediglich als Ausgleich für die dem Ehemann entstandenen Unannehmlichkeiten anzusehen ist. Bei den Verträgen über das sog. Schweigegeld bezüglich der Vaterschaft außerehelicher Kinder, Abmachungen also, mit denen die Mutter eines unehelichen Kindes gegen Entgelt zum Verschweigen des Vaters verpflichtet werden soll, vermutet der Oberste Gerichtshof für Bayern dann ein Unrecht oder eine Unsittlichkeit, wenn damit die Rechte des Kindes verletzt oder gefährdet werden[232].

Ausnahmslos als sittenwidrig werden die unter Ehegatten getroffenen Abreden angesehen, in denen eine Trennung der Ehe vertraglich vereinbart wird. Dies gilt einmal von Verträgen, in denen die Ehescheidung durch Versprechungen

---

226 RG 22.7.97, Seuff.Arch. LIII, S. 143;
OLG Braunschweig 19.11.86, Seuff.Arch. XLII, S. 279

227 RG 17.2.94, Bolze XVIII, Nr. 307, S. 181 (182)

228 OAG Celle 22.2.53, Seuff.Arch. VIII, S. 173/174

229 OAG Kassel 16.1.47, Seuff.Arch. III, S. 27/28

230 OAG Kiel 5.1.48, Seuff.Arch. X, S. 192/193

231 Obtrib. Berlin 7.5.61, Seuff.Arch. XVI, S. 51–53

232 Oberster Gerichtshof für Bayern 14.12.78, Seuff.Arch. XXXIV, S. 280/281

irgendwelcher materieller Vorteile veranlaßt oder zusätzlich bekräftigt wird[233], aber auch von solchen, die ohne irgendeine Verknüpfung mit pekuniären Zusicherungen eine Entbindung von der ehelichen Treue enthalten[234].

Bei den Verträgen, in denen die Ehegatten das Erziehungsrecht über ihre Kinder auf den einen von ihnen übertragen und der andere darauf verzichtet, ändert das Reichsgericht seine Auffassung: In einem Urteil vom 22.4.1882 sieht es zwar nicht im Abschluß eines solchen Vertrages, aber in seiner Durchführung mittels Rechtszwangs einen Verstoß gegen die guten Sitten[235] und auch noch 1886 betrachtet es das Erziehungsrecht als ein gemeinschaftliches Recht beider Eltern, auf das ein Elternteil nicht ohne weiteres verzichten kann[236]. Aber bereits 1888 werden die Verträge geschiedener Ehegatten über die Erziehung ihrer Kinder ausdrücklich nicht mehr als gegen die guten Sitten verstoßend angesehen, sie haben nach Ansicht des Reichsgerichts jedoch nur unter der Voraussetzung bindende Wirkung, daß das Wohl der Kinder gewährleistet ist[237]. In einem Urteil vom 11.6.1896 bejaht das Reichsgericht letztlich ohne jede Einschränkung die rechtliche Wirksamkeit derartiger Verträge[238].

Zur Kategorie der Rechtsgeschäfte, die einen Verstoß gegen die Grundsätze der Ehe und Familienordnung enthalten können, gehören schließlich noch die Verträge, in denen für das Zustandekommen einer Ehe ein Honorar ausbedungen wird. Das Reichsgericht spricht sich ursprünglich gegen die Klagbarkeit des Ehemakellohns aus, in einem Urteil wegen der „Gefährdung der Ehe in Rücksicht auf deren sittliche und soziale Bedeutung"[239], in einem anderen Urteil unter der Voraussetzung, daß „die in Aussicht genommene Ehe nur als Geldgeschäft ins Auge gefaßt und behandelt und dies dem Vermittler auch zu erkennen gegeben wird"[240]. In einer späteren Entscheidung vertritt das Reichsgericht dann aber ohne Einschränkung die Ansicht, daß der objektive Inhalt eines derartigen Geschäfts keinen Sittenverstoß enthalte[241]. Von den Berufungsgerichten hält lediglich das OLG Köln wegen der Gefahr, daß sich der

233 RG 1.12.90, Bolze XI, Nr. 256, S. 127;
Obtrib. Stuttgart 9.5.54, Seuff.Arch. VIII, S. 34/35;
Oberhofgericht Mannheim 17.1.51, Seuff.Arch. XIII, S. 168/169;
AG Celle 21.6.70, Seuff.Arch. XXIV, S. 373/374;
OLG Karlsruhe 16.6.93, Hachenburg-Rspr., 2. Bd., § 1133, Nr. 13, S. 102/103

234 ByObLG 27.10.88, Seuff.Arch. XLIV, S. 169/170

235 RG 22.4.82, RGZ 10/S. 115, 116

236 RG 21.12.86, RGZ 17/S. 129, 130

237 RG 4.5.88, Seuff.Arch. XLIII, S. 419

238 RG 11.6.96, RGZ 37/S. 189–191

239 RG 7.1.90, RGZ 25/S. 340, 341

240 RG 21.3.90, Hachenburg-Rspr., 2. Bd., § 1133, Nr. 2, S. 98

241 RG 13.5.92 Seuff.Arch. XLVIII, S. 31–33

Ehemäkler zur Erreichung des Geschäftszwecks verwerflicher Mittel bediene, an der Sittenwidrigkeit derartiger Vermittlungsgeschäfte fest[242]; im übrigen läßt die Rechtsprechung diese Verträge gelten, zumindest soweit keine unseriösen Geschäftspraktiken zur Anwendung kommen[243]. Von diesen Rechtsgeschäften gegen die Ehe und die Familienordnung sind nur die Ehemäklerverträge im ABGB wegen zu befürchtender falscher und listiger Angaben der Vermittler verboten; alle anderen von den Obergerichten behandelten Fälle sind bisher weder in der Kasuistik der Literatur noch der Gesetze vorgekommen.

Das gleiche gilt für eine weitere Gruppe von moralisch bedenklichen Rechtsgeschäften, die der wirtschaftlichen Freiheit des einzelnen irgendwelche Beschränkungen auferlegen. Dazu zählen vor allem die Abreden, in denen sich Angestellte oder Gesellschafter bei ihrem Ausscheiden aus einem Betrieb vertraglich und unter Konventionalstrafe verpflichten, zu ihren ehemaligen Unternehmen nicht in Konkurrenz zu treten. Derartige Übereinkommen sind nach der Rechtsprechung allerdings nicht generell unzulässig, sondern nur soweit die Freiheit des einzelnen hinsichtlich seiner wirtschaftlichen Initiativen allzusehr eingeengt sind, wobei die Grenzen freilich sehr schwierig festzustellen sind. Nach dem Reichsgericht „enthält der Grundsatz, daß die persönliche Freiheit und Erwerbsfähigkeit des einzelnen nicht übermäßig beschränkt und nur ein begründetes Interesse geschützt werden darf, nur das dehnbare Prinzip, nach welchem im Einzelfall zu beurteilen ist, ob die Vereinbarungen der Parteien sich nach der konkreten Sachlage innerhalb gesetzlicher Grenzen gehalten haben. Eine absolute Schranke ergibt sich jedoch daraus, daß durch solche Verträge die Erwerbsfreiheit des einzelnen nur beschränkt, nicht für immer im ganzen oder in einzelnen Richtungen vernichtet werden darf; denn es folgt hieraus die Unzulässigkeit vertragsmäßiger Konkurrenzverbote ohne jede Beschränkung und Begrenzung nach Zeit und Ort"[244]. Demgemäß erklären mehrere Urteile Vereinbarungen, die zeitlich unbeschränkte oder sich auf ganze Länder oder Kontinente erstreckende Konkurrenzverbote vorsehen, für sittenwidrig[245] oder gegen die öffentliche Ordnung verstoßend[246]. Die Grenzen und Kriterien für das Übermaß einer solchen Vereinbarung lassen sich nur an Hand der Umstände des jeweiligen Einzelfalles bestimmen, wie die große Anzahl der sich mit diesem

242 OLG Köln 21.6.88, ZFC XXI, S. 88

243 Obtrib. Stuttgart 29.5.58, Seuff-Arch. XIII, S. 19–21;
OAG Lübeck 19.12.59, Seuff.Arch. XIV, S. 195–197;
AG Celle 13.11.77, Seuff.Arch. XXXIII, S. 173

244 RG 19.5.93, RGZ 31/S. 97 (99)

245 RG 19.1.89, Bolze VII, Nr. 531, S. 196/197;
RG 21.11.91, Bolze XIII, Nr. 398, S. 208/209;
ROHG 21.10.76, ROHG-Urteilssammlung Bd. 21, S. 262/263

246 RG 21.2.87, Bolze IV, Nr. 671, S. 205/206

Problem befassenden Urteile beweist[247]; dabei werden selbst Konkurrenzverbote, die für 10[248] oder 20[249] Jahre gelten oder sich auf ganz Deutschland beziehen, für gültig erklärt, wenn sie nur keine totale Aufgabe der wirtschaftlichen Freiheit für den Betroffenen bedeuten. Das Reichsoberhandelsgericht begründet die Unwirksamkeit einer völligen Entäußerung der wirtschaftlichen Freiheit mit I 4 § 13 ALR, wonach niemand durch Willenserklärungen zur Sklaverei verpflichtet werden kann[250].

Die Verträge über die Erbschaft eines Dritten, die schon nach dem Corpus Juris zu den Rechtsgeschäften contra bonos mores zählen und deren Gültigkeit immer bestritten blieb, beurteilt das Reichsgericht nach wie vor entsprechend dem römischen Recht, „da sich durchaus nicht erkennen läßt, daß die römische Auffassung von der Impietät derselben unseren Anschauungen fremd sei. Im Gegenteil wird man nicht fehl greifen, wenn man auch jetzt noch derartige Verträge ohne Einwilligung des Dritten für den guten Sitten widersprechend erachtet"[251]. Die wohl überwiegende Anzahl der zu diesem Problemkreis ergangenen Urteile kommt zum gleichen Ergebnis[252]. Das Obertribunal Stuttgart[253] und das OAG Kassel[254] vertreten dagegen die Ansicht, daß die moralischen Einwände gegen diese Rechtsgeschäfte in den Volksansichten und Rechtsanschauungen keine Stütze mehr finden würden. Das OAG Dresden bejaht die Gültigkeit derartiger Rechtsgeschäfte im Hinblick auf die sächsische Praxis,

---

247 RG 24.5.92, Bolze XIII, Nr. 400, S. 210;
ROHG 5.11.72, ROHG-Urteilssammlung Bd. 7, S. 418 f.;
ROHG 5.12.73, ROHG-Urteilssammlung Bd. 12, S. 29/30;
ROHG 3.3.75, ROHG-Urteilssammlung Bd. 16, S. 160 f.;
RG 5.12.79, RGZ 1/S. 22/23;
RG 20.10.80, RGZ 2/S. 119 f.;
AG Celle 14.7.71, Seuff.Arch. XXVI, S. 24 f.;
Obtrib. Berlin 27.9.77, Seuff.Arch. XXXIV, S. 159/160

248 RG 8.7.86, Bolze III, Nr. 656, S. 190/191

249 ROHG 21.11.74, ROHG-Urteilssammlung Bd. 15, S. 163/164

250 ROHG 14.5.75, ROHG-Urteilssammlung Bd. 18, S. 101 (104)

251 RG 19.4.81, RGZ 4/S. 125 (127);
sinngemäß ebenso RG 30.4.86, RGZ 15/S. 325 (326) und RG 27.5.98, Seuff.Arch. LIV, S. 53/54

252 OAG Lübeck 5.5.46, Seuff.Arch. II, S. 392;
OAG Celle 24.11.51, Seuff Arch. VIII, S. 220/221;
OAG Lübeck 31.3.57, Seuff.Arch. XIII, S. 205 f.;
AG Celle 16.5.74, Seuff.Arch. XXX, S. 72/73;
ByObLG 16.10.75, Seuff.Arch. XXXI, S. 317;
OAG Dresden 11.10.78, Seuff.Arch. XXXVI, S. 193;
ByObLG 1.3.86, Seuff.Arch. XLI, S. 393/394

253 Obtrib. Stuttgart 14.6.36, Seuff.Arch. I, S. 257/258

254 OAG Kassel 25.6.61, Seuff.Arch. XIV, S. 365/366

die derartige Vereinbarungen angeblich anerkenne[255]. Andere Gerichte stützen sich zur Begründung der Wirksamkeit dieser Rechtsgeschäfte auf die deutschrechtliche Gültigkeit der Erbverträge und damit auch der Verträge über die Erbschaft eines noch lebenden Dritten[256].

Schmuggelverträge, die ausländische Zollgesetze umgehen, verstoßen nach dem Reichsgericht[257] und dem OLG Stuttgart[258] gegen die guten Sitten. Dagegen glaubt das OAG Lübeck, „daß in der Handelswelt derartige Verträge nicht als contra bonos mores angehend, angesehen werden“[259]. Es deutet sich hier erstmals eine Differenzierung der sittlichen Anschauungen nach den am Rechtsgeschäft beteiligten Personenkreisen an. Wenn das OAG Lübeck dazu auch keine weiteren Ausführungen bringt, kann man dem Urteil doch entnehmen, daß es bei der Frage nach der Sittenwidrigkeit eines Rechtsgeschäfts nicht auf die allgemeinen moralischen Ansichten ankommen darf, sondern auf die speziellen eines bestimmten Standes oder Berufszweiges.

Unter dem Gesichtspunkt der Sittenwidrigkeit werden auch noch Verträge behandelt, die die Bevorzugung einzelner Gläubiger bei Zahlungsverlegenheit des Schuldners bezwecken. Schließt der Schuldner mit seinen Gläubigern ein Abkommen, wonach die Gläubiger nur mit einem Teil ihrer Forderungen befriedigt werden und der Rest erlassen wird, besteht die Frage nach der Wirksamkeit einer Abrede des Schuldners mit einem der Gläubiger, daß dieser trotz des scheinbaren Erlasses in Wirklichkeit doch den ganzen Betrag seiner Forderung oder doch einen größeren Teil als andere Gläubiger erhalten soll. Während das OAG Darmstadt eine solche Vereinbarung ohne Einschränkung als schändlich und rechtswidrig ansieht[260], versagt das Reichsgericht dieser Abrede die Wirksamkeit nur, wenn damit eine arglistige und rechtswidrige Beschädigung der anderen Gläubiger verbunden ist[261].

Zahlreiche Urteile der Obergerichte erklären Verträge für unsittlich, in denen anläßlich einer öffentlichen Versteigerung eine Vertragspartei der anderen eine Geldsumme dafür verspricht, daß diese von ihrem Recht des Mitbietens Abstand

---

255 OAG Dresden 1.9.64, Seuff.Arch. XX, S. 83

256 OAG Wiesbaden 10.9.52, Seuff.Arch. XIII, S. 59; Obtrib. Berlin 28.11.76, Seuff.Arch. XXXII, S. 325/326

257 RG 5.11.98, RGZ 42/S. 295 (297)

258 OLG Stuttgart 25.9.91, Seuff.Arch. XLIX, S. 153 (154/155)

259 OAG Lübeck 14.6.66, Seuff.Arch. XXI, S. 54 (57)

260 OAG Darmstadt 13.11.69, Seuff.Arch. XXIV, S. 283

261 RG 9.11.81, RGZ 6/S. 227 (229); RG 30.6.80, Seuff.Arch. XXXVI, S. 256; RG 27.6.94, Bolze XIX, Nr. 379, S. 208

nimmt[262]. Zur Begründung der Unwirksamkeit dieser pacta de non licitando wird angeführt, daß sie den Zweck einer Versteigerung, nämlich durch freie Konkurrenz der Interessenten möglichst sicher den objektiven Wert der zu veräußernden Sachen zu ermitteln, geradezu vereiteln und die Vermögensrechte Dritter gefährden[263]. Das Reichsgericht ist dagegen der Ansicht, daß diese Verträge nur dann unwirksam seien, „wenn die besondere Beschaffenheit des einzelnen Falles, sein Anlaß, Inhalt und Zweck, ihn zu einem sog. pactum turpe stempelt"[264].

Die sittenwidrigen Bedingungen bilden nur noch ganz selten den Gegenstand richterlicher Beurteilung. Das Reichsgericht erklärt einmal die Religionsbedingung für unsittlich, falls sie in der Absicht der Beeinflussung der Gewissensfreiheit gesetzt wird[265]; ähnlich beurteilt das OAG Wolfenbüttel die Testamentsbedingung, die Kinder in einer bestimmten Religion zu erziehen[266].

Die in diesem Abschnitt zitierten Urteile kennen keinen allgemeinen rechtlichen Maßstab, nach dem sie ein Rechtsgeschäft als sittenwidrig qualifizieren; sie bemühen sich weder um einen generellen Begriff der guten Sitten noch um eine Aufstellung von Fallgruppen, in die sie die strittigen Verträge einordnen könnten. Die Sittenwidrigkeit der Rechtsgeschäfte wird entweder, soweit dies wie etwa bei den Verträgen über die Erbschaft eines Dritten möglich ist, nach römischem Recht beurteilt, oder durch bloße Verweisung auf I 4 §§ 7 f. ALR oder im Regelfall einfach auf Grund einer moralischen Wertung festgestellt. Die Bedeutung der zitierten Urteile im Hinblick auf die historische Entwicklung der Lehre von der Sittenwidrigkeit von Rechtsgeschäften liegt allein in ihrer Kasuistik, die sich von den bisher verwendeten Beispielsfällen deutlich abhebt. Wie dargestellt, orientieren sich sowohl die Juristen der Rezeption und des Usus modernus, aber auch die Pandektisten vorwiegend an den Fundstellen des Corpus Juris; lediglich im Usus modernus läßt sich wie etwa bei den Heirats- und Religionsbedingungen eine Kasuistik beobachten, die entweder neuartig ist oder die römischrechtlichen Beispiele zumindest etwas freier anwendet und insoweit auch von den Pandektisten übernommen wird. Mit Ausnahme des pactum de

262 OAG Wiesbaden 30.1.55, Seuff.Arch. XII, S. 21/22;
OAG Wiesbaden 21.12.58, Seuff.Arch. XVII, S. 318 f.;
OG Wolfenbüttel 20.4.75, Seuff.Arch. XXXI, S. 255/256;
Oberster Gerichtshof für Bayern 12.2.76, Seuff.Arch. XXXI, S. 409;
Oberster Gerichtshof für Bayern 25.5.77, Seuff.Arch. XXXIII, S. 162;
OLG Köln 17.12.84, Hachenburg-Rspr., 1. Bd., § 1133, Nr. 3, S. 210

263 OAG Wiesbaden 21.12.58, Seuff.Arch. XVII, S. 318 f.

264 RG 17.5.87, Seuff.Arch. XLII, S. 14;
RG 24.2.93, Bolze XVI, Nr. 282, S. 171;
OLG Hamburg 24.9.87, Seuff.Arch. XLIII, S. 152/153

265 RG 24.4.88, RGZ 21/S. 279 f.

266 OAG Wolfenbüttel 19.4.33, Seuff.Arch. XII, S. 367/368

hereditate tertii und der Religionsbedingung erinnert dagegen keiner der den Obergerichten vorliegenden Fälle an die bisher übliche Kasuistik. Sie wird nunmehr bestimmt durch die strittig gewordenen Probleme aus der täglichen Praxis des Familien- und Wirtschaftslebens.

2. Inhalt, Motiv und Zweck eines Rechtsgeschäfts als Kriterien der Sittenwidrigkeit

In nur wenigen Fällen begründet das Reichsgericht seine Urteile über die Unsittlichkeit eines Rechtsgeschäfts mit Erörterungen grundsätzlicher Art. Dabei geht es vorwiegend um den Begriff der Sittenwidrigkeit in der speziellen Fragestellung, ob verwerfliche Beweggründe die Unwirksamkeit eines Rechtsgeschäfts herbeiführen können. Das Reichsgericht vertritt dabei ohne Abweichung den Standpunkt, daß es allein auf den Inhalt ankomme und die Motive unbeachtlich seien. In einem Urteil von 1889 hält es ein Darlehen für gültig, das zur Anschaffung eines Bordells gegeben wurde, und schließt sich hinsichtlich der Begründung dem Berufungsgericht an: Die Kenntnis, daß das Darlehen zu dem erwähnten unsittlichen Zweck gegeben wurde, enthalte nur einen unsittlichen Beweggrund zur Eingehung des Darlehensvertrages, während nur die Unsittlichkeit des eigentlichen Verpflichtungsgrundes einem Rechtsgeschäft die Wirksamkeit entziehen könne[267]. Einem Bordellkauf versagt das Reichsgericht 1890 nur dann die Gültigkeit, wenn die Eigenschaft des Hauses als Bordell als Gegenstand der vertraglichen Leistung zu betrachten ist oder wenn das unerlaubte Gewerbe mit dem Haus übertragen wird. Besteht aber die Leistung des Verkäufers lediglich in der Verpflichtung, das Eigentum des Hauses zu übertragen, so liegt ein unerlaubter Verpflichtungsgrund nicht vor, auch wenn die Käufer mit Wissen des Verkäufers die Absicht haben, ein unerlaubtes Gewerbe in dem Haus auszuüben[268]. In dem Urteil, in dem das Reichsgericht 1892 die Honorarvereinbarung eines Ehemäklers für rechtswirksam erklärt, sieht es die Merkmale eines sittenwidrigen Rechtsgeschäfts darin, „daß der objective Inhalt des Geschäfts unter Ausscheidung der subjectiven Seite – der zur Eingehung bestimmenden Beweggründe – einen Verstoß gegen die guten Sitten enthalte. Einen solchen Verstoß enthält das objectiv betrachtete Versprechen eines Maklerlohnes für das Zustandebringen einer Ehe nicht“[269]. Bei der Verbürgung für ein Darlehen zum Betrieb eines Bordells verweist das Reichsgericht 1894 auf die bereits ständige Rechtsprechung zu diesem Problem: „Ist auch die Ausscheidung der subjectiven Seite nicht unbedingt durchführbar, so ist doch auch der Grundsatz nicht allgemein anerkannt, daß die Verwerflichkeit der Gesinnung allein, die sich in

267 RG 10.5.89, Bolze VIII, Nr. 359, S. 164/165

268 RG 22.4.90 Bolze X, Nr. 357, S. 186/187

269 RG 13.5.92, Seuff.Arch. XLVIII, S. 31 (32)

einem Rechtsgeschäft verrathe, an sich schon die Nichtigkeit begründe; im Gegentheil gehen Entscheidungen oberster Gerichtshöfe davon aus, für die Prüfung der Frage, ob das Geschäft als unsittlich mit der Wirkung der Nichtigkeit zu erachten sei, den eigentlichen Gegenstand des Geschäfts von den Beweggründen, welche zu seinem Abschluß geführt, und von den Zwecken, welche damit verfolgt werden, zu sondern und nur den Leistungsinhalt selbst unter die Probe zu stellen“[270]. Damit kann die Bestimmung des Darlehens zu einer wider die Sittlichkeit verstoßenden Verwendung die Nichtigkeit des Vertrags also nicht begründen. Dagegen erachtet das Reichsgericht einen Vertrag, auf Grund dessen Häuser zum Bordellbetrieb vermietet werden, für sittenwidrig, da hier das Moment der Unsittlichkeit in die dem Vermieter obliegende Vertragsleistung aufgenommen werde[271]. Mit dieser objektiven Betrachtungsweise stellt sich das Reichsgericht in Gegensatz zur überwiegenden Lehre der Pandektisten, die auch die Motive und Beweggründe als Kriterien der Sittenwidrigkeit eines Rechtsgeschäfts einbezogen haben.

Keine einheitliche Rechtsprechung besteht dagegen in der Frage, ob ein unsittlicher Zweck einem Rechtsgeschäft die Wirksamkeit entzieht. Das sog. pactum de non licitando, den vertraglichen Verzicht auf das Mitbieten in einer Versteigerung, hält das Reichsgericht in zwei Entscheidungen von 1887 und 1893 nur dann für einen sittlich verwerflichen Vertrag, „wenn die besondere Beschaffenheit des einzelnen Falles, sein Anlaß, Inhalt und Zweck, ihn zum pactum turpe macht“[272]. In dem schon besprochenen Urteil über die Bürgschaft für ein Darlehen zu einem Bordellbetrieb vertritt das Reichsgericht 1894 dagegen die bereits zitierte Auffassung, den eigentlichen Gegenstand des Geschäfts von den Beweggründen und von seinen Zwecken zu unterscheiden und nur den Leistungsgegenstand selbst unter die Probe zu stellen[273]. Dieser Ansicht schließt sich nahezu wörtlich an das Bayerische Oberste Landesgericht in einem Urteil von 1896 über eine Sozietät zum Erwerb eines Bordells[274].

Soweit sich die Oberappellationsgerichte mit diesem Problem auseinandersetzen, halten sie den Zweck eines Rechtsgeschäfts für ein wichtiges Kriterium in der Beurteilung der Sittenwidrigkeit. Als Fälle derartiger Rechtsgeschäfte mit einem unsittlichen Zweck werden in den Urteilen behandelt ein Vertrag, in dem eine Partei der anderen verspricht, einen Dritten zur Errichtung einer letztwilligen Verfügung zugunsten des Versprechensempfängers zu bestimmen[275], oder ein

---

270 RG 21.3.94, Seuff.Arch. XLIX, S. 402 (403)

271 RG 7.12.96, RGZ 38/S. 199 (201)

272 RG 17.5.87, Seuff.Arch. XXXIII, S. 14;
RG 24.2.93, Bolze XVI, Nr. 282, S. 171

273 RG 21.3.94, Seuff.Arch. XLIX, S. 402 (403)

274 ByObLG 8.1.96, Seuff.Arch. LI, S. 396

275 OLG Celle 8.7.95, Seuff.Arch. LI, S. 397

Geldversprechen an die Mutter eines außerehelichen Kindes für die Zusage, nicht den Promittenten, sondern einen Dritten als den Vater anzugeben[276]. In der Beurteilung eines Kaufvertrags, in dem ein Ehemann Immobilien veräußert, um mit dem Erlös die Reise zum Verlassen seiner Ehefrau zu finanzieren, unterscheidet das OLG Stuttgart 1888 den mittelbaren und unmittelbaren Zweck eines Geschäfts: Mittelbare, also ganz entfernte, bloß mögliche oder vorübergehende Zwecke seien regelmäßig nicht zu beachten; wenn jedoch der unmittelbare und nächste Zweck eines Geschäfts auf etwas gerichtet sei, was der Sittlichkeit zuwiderlaufe, so müsse das Recht einem solchen Geschäft von sich aus die Wirksamkeit versagen, allerdings unter der aus Gründen der Rechtssicherheit erforderlichen Einschränkung, daß dieser unsittliche Zweck auch dem Vertragsgegner erkennbar sei[277].

Die Urteile dieses Abschnitts, die in grundsätzlicher Weise auf das Problem der Sittenwidrigkeit bei Rechtsgeschäften eingehen, datieren nahezu alle aus den letzten zehn Jahren vor der Jahrhundertwende. Die ältere Rechtsprechung begnügt sich mit der Feststellung der Sittenwidrigkeit von Fall zu Fall unter vorwiegend moralischen Gesichtspunkten. Aber auch bei den zuletzt besprochenen Urteilen ist nicht zu übersehen, daß sich weder das Reichsgericht noch die Berufungsgerichte um eine allgemeine Definition der Sittenwidrigkeit bemühen, vergleichbar der später entwickelten Formel vom Verstoß gegen das Rechtsgefühl aller billig und gerecht Denkenden. Das Problem, ob ein sittenwidriger Beweggrund oder Zweck dem Rechtsgeschäft die Gültigkeit versagt, ist nur ein Teilaspekt, der ein allgemeines Kriterium für den Sittenverstoß noch nicht ersetzen kann. Die Hauptbedeutung der ganzen Urteile für die Entwicklung der sittlich fehlerhaften Rechtsgeschäfte bleibt in der veränderten Kasuistik, die nicht mehr die Fälle aus dem Corpus Juris, sondern die moralisch strittigen Verträge des realen Wirtschafts- und Familienlebens widerspiegelt.

D. Wucherische Rechtsgeschäfte

Hinsichtlich der Wuchergesetzgebung läßt sich das 19. Jahrhundert zumindest für den deutschen Rechtsraum in drei Perioden einteilen[278]. Im ersten Abschnitt, von der Jahrhundertwende bis etwa 1860, begnügen sich die Gesetze damit, den

276 OAG Jena 7.8.45, Seuff.Arch. XX, S. 184

277 OLG Stuttgart 3.7.88, Seuff.Arch. XLVI, S. 278

278 Für den Geltungsbereich des Allgemeinen Bürgerlichen Gesetzbuchs Österreichs treffen diese Einteilung: Stubenrauch, ABGB, 2. Bd., §§ 993/994, S. 205 f.; Schey, Obligationsverhältnisse, 1. Bd., 1. Heft, § 19, S. 137 f. Diese Periodisierung paßt jedoch prinzipiell auch für die Wuchergesetzgebung der deutschen Länder.

Wucher mit der Festsetzung eines Zinsmaximums bei Darlehensverträgen in Schranken zu halten. Das Allgemeine Landrecht für die Preußischen Staaten bestimmt, daß der Zinsfuß nicht mehr als 5% (I 11 § 804), bei Kaufleuten 6% (I 11 § 805) betragen dürfe, und verbietet die Vereinbarung von Zinseszinsen (I 11 § 818). In Bayern gilt entsprechend dem Codex Maximilianeus Bavaricus civilis fast die gleiche Regelung, nämlich ein allgemeiner maximaler Zinssatz von 5% und das Verbot des Anatozismus (2. Teil, 3. Kap., § 21).

Die österreichische Gesetzgebung beschäftigte sich bis zum Beginn des Jahrhunderts bereits mehrfach mit der Wucherfrage. Schon 1751 erläßt Kaiserin Maria Theresia ein Wuchergesetz, das ein Zinsmaximum von 6%[279] festsetzt und seine Überschreitung sowie die Verabredung von Zinseszinsen oder den Vorabzug der Zinsen vom Kapital für strafbar erklärt sowie eine Reihe von Rechtsgeschäften bei Strafe verbietet, die einen verdeckten Wucher begründen[280]. Unter dem starken Einfluß der Schriften Turgots und Benthams, die jede Beschränkung der Zinsfreiheit ablehnen[281], ergeht 1787 unter Kaiser Josef II. ein neues Wuchergesetz, das den Zinsfuß und die Bedingungen des Darlehensvertrages völlig freigibt und nur die gerichtliche Klagbarkeit bei Darlehensforderungen mit einem höheren Zinsfuß als 5% negiert[282]. Infolge der Beseitigung jeglicher Zinsschranken kommt es sehr bald zu einem verbreiteten Mißbrauch dieser Freiheit, zumal die fehlende Klagbarkeit der Darlehensverträge über den genannten Zinssatz hinaus dadurch umgangen wird, daß die Wucherer die darüber hinausgehenden Zinsen bei Auszahlung des Darlehens im voraus in Abzug bringen. Im nächsten österreichischen Wuchergesetz vom 2.12.1803 kehrt man deshalb im wesentlichen wieder zum Standpunkt der theresianischen Gesetzgebung zurück: Es normiert ein Zinsmaximum von 6%, bei hypothekarisch abgesicherten Darlehen von 5%, das Verbot von Zinseszinsen und von bestimmten verdeckten Wuchergeschäften sowie die Bestrafung des Wucherers und auch des Bewucherten[283]. Diese Bestimmungen bilden dann auch die Grundlage für die entsprechenden Darlehensvorschriften im Allgemeinen Bürgerlichen Gesetzbuch von 1811: Die Obergrenze des vereinbarten Zinssatzes wird wiederum festgelegt auf 5 bzw. 6% (§ 994), die Vereinbarung von Zinseszinsen bleibt verboten (§ 998) und der Vorabzug der Zinsen von der Darlehenssumme ist höchstens für die Zinsen eines halben Jahres zulässig (§ 997). Wie in Bayern und Preußen manifestiert sich damit das Wuchergeschäft durch das Überschreiten des maximal erlaubten Zinssatzes.

---

279 6% ohne Sicherung durch Pfand; mit Pfand beträgt der Höchstsatz 5%.

280 Blodig, Wucher, S. 18

281 vgl. im einzelnen Caro, Wucher, 1. Kap., S. 20 f.

282 5% bei ungesicherten Darlehen, 4% bei solchen mit hypothekarischer Sicherung; Blodig, Wucher, S. 19

283 vgl. im einzelnen Blodig, Wucher, S. 21

Die zweite Periode der Wuchergesetzgebung ist gekennzeichnet durch eine völlige Freigabe der Zinsvereinbarungen. Dieser Entwicklung liegen die dominant gewordenen Strömungen des wirtschaftlichen Liberalismus, die Lehren eines Jean Baptist Say, David Ricardo oder John Stewart Mill zugrunde. Sie begründen ihre Forderung nach gänzlicher Aufhebung der Zinsverbote damit, daß jede Beschränkung des Eigentümers, mit seiner Sache nach Belieben zu verfahren, ungerecht sei, daß die Konkurrenz der Darlehensgeber die Gefahr der Bewucherung vermeide und daß schließlich die Wuchergesetze viele Kapitalien vom Markt fernhielten und somit den Kreditnehmern eher schaden würden[284]. Demgemäß werden nahezu im gesamten deutschen Rechtsraum die Zinsschranken beseitigt, so 1858 in Bremen und Oldenburg, 1862 in Lübeck, 1864 in Frankfurt und Sachsen und in Bayern durch Gesetz vom 5.12.1867[285]. In Preußen wird 1866 durch eine königliche Verordnung das Zinsmaximum für Darlehen ohne dingliche Sicherung aufgehoben, allerdings das Verbot der Zinseszinsen beibehalten und zugleich bestimmt, daß der Schuldner bei Darlehen mit mehr als 6% Zinsfuß das Kapital nach einer Kündigungsfrist von drei Monaten zurückzahlen könne[286]. Durch das norddeutsche Bundesgesetz vom 14.11.1867 wird dann die Zinsfreiheit auch auf die gesicherten Darlehen und die Zinseszinsen ausgedehnt. § 1 Abs. 1 lautet: „Die Höhe der Zinsen, sowie die Höhe und die Art der Vergütung für Darlehen und für andere kreditierte Forderungen, ferner Konventionalstrafen, welche für die unterlassene Zahlung eines Darlehens oder einer sonst kreditierten Forderung zu leisten sind, unterliegen der freien Vereinbarung." Das Kündigungsrecht ist dahin abgeändert, daß der Schuldner, der sich auf einen höheren Zinssatz als 6% jährlich einläßt, mit einer sechsmonatigen Frist kündigen kann, allerdings erst ein halbes Jahr nach Abschluß des Vertrags (§ 2 Abs. 1 des Gesetzes[287]).

In Österreich hebt das Gesetz vom 14.12.1866 das Zinsmaximum und das Verbot des Anatozismus auf und normiert einen allgemeinen Wucherbegriff. In § 3 bestraft es wegen Wuchers denjenigen, „der die Notlage, den Leichtsinn, die Unerfahrenheit oder die Verstandesschwäche des Darlehensnehmers zu dessen empfindlichen Nachteil mißbraucht, um Vorteile zu bedingen, die mit den

284 Blodig, a.a.O., S. 23; Caro, a.a.O., 1. Kap., S. 29 f.; typisch für diese Denkweise auch Günther, Wucher, S. 287: „Will der Staat erst die Gerechtigkeit oder Ungerechtigkeit, Statthaftigkeit oder Unstatthaftigkeit des Handels prüfen, ..., so lähmt er den Flug der Industrie, so veranlaßt er simulierte Contracte und Winkel – Conventionen, und steigert in allen diesen Fällen den Preis der Prämie, ..., weil der Gläubiger alsdann die Gefahr, gegen seinen Schuldner nicht klagbar werden zu dürfen, zu hohem Preise in Anschlag bringt."

285 Blodig, a.a.O., S. 24

286 Blodig, a.a.O., S. 24

287 Abdruck des Gesetzes bei Rehbein/Reincke, ALR, 1. Bd., S. 606

ortsüblichen Zinsen in auffallendem Mißverhältnis stehen"[288]. Schon kurz darauf, am 14.6.1868, erscheint ein neues Gesetz, das alle Grenzen der Zinsnahme beseitigt: „§ 1. Die bisher bestehenden gesetzlichen Beschränkungen des vertragsmäßigen Zinsfußes und der Höhe der Conventionalstrafe bei Darleihen und creditierten Forderungen treten außer Kraft. § 3. Zinsen von Zinsen dürfen gefordert werden. § 4 Abs. 3: Zinsen dürfen im vorhinein ohne alle Beschränkung abgezogen oder gefordert werden"[289]. Ein wucherisches Rechtsgeschäft ist damit von Gesetzes wegen nicht mehr denkbar. Die Auswirkungen dieser Gesetze in der Praxis entsprechen jedoch nicht den in sie gesetzen Erwartungen, vielmehr treten in verstärktem Maß Mißstände verbreiteter, krasser Ausbeutung auf, die schon 1787 bei der vorübergehenden Zinsfreigabe in Österreich zu beobachten waren.

Die Reaktion darauf zeigt sich in einer Reihe von Gesetzen, die zur Eindämmung des Wuchers erlassen werden und damit die dritte Periode einleiten. 1877 ergeht ein österreichisches Gesetz für Galizien und die Bukinowa; dieses erklärt denjenigen wegen Wuchers für strafbar, der bei Gewährung eines Darlehens mit dem Kreditnehmer Bedingungen vereinbart, von denen er weiß, daß sie durch die Maßlosigkeit der dem Kreditgeber zugestandenen Vorteile das wirtschaftliche Verderben des Kreditnehmers herbeiführen oder befördern müssen und dies dem Kreditnehmer infolge seiner Verstandesschwäche, Unerfahrenheit oder Gemütsaufregung nicht erkennbar ist[290]. Nahezu die gleiche Definition wird dann im Gesetz vom 28.5.1881 übernommen, das dieses Wucherverbot für ganz Österreich festsetzt[291].

Für das deutsche Reich ergeht erstmals am 24.5.1880 ein Wuchergesetz, das in Ergänzung zum Strafgesetzbuch denjenigen bestraft, der ,,unter Ausbeutung der Nothlage, des Leichtsinns oder der Unerfahrenheit eines Anderen für ein Darlehen oder im Falle der Stundung einer Geldforderung sich oder einem Dritten Vermögensvortheile versprechen oder gewähren läßt, die den üblichen Zinsfuss dergestalt überschreiten, dass nach den Umständen des Falles die Vermögensvortheile in auffälligem Missverhältnisse zu der Leistung stehen" (Art. 1 des Gesetzes); Art. 3 dieses Gesetzes erklärt dann Verträge, die gegen diese Strafbestimmung verstoßen, für nichtig[292]. Ein weiteres Reichsgesetz vom 19.6.1893 ergänzt das erste Wuchergesetz dahin, daß auch andere Rechtsgeschäfte als Darlehen und Stundung in den Wucherbegriff einbezogen werden. Allerdings muß es sich dann um eine gewerbs- oder gewohnheitsmäßige

288 abgedruckt bei Blodig, a.a.O., S. 25

289 abgedruckt bei Stubenrauch, ABGB, 2. Bd., §§ 993/994, S. 206

290 Blodig, Wucher, S. 26

291 abgedruckt bei Schey, Obligationsverhältnisse, 1. Bd., 1. Heft, § 19, S. 138/139

292 Abdruck des Gesetzes bei Rehbein/Reincke, ALR, 1. Bd., S. 607/608

Ausbeutung handeln, damit als Rechtsfolge die Nichtigkeit des Vertrags und die Strafbarkeit eintreten[293].

Der Fortschritt in der Bekämpfung des Wuchers zeigt sich somit einmal darin, daß man von den Gesetzen aus der Zeit des wirtschaftlichen Liberalismus wieder Abstand nimmt, aus den nachteiligen Erfahrungen dieser Epoche die gesetzgeberischen Folgerungen zieht und neue Normen zur Beschränkung derartiger Rechtsgeschäfte setzt. Hedemann nennt dies den Schritt von der bloßen Freierklärung zur Reinerhaltung des Verkehrslebens[294]. Der Fortschritt wird aber nicht nur in der Tatsache der Wucherbekämpfung offenbar, sondern auch in der Art der Mittel. Während die Gesetze der ersten Periode sich nahezu ausschließlich mit der Festsetzung eines Zinsmaximums bei Darlehensgeschäften begnügen und damit den verdeckten Wuchervertrag kaum verhindern können, geben die Gesetze der dritten Epoche durchwegs eine allgemeine Definition des Wuchertatbestandes, die jegliches Festhalten an einer starren Höchstgrenze aufgibt. Dabei ist freilich nicht zu übersehen, daß bereits das österreichische Wuchergesetz von 1866 einen derartigen Begriff einführt, der dann freilich durch Neukodifikation im Zuge des Liberalismus 1868 wieder beseitigt wird. Die eigentlichen Vorläufer aller Gesetze, die den Wucher mit einer allgemeinen Definition umschreiben, sind freilich die Strafgesetzbücher von Hessen-Darmstadt 1841 (Art. 401), Baden 1845 (§ 533 I), Nassau 1849 (Art. 395) und Sachsen-Weimar-Eisenach 1850 (Art. 287)[295]. Mit Ausnahme des Badischen Gesetzes halten diese Kodifikationen allerdings über die Wucherklausel hinaus auch noch am Zinsmaximum fest[296].

Den meisten dieser Gesetze ist freilich ohne Unterschied, in welcher Periode sie erlassen und wie sie formuliert werden, gemeinsam, daß sie sich in ihrem Bemühen um die Verhinderung des Wuchers lediglich auf Darlehensverträge oder ähnliche Rechtsgeschäfte mit gleicher wirtschaftlicher Zielsetzung beziehen. Nur die gerade erwähnten Strafgesetze von Baden 1845 und von Sachsen-Weimar-Eisenach 1850 verzichten auf diese Begrenzung und normieren einen für alle Verträge gültigen Wucherbegriff[297]. Aber selbst in der wissenschaftlichen Theorie überwiegen die Auffassungen, die das Wucherproblem nur im Zusammenhang mit Kreditgeschäften sehen[298]. Die Gegenansicht vertritt Blodig, der

293 Abdruck bei Rehbein/Reincke, a.a.O., S. 608/609

294 Hedemann, Fortschritte, 1. Teil, § 8 II c, S. 132

295 Caro, Wucher, 2. Kap., S. 51/52; Blodig, Wucher, S. 25

296 Caro (a.a.O., 2. Kap., S. 52) nennt diese Gesetze deshalb auch „Zwittergesetze".

297 Caro, a.a.O., 2. Kap., S. 53

298 Platter, Der Wucher in der Bukowina, Jena 1878; Eheberg, Die Wucherfrage in Theorie und Praxis, 1880; Stein, Der Wucher und sein Recht, Wien 1880; Ratzinger, Die Volkswirtschaft in ihren sittlichen Grundlagen, Freiburg 1881; alle zitiert bei Caro, Wucher, 3. Kap., S. 78 bis 81.

im Mißverhältnis von Leistung und Gegenleistung das entscheidende Kriterium des Wuchers erkennt und ihn deshalb bei allen zweiseitigen Verträgen für möglich hält[299]. In der jüngeren Gesetzgebung verschafft sich diese Ansicht erst in dem schon angeführten Reichsgesetz vom 19.6.1893 Geltung, das den Wucherbegriff auch auf andere Rechtsgeschäfte als Darlehensverträge ausdehnt, wenn diese gewerbs- oder gewohnheitsmäßig betrieben werden.

Wegen dieser Reichsgesetze hält man eine Aufnahme des Wuchertatbestandes in das BGB zunächst für überflüssig. Erst durch die XII. Kommission des Reichstags wird der § 138 Abs. 2 eingefügt; ihr geht es dabei vor allem darum, „eine so wichtige, ins Civilrecht tief eingreifende Vorschrift im BGB nicht unerwähnt zu lassen"[300]. Der Wuchertatbestand wird nunmehr wie im Reichsgesetz von 1893 über den Kreditwucher hinaus auch auf den Sachwucher bezogen, dabei aber die Beschränkung der Gewerbs- und Gewohnheitsmäßigkeit aufgegeben.

Im Reichstag selbst stößt die Erweiterung der Sittenklausel um die Wuchervorschrift zum Teil auf erheblichen Widerstand. Einige Abgeordnete befürchten eine erhebliche Zunahme der Rechtsunsicherheit. Sie glauben, daß der Richter bei jedem Mißverhältnis zwischen Leistung und Gegenleistung auf das subjektive Merkmal des Leichtsinns oder der Unerfahrenheit schließen könne und damit alle diese Geschäfte der Gefahr der Nichtigkeit unterliegen[301]. In der Ablehnung der Wucherklausel durch den Abgeordneten Lenzmann zeigt sich noch deutlich der ausgeprägte Standpunkt des wirtschaftlichen Liberalismus, der die Vertragsgerechtigkeit völlig den Parteien überläßt: „Sie müssen den Schwachen, dessen Schwachheit oft nur in Denkträgheit besteht, nicht überall mit dem Richter schützen wollen; der einzelne muß im wirtschaftlichen Leben sich selbst schützen und sich vor Leichtsinn hüten, und wenn ein solcher Leichtsinniger sich einmal verbrennt, so ist das für ihn ganz heilsam, er muß eben seine Erfahrungen machen und sich Sachkenntniß erwerben, und hat er dieselbe nicht, so muß er eben von solchen Geschäften fernbleiben"[302]. Für die Einführung der Wucherklausel plädiert dagegen der Abgeordnete Stadthagen aus der Sicht der Sozialdemokratie, indem er die Vertreter der Gegenmeinung als typische

---

Caro selbst spricht zwar ebenfalls von Kreditverträgen, versteht darunter aber alle Rechtsgeschäfte, bei denen die Gegenleistung nicht unmittelbar der Leistung folgt. Nur bei diesen Verträgen entstehe das Abhängigkeitsverhältnis und damit der wirtschaftliche Existenzverlust als begriffliche Folge des Wuchers, Caro, a.a.O., 4. Kap., S. 145/146.

299 Blodig, Wucher, S. 34

300 Bericht der XII. Kommission des Reichstags vom 12.6.1896, Mugdan, Materialien, 1. Bd., S. 970

301 Stenographische Berichte, IX, IV, 4. Bd., 2. Beratung im Plenum des Reichstags, 110. Sitzung vom 20.6.96, Abgeordneter Haußmann, S. 2762; Abgeordneter von Buchka, S. 2766; Abgeordneter Lenzmann, S. 2766

302 Stenographische Berichte, a.a.O., S. 2767

Vertreter des besitzenden Bürgertums abqualifiziert: „Ich kann mir keinen anderen Grund für Ihren Widerstand denken, als daß in Ihr Fleisch und Blut die Ueberzeugung noch nicht eingedrungen ist, daß auch Andere als Beamte, Offiziere und Reiche bewuchert werden können, daß am meisten bewuchert werden kann derjenige, der weiter nichts hat als seine Arbeitskraft, durch Ausbeutung dieser seiner Arbeitskraft"[303]. Die anderen Abgeordneten, die sonst noch zu diesem Problem sprechen, verweisen auf die prinzipielle Bedeutung der Wucherfrage, deren Regelung im BGB unerläßlich sei[304], und schließen sich somit dem Argument der XII. Reichstagskommission an.

Die Normierung des Wuchers als Sondertatbestand der Rechtsgeschäfte gegen die guten Sitten ist aber nicht nur auf die spezielle Wichtigkeit dieses Problems zurückzuführen – genauso hätte man auch Verträge gegen die Gewissens- oder Gewerbefreiheit im Gesetz nennen können –, sondern erklärt sich wohl auch aus der eigenständigen Entwicklung dieser wucherischen Rechtsgeschäfte, die bis zur Kodifikation des BGB stets unabhängig von den eigentlich sittenwidrigen Rechtsgeschäften erörtert wurden.

E. Die Kodifikation des § 138 I BGB

1. Die Kodifikationsgeschichte

Im ersten Entwurf des BGB aus dem Jahre 1881, erstellt von der Kommission zur Ausarbeitung des Entwurfs eines bürgerlichen Gesetzbuchs, lautet die Generalklausel:

§ 27: Eine Willenserklärung, durch welche eine Leistung versprochen wird, die unmöglich ist, oder mit den guten Sitten oder den Vorschriften des Gesetzes in Widerspruch steht, ist nichtig[305].

In der Begründung beruft man sich neben dem ALR und dem Code civil vor allem auf die entsprechenden Bestimmungen des Sächsischen Bürgerlichen Gesetzbuchs und des sog. Dresdner Entwurfs zu einem Allgemeinen Deutschen Obligationenrecht, beide von 1865[306].

Das Sächsische BGB formuliert die Sittenklausel in § 90:

Rechtsgeschäfte, welche unverständlich oder rücksichtlich ihres Gegenstandes so unbestimmt, daß sich derselbe nicht erkennen läßt, ingleichen, welche dem Verkehre

303 Stenographische Berichte, a.a.O., S. 2770

304 Stenographische Berichte, a.a.O., Abgeordneter Gröber, S. 2770; Abgeordneter Enneccerus, S. 2772

305 Entwurf eines BGB, S. 6

306 Entwurf eines BGB, Begründung, 2. Abschnitt, S. 139

entzogene Sachen, unmögliche, den Gesetzen oder den guten Sitten widerstreitende Handlungen zum Gegenstande haben, sind nichtig.[307]

Im Dresdner Entwurf heißt es in Art. 3:

Die Leistung kann in einem Tun oder Unterlassen (Handlung) bestehen; sie muß möglich sein und darf nicht den Gesetzen oder guten Sitten widerstreiten.[308]

Von der Formulierung „gegen die guten Sitten" her können diese beiden Kodifikationen demnach als Vorlage für die Generalklausel des Entwurfs angesehen werden.

In den sog. Motiven der 1. Kommission von 1888 trägt die Generalklausel die Fassung:

§ 106: Ein Rechtsgeschäft, dessen Inhalt gegen die guten Sitten oder die öffentliche Ordnung verstößt, ist nichtig.[309]

Der 2. Kommission liegen dazu laut ihren Protokollen zwei Anträge vor, nämlich erstens, den § 106 der Motive zu formulieren: „Ein Rechtsgeschäft, welches gegen die guten Sitten verstößt, ist nichtig", und zweitens, die Worte „gegen die guten Sitten" zu ersetzen durch „gegen die Sittlichkeit"[310]. Die 2. Kommission gibt nur dem ersten Antrag statt und verzichtet somit auf den Begriff der öffentlichen Ordnung; § 134 der Reichstagsvorlage lautet nunmehr:

Ein Rechtsgeschäft, das gegen die guten Sitten verstößt, ist nichtig.[311]

Der XII. Kommission des Reichstags, die mit der weiteren Ausarbeitung betraut ist, liegt dann wiederum ein Antrag vor, die öffentliche Ordnung in den Gesetzestext aufzunehmen, was jedoch mit großer Mehrheit abgelehnt wird[312].

Der gleiche Antrag wird dann nochmals gestellt anläßlich der 2. Beratung des BGB im Plenum des Reichstages[313], wird aber in der entscheidenden Sitzung vom 20.6.1896 abgelehnt. Gleichzeitig wird § 134 der Reichstagsvorlage, so wie er von der Kommission vorgeschlagen wurde, mit Mehrheit angenommen[314]. Damit erhält § 138 I BGB seine heutige Fassung.

Die wesentlichen Streitfragen bei der Formulierung dieses Paragraphen sind also das Problem, ob man es hinsichtlich der Sittenwidrigkeit nur auf den Inhalt, also auf objektive Kriterien des Rechtsgeschäfts abstellen soll, weiterhin, ob auf den

---

307 abgedruckt bei Siebenhaar, Sächsisches BGB, 1. Bd., § 90, S. 118

308 abgedruckt bei Francke, Entwurf, S. 1

309 Motive, 1. Bd., § 106, S. 211

310 Protokolle, Nr. 21 III, S. 123

311 Mugdan, Materialien, 1. Bd., S. LXXXV

312 Bericht der XII. Kommission des Reichstages vom 12. Juni 1896, Mugdan, Materialien, 1. Bd., S. 969

313 Stenographische Berichte, IX, IV, 3. Anlagenband, Aktenstück Nr. 465, Ziffer 7, S. 2251

314 Stenographische Berichte, IX, IV, 4. Bd., S. 2772

guten Sitten oder der Sittlichkeit das entscheidende Gewicht liegt, und vor allem schließlich der Gesichtspunkt der öffentlichen Ordnung.

2. Sittenwidriger Inhalt des Rechtsgeschäfts

Wie dargestellt, beschränkt der erste Entwurf die Folge der Nichtigkeit auf Willenserklärungen, durch die eine sittenwidrige Leistung versprochen wird. Die Motive halten diesen Standpunkt für zu eng: „Es müssen auch solche Rechtsgeschäfte, durch welche eine sittenwidrige Leistung nicht versprochen wird, deren Inhalt aber mit den guten Sitten sich in Widerspruch setzt, unter Umständen nichtig sein“[315]. Andererseits begrenzen die Motive den Anwendungsbereich der Sittenklausel auf Rechtsgeschäfte, die von ihrem Inhalt her gegen die guten Sitten verstoßen: „Andererseits ist gewiß, daß ... nicht jedes vom Standpunkt der Sittlichkeit verwerfliche Rechtsgeschäft nichtig sein kann. Die Grenze ist dahin zu ziehen, daß Nichtigkeit eintritt, wenn der Inhalt eines Rechtsgeschäfts unmittelbar, in objektiver Hinsicht und unter Ausscheidung der subjektiven Seite, die guten Sitten verletzt“[316]. Die 1. Kommission macht sich damit völlig die Meinung der Rechtsprechung zu eigen, die ebenfalls eine objektive Betrachtungsweise vertritt und jede Berücksichtigung sittenwidriger Beweggründe ablehnt.

In seiner Kritik des BGB-Entwurfs zeigt Zitelmann am Beispiel einer Schenkung unter der Bedingung der Religionsänderung, wo es dem Schenker nur auf die Willensbeeinflussung ankommt und der Beschenkte sich nur durch den materiellen Vorteil zur Konfessionsänderung bewegen läßt, daß es Rechtsgeschäfte gibt, deren Sittenwidrigkeit lediglich in der Gesinnung der Parteien liegt[317]. Freilich verkennt auch er nicht, daß nicht jedes subjektiv unsittliche Moment eines Rechtsgeschäfts zur Nichtigkeit führen könne und deshalb eine Schranke notwendig sei. Diese könne jedoch nur in freier Beurteilung durch den Richter gezogen werden; die Vorschrift über die sittenwidrigen Rechtsgeschäfte müsse deshalb weit gefaßt werden und die Begrenzung auf ihren Inhalt unterbleiben[318].

Die 2. Kommission verzichtet dann auch auf einen entsprechenden Antrag hin auf die Eingrenzung „Inhalt des Rechtsgeschäfts“. In den Protokollen heißt es dazu, es genüge nicht, die Nichtigkeit nur solcher Rechtsgeschäfte anzuordnen, deren Inhalt nur in objektiver Hinsicht und ohne Berücksichtigung subjektiver Momente die guten Sitten verletze. Wenn auch auf die Motive der Parteien nicht in dem Maß Rücksicht genommen werden dürfe, daß ihre Handlungen einer

---

315 Motive, 1. Bd., § 106, S. 211

316 Motive, a.a.O., S. 211

317 Zitelmann, BGB-Entwurf, § 106, Nr. 4, S. 60

318 Zitelmann, a.a.O., S. 61

sittenrichterlichen Kontrolle des Richters unterstellt würden, so sei es doch im Einzelfall unerläßlich, die verwerfliche Gesinnung der Beteiligten nicht außer acht zu lassen, weil erst durch Hinzunahme dieses subjektiven Moments der Inhalt des Rechtsgeschäfts in das rechte Licht gesetzt werde[319].

3. Verstoß „gegen die guten Sitten" oder „gegen die Sittlichkeit"

Das Problem, ob man die Generalklausel auf die guten Sitten oder die Sittlichkeit beziehen soll, wird im Werdegang des BGB nur einmal aktuell, nämlich bei einem Antrag an die 2. Kommission, im § 106 der Motive statt „gegen die guten Sitten", zu setzen „gegen die Sittlichkeit". Laut den Protokollen wurde der Antrag abgelehnt mit der Begründung, die Formulierung „gegen die guten Sitten" gewähre der Vorschrift einen umfassenderen Geltungsbereich und enthalte den richtigen objektiven Maßstab für die Handhabung des Gesetzes[320].

In der Theorie bleibt die Formulierung „gegen die guten Sitten" freilich nicht unbestritten. Zu ihren entschiedensten Gegnern zählt Gierke, der sie lediglich für eine unzutreffende Übersetzung von „contra bonos mores" hält; gemeint sei vielmehr die Sittlichkeit[321]. Sittlichkeit und Sitte seien trotz vielfältiger Berührungspunkte grundsätzlich getrennte Gebiete; so könne man gegen die Sitte und auch gegen eine anerkanntermaßen „gute" Sitte verstoßen, ohne ein sittliches Gebot zu verletzen. Doch könne man sich keinen Fall eines nichtigen Rechtsgeschäfts vorstellen, wo lediglich ein der Sitte widersprechendes Verhalten und nicht zugleich ein Konflikt mit sittlichen Geboten vorliege[322]. Ähnliche Auffassungen vertreten Hölder[323], Jacobi[324], Zitelmann[325] und Klusmann[326].

Die Vertreter der Gegenansicht halten die Formulierung „gegen die Sittlichkeit" für zu eng. Nach der Meinung Sliosbergs verwechselt Gierke das tatsächlich herrschende, in den Sitten der Zeit und des Volks ausgeprägte ethische Minimum mit der abstrakten Dogmatik der Sittlichkeit[327]. Otto Dick glaubt, daß der Gesetzgeber die guten Sitten nicht im Gegensatz zur Sittlichkeit verstanden

319 Protokolle, Nr. 21 III, S. 123/124

320 Protokolle, a.a.O., S. 124

321 Gierke, Entwurf des BGB, S. 168

322 Gierke, Recht und Sittlichkeit, LOGOS, Bd. VI, S. 213

323 Hölder, BGB-Entwurf, AcP 73/S. 102

324 Jacobi, Recht, Sitte und Sittlichkeit, S. 95

325 Zitelmann BGB-Entwurf, § 106, Nr. 1, S. 58

326 Klusmann, §§ 134, 138 BGB, S. 29

327 Sliosberg, Gute Sitten im Zivilrecht, S. 23

wissen will, sondern vielmehr als übergeordneten Begriff, der die Verstöße gegen die Sittlichkeit mit umfasse[328]. Dies ergebe sich vor allem aus der Begründung der Protokolle, mit der die Fassung „gegen die Sittlichkeit“ abgelehnt und die Worte „gegen die guten Sitten“ unter Hinweis auf den umfassenderen Geltungsbereich des Gesetzes beibehalten werden[329].

4. Der Verstoß gegen die öffentliche Ordnung

Der Verstoß gegen die öffentliche Ordnung wird zwar noch nicht im ersten Entwurf, aber bereits in den Motiven im Rahmen der Sittenklausel berücksichtigt. Die Juristen der 1. Kommission erwähnen die öffentliche Ordnung, „weil der Inhalt eines Rechtsgeschäfts nicht blos gegen die moralischen Interessen, sondern auch gegen die allgemeinen Interessen des Staates verstoßen kann und ein Verstoß gegen die letzteren nicht immer einen Verstoß gegen die ersteren enthält. Es darf in dieser Beziehung namentlich auf die mit dem Prinzipe der Gewerbefreiheit sich in Widerspruch setzenden Verträge verwiesen werden“[330].

Diese Fassung der Motive orientiert sich vermutlich nicht nur an der Generalklausel des Codex Maximilianeus Bavaricus civilis und dem Code civil, die ähnliche Bezeichnungen verwenden[331], sondern auch noch an verschiedenen obergerichtlichen Urteilen, die Verstöße gegen die Gewerbefreiheit am Kriterium der öffentlichen Ordnung messen[332].

Die 2. Kommission verzichtet auf den Begriff der öffentlichen Ordnung, da ihm eine sichere Umgrenzung fehle und die gegen die öffentliche Ordnung verstoßenden Rechtsgeschäfte zumeist auch als gegen die Rechts- oder Sittlichkeitsordnung gerichteten Rechtsgeschäfte anzusehen seien[333].

---

328 Dick, Verstoß gegen die guten Sitten, AbR 33/S. 92

329 Dick, a.a.O., S. 91

330 Motive, 1. Bd., § 106, S. 211

331 4. Teil, 1. Kap., § 16 Codex Maximilianeus Bavaricus civilis:
Die Konvention hat in folgenden Sachen nicht statt: 1mo In Sachen, welche Natura vel Lege impossibiles sind, das ist, solche Dinge, welche entweder gegen die Natur, oder gegen Ehrbarkeit, Gesetz und *Ordnung*, oder einem Dritten zur Präjudiz gehen.
§ 1133 Code civil:
On ne peut déroger, par des conventions particulières, aux lois qui intéressent *l'ordre public* et les bonnes mœurs.

332 RG 20.10.80, RGZ 2/S. 118 (120/121);
RG 21.2.87, Bolze IV, Nr. 671, S. 205/206;
RG 25.6.90, Hachenburg-Rspr., 2. Bd., § 1133, Nr. 4 b, S. 100;
ROHG 5.11.72, ROHG-Urteilssammlung, Bd. 7, Nr. 108, S. 418 (419);
ROHG 14.5.75, ROHG-Urteilssammlung, Bd. 18, Nr. 25, S. 102 f.;
ByObLG 7.4.88, Seuff.Arch. XLIV, S. 16/17

333 Protokolle, Nr. 21 III, S. 124

Bei der XII. Kommission des Reichstages wird wiederum die Einfügung der öffentlichen Ordnung beantragt mit der Begründung, die Rechtsentwicklung habe zur Anerkennung einer Anzahl hochwichtiger allgemeiner Rechtsprinzipien geführt wie z.B. der persönlichen, der Koalitions-, der Gewerbe-, der Gewissensfreiheit oder der Freiheit in Ausübung des Wahlrechts; taste nun ein Rechtsgeschäft derartige Grundprinzipien der Rechtsordnung an, so müsse es für nichtig erklärt werden. Die Kommissionsmitglieder lehnen den Antrag schon wegen der völligen Unbestimmtheit des Begriffes ab: „Freilich sei gewiß nicht zu verkennen, daß der Schutz der Koalitions-, Wahl-, Gewerbefreiheit usw. die Nichtigkeit gewisser Verträge gebieterisch verlange, allein diese Nichtigkeit trete dann auch nach dem Entwurf zweifellos ein, da solche Verträge als ‚gegen die guten Sitten' verstoßend zu betrachten seien"[334].

In gleicher Weise wendet sich schließlich noch der Reichstag in der 2. Beratung des BGB gegen die Erweiterung der Generalklausel um den Begriff der öffentlichen Ordnung. Das Hauptargument der Abgeordneten, die zu diesem Problem Stellung nehmen, besteht in der Schwierigkeit der Begriffsbestimmung und damit in der Rechtsunsicherheit als Folge einer so formulierten Generalklausel[335]. Die einzigen Befürworter der öffentlichen Ordnung im Rahmen der Sittenklausel sind die Sozialdemokraten, deren Sprecher zu dieser Frage vor allem den klassenkämpferischen Gesichtspunkt dieses Problems hervorhebt: „Weshalb sind wir solche fanatische Schützer der ‚öffentlichen Ordnung'? Es kommt uns darauf an, daß die Grundsätze, die in langem Kampfe im allgemeinen von der besitzlosen Klasse der besitzenden gegenüber durchgerungen sind, auch beachtet werden müssen, wiewohl sie im Sinne mancher Anhänger der besitzenden Klassen nichts weniger als mit den guten Sitten vereinbar sind ... Bei der ‚öffentlichen Ordnung', gegen die Richter ankämpfen, handelt es sich fast durchweg um die Rechte der besitzlosen Klasse, die ankämpfte gegen die Besitzenden und schließlich ihren kleinen Sieg zu einem Grundsatz der ‚öffentlichen Ordnung' im Gesetz hat erkennen lassen"[336]. Er befürchtet also, daß Verträge gegen die Gewerbe- oder Koalitionsfreiheit bei einer Generalklausel ohne die Aufnahme der öffentlichen Ordnung von den Richtern, die überwiegend die besitzende Klasse repräsentierten, nicht für sittenwidrig angesehen würden, während man bei der Berücksichtigung der öffentlichen Ordnung die Nichtigkeitserklärung derartiger Rechtsgeschäfte nicht vermeiden könne. Dem Einwand von der Unbestimmtheit des Begriffs hält er entgegen, man könne dem

334 Bericht der XII. Kommission des Reichstages vom 12. Juni 1896, Mugdan, Materialien, 1. Bd., S. 969

335 Stenographische Berichte, IX, IV, 4. Bd., 110. Sitzung vom 20.6.96, Abgeordneter Gröber, S. 2764; Abgeordneter von Buchka, S. 2765; Abgeordneter Lenzmann, S. 2767

336 Stenographische Berichte, a.a.O., Abgeordneter Stadthagen, S. 2758 und 2761

Richter wohl das Verständnis zutrauen, daß er die Gesetze, die Prinzipien des Rechts und damit die öffentliche Ordnung kenne[337].

Bei dem Problem der öffentlichen Ordnung anläßlich der Kodifikation der Generalklausel geht es also darum, die tragenden Grundsätze der Rechtsordnung, wie sie vor allem in den Grundrechten der Reichsverfassung niedergelegt waren, in das Privatrecht einzubeziehen. Der Versuch mußte letztlich unterbleiben, da der Richter gerade in dieser Frage nicht ohne konkrete Orientierungshilfe auskommt und der Begriff der öffentlichen Ordnung dazu nicht ausreicht. Am schärfsten formuliert es der Abgeordnete Gröber, indem er dem sozialdemokratischen Sprecher entgegenhält: „Sie wollen aus einem ‚Prinzip', welches in der Verfassung oder in irgend einem Gesetz zum Ausdruck gebracht ist, eine öffentliche Ordnung für jeden einzelnen Fall konstruieren, während doch jedermann von uns weiß, daß ein solches Prinzip erst der Durchgestaltung im einzelnen durch die Gesetze bedarf, um auf die einzelnen Fälle direkt angewendet werden zu können"[338].

Das Problem der öffentlichen Ordnung im Rahmen der sittenwidrigen Rechtsgeschäfte findet auch in der Literatur starke Beachtung. Soweit die Juristen, die sich mit diesem Thema beschäftigen, den Begriff der öffentlichen Ordnung befürworten, begründen sie diese Ansicht mit einem gesellschaftlichen Moralbegriff im Gegensatz zum bloß privaten. Fuld bezeichnet als unsittlich im Rechtssinn nicht das, was einem bestimmten ethischen System und den daraus abgeleiteten Moralsätzen widerspreche, sondern vielmehr, was mit der gesellschaftlichen Wohlfahrt unverträglich erscheine. Demgemäß deckt sich seiner Ansicht nach zwar der Ausdruck des § 138 I BGB „gegen die guten Sitten" mit der „öffentlichen Ordnung", er bezweifelt aber trotzdem, ob bei dieser Formulierung die Rechtsprechung den Erwartungen des Gesetzgebers, nämlich den individuellen Egoismus durch das Interesse der Gesamtheit zu begrenzen, insoweit entsprechen werde[339]. Kuhlenbeck versteht unter den Rechtsgeschäften gegen die gesellschaftliche Moral vor allem solche, die die Freiheit der Persönlichkeit in übertriebener Weise beschränken und Entschlüsse erzeugen sollten, die vom höheren ethischen Standpunkt aus nur der Ausdruck freiester Überzeugung sein dürften[340]. „Das Interesse des Staates an der Freiheit seiner Bürger ist eine über der Vertragsfreiheit stehende absolute Norm. Wollte man die Freiheit des individuellen Willens nicht durch die objektive ‚öffentliche Ordnung' beschränken, so würde sie sich selbst das Grab graben können"[341].

337 Stenographische Berichte, a.a.O., S. 2761/2762

338 Stenographische Berichte, a.a.O., S. 2763

339 Fuld, Recht und Moral, Seuff.Bl., 64. Bd., S. 173

340 Kuhlenbeck, Von den Pandekten zum BGB, 1. Teil, § 5, S. 31; ders., Das gegen die guten Sitten verstoßende Rechtsgeschäft, JW 1896/S. 266

341 Kuhlenbeck, Von den Pandekten zum BGB, a.a.O., S. 31

Steinbach, ebenfalls ein Vertreter dieser gesellschaftlichen Theorie, zitiert zur Begründung seiner Auffassung Jhering, der das Sittliche in seinem Hauptwerk „Der Zweck im Recht" einmal definiert als den Egoismus der Gesellschaft: „Derselbe Trieb der Selbsterhaltung, der auf der Stufe des individuellen Daseins die Gestalt des Egoismus annimmt, tauscht dafür auf der gesellschaftlichen Stufe die Form des Sittlichen ein; nur der Name wird ein anderer, die Sache bleibt dieselbe"[342]. Daß sich unter den Bezeichnungen „gute Sitten" und „ordre public"[343] wirklich der Egoismus der Gesellschaft verbirgt, versucht Steinbach dann an Hand von Beispielen nachzuweisen. So seien die Gesetze gegen den Wucher am Ende des 19. Jahrhunderts vor allem aus der allgemeinen Ansicht von dessen Gemeingefährlichkeit entstanden. Außerdem gehörten hierher alle Verträge, die die wirtschaftliche Freiheit einengten wie zeitlich unbefristete Arbeits- und Dienstverträge oder Abreden, die zu einer räumlich oder zeitlich übermäßigen Konkurrenzenthaltung verpflichten[344]. Einem Richter werde daher letztlich nichts Geringeres zugemutet, als von Fall zu Fall die Grenzen festzusetzen, welche dem Einzelinteresse bei der Begründung und Ausübung subjektiver Rechte durch das Gesamtinteresse gezogen seien[345]. Bedenken, daß dadurch dem richterlichen Ermessen ein zu weiter Spielraum eingeräumt werde, zerstreuen Schilling[346] und Kohler[347] mit dem Hinweis auf die Gerichtspraxis in den Gebieten des französischen Rechts, in denen sich die Rechtsprechung bezüglich des ordre public bewährt habe.

Im Gutachten der Anwälte zum BGB-Entwurf sieht man jedoch gerade hier das Hauptproblem. Gegen die Argumente, daß bei der Gültigkeit eines Rechtsgeschäfts auch die allgemeinen Interessen des Staates zu berücksichtigen seien, wird vorgebracht, daß die Auffassung darüber je nach der politischen Überzeugung des Richters ungeachtet seiner Gewissenhaftigkeit eine verschiedene sein müsse, während sich in bezug auf die guten Sitten eher eine Opinio communis omnium denken ließe[348]. Gierke wendet sich ebenfalls gegen die Aufnahme der öffentlichen Ordnung in die Generalklausel der sittenwidrigen Rechtsgeschäfte. Ein Hauptnachteil bestehe zunächst schon in der völligen Unbestimmtheit und Dehnbarkeit des Begriffs[349]. Überdies sei die öffentliche Ordnung doch gerade

342 zitiert nach Steinbach, Die Moral, S. 42

343 Steinbach glaubt, daß sich die beiden Begriffe „gute Sitten" und „ordre public" praktisch nicht auseinanderhalten lassen, und bezieht daher in die Erörterung seiner gesellschaftlichen Theorie auch die guten Sitten mit ein; Steinbach, Die „guten Sitten" im Recht, DJZ 4. Bd., 1899, S. 47

344 Steinbach, Die Moral, S. 49

345 Steinbach, a.a.O., S. 100

346 Schilling, Aphorismen, Kap. X, S. 48

347 Kohler, Die Ideale im Recht, AbR 5/S. 240, Anm. 87

348 Gutachten der Anwälte, § 106, S. 501

349 Gierke, Entwurf des BGB, S. 168; ebenso Hölder, BGB-Entwurf, AcP 73/S. 101

ein Stück der Rechtsordnung selbst und somit ohnehin durch ihre eigenen Gebote und Verbote gegen Transaktionen der Privatinteressen geschützt[350]. Ebenso argumentiert Zitelmann: Öffentliche Ordnung sei entweder Rechtsordnung – dann falle ein Verstoß gegen die öffentliche Ordnung bereits unter gesetzlich verbotene Rechtsgeschäfte – oder aber sittliche Ordnung – dann handle es sich eben um einen Verstoß gegen die guten Sitten[351]. Auch das Argument der Motive, die die öffentliche Ordnung im Hinblick auf die gegen die allgemeinen Staatsinteressen, insbesondere gegen die Gewerbefreiheit verstoßenden Rechtsgeschäfte berücksichtigen, läßt Gierke nicht gelten: „Allein es ist keineswegs das Staatsinteresse, um dessen willen ein die Freiheit des Gewerbebetriebs übermäßig einschränkender Vertrag für nichtig zu erachten ist. Es handelt sich hierbei vielmehr um den Schutz der Persönlichkeit gegen die eigene Vertragsfreiheit. Das moderne Bewußtsein betrachtet die Freiheit der Berufswahl und der wirtschaftlichen Betätigung . . . als ein sittliches und darum unveräußerliches Gut des Individuums. In all diesen Fällen genügt die Verwerfung unsittlicher Verträge, um die Unzulässigkeit des Vertragsinhaltes zu eruieren“[352].

Aus der Sicht der zitierten Autoren, die das Problem der öffentlichen Ordnung unter dem Gesichtspunkt einer gesellschaftsbezogenen Moral erörtern, kann die ganze Diskussion auch als ein Versuch angesehen werden, den Individualismus der liberalen Aera zugunsten einer sozialen Auffassung des Rechts zu überwinden.

Fuld spricht in diesem Zusammenhang von der „Begrenzung des individuellen Egoismus durch das Interesse der Gesamtheit“[353] und nach Kuhlenbeck hat der Jurist unter Umständen auch solche Verträge und Individualverfügungen als nichtig zu behandeln, die zwar unmittelbar vom rein individualistischen Standpunkt aus nicht als unsittlich erscheinen, die aber gegen höhere Interessen, insbesondere gegen das Wohl der Gesellschaft und des Staates verstoßen“[354]; dazu zählt er insbesondere solche Rechtsgeschäfte, die die Freiheit der Persönlichkeit übermäßig beschränken. Gierke schließlich wendet sich gegen jeden willkürlichen Gebrauch der Vertragsfreiheit: „Mehr als je hat heute auch das Privatrecht den Beruf, den Schwachen gegen den Starken, das Wohl der Gesamtheit gegen die Selbstsucht der einzelnen zu schützen“[355]. Im Vordergrund dieser Auffassungen steht also nicht die Absicht, durch den Begriff der öffentlichen Ordnung die in der Verfassung niedergelegten Freiheitsrechte im

350 Gierke, a.a.O., S. 168

351 Zitelmann, BGB-Entwurf, § 106, Nr. 2, S. 58/59

352 Gierke, a.a.O., S. 169; ähnlich Hölder, BGB-Entwurf, AcP 73/S. 103

353 Fuld, Recht und Moral, Seuff.Bl., 64. Bd., S. 173

354 Kuhlenbeck, Von den Pandekten zum BGB, 1. Teil, § 5, S. 31

355 Gierke, Soziale Aufgabe des Privatrechts, S. 23

Privatrecht zu verankern, sondern vielmehr, durch diese erweiterte Fassung der Generalklausel den ungehemmten Gebrauch dieser Freiheitsrechte durch den einzelnen zu verhindern. Nicht die Einbeziehung der freiheitlichen Prinzipien in das Privatrecht, sondern ihre Beschränkung im Rahmen des Privatrechts wegen seines sozialen Charakters bestimmen die Argumentation.

Im Reichstag überwiegt dann letztlich, wie schon dargestellt, das Moment der Rechtssicherheit, so daß der Antrag, die öffentliche Ordnung in die Generalklausel aufzunehmen, wegen der Unbestimmbarkeit dieses Begriffs abgelehnt wird[356].

Damit erhält der § 138 I BGB seine weitestmögliche Fassung, nachdem auch der Ausdruck „gegen die guten Sitten" beibehalten und die Beschränkung auf den bloß objektiv sittenwidrigen Inhalt eines Rechtsgeschäfts beseitigt worden ist. Die Beurteilung der Sittenwidrigkeit eines Rechtsgeschäfts liegt somit allein in der Hand des Richters. Die Tragweite dieser Formulierung erkannte man schon in der 1. Kommission, in deren Motiven es dazu heißt: „Die Vorschrift stellt sich als ein bedeutsamer gesetzgeberischer Schritt dar, der vielleicht nicht ohne Bedenken ist. Dem richterlichen Ermessen wird ein Spielraum gewährt, wie ein solcher großen Rechtsgebieten bisher unbekannt ist. Fehlgriffe sind nicht ausgeschlossen. Bei der Gewissenhaftigkeit des deutschen Richterstandes darf indessen unbedenklich darauf vertraut werden, daß die Vorschrift nur in dem Sinne angewendet werden wird, in dem sie gegeben ist"[357].

356 Stenographische Berichte, IX, IV, 4. Bd., S. 2772, 2. Beratung im Plenum des Reichstags, 110. Sitzung vom 20.6.96

357 Motive, 1. Bd., § 106, S. 211

V. ZUSAMMENFASSUNG

In einem zusammenfassenden Rückblick soll die Entwicklung der Lehre von der Sittenwidrigkeit der Rechtsgeschäfte nochmals an Hand der im Vorwort entwickelten Untersuchungskriterien verfolgt werden.

Hinsichtlich der Kasuistik bleiben die Fundstellen des Corpus Juris bis in das 19. Jahrhundert Grundlage und Ausgangspunkt der Erörterungen. Dies gilt nicht nur für die Darstellungen der ohnehin am römischen Recht ausgerichteten Epochen der Rezeption, des Usus modernus und der historischen romanistischen Rechtsschule, sondern auch für die Germanisten, die global auf das römische Obligationenrecht verweisen, und für die kommentierende Literatur zum ALR und ABGB. Im Usus modernus zeigen sich zwar einige Abweichungen wie etwa bei den Ehegattenschenkungen und den Erbverträgen, deren moralisch begründetes Verbot man in Zweifel zieht, oder bei den Heirats- und Religionsbedingungen, die das römische Recht nicht für moralwidrig hält bzw. gar nicht kennt. Dies ändert jedoch nichts am Gesamtbild der Exemplifizierung, das geprägt ist von den Institutionen-, Codex- und Digestenstellen über pacta, stipulationes, testamenta und condiciones contra bonos mores. Erst die Rechtsprechung des Reichsgerichts und der Obergerichte bringt in ihren Urteilen praxisbezogene Fälle des Wirtschafts- und Familienlebens, die mit der Kasuistik des römischen Rechts in keinem Zusammenhang mehr stehen.

Die Generalklausel erscheint im Laufe des 16. Jahrhunderts in vereinzelten Land- und Stadtrechten der Rezeptionszeit und hat sich etwa ab der Frankfurter Reformation von 1578 durchgesetzt. Diese Entwicklung ist wohl weniger auf die Rezeption zurückzuführen – auch frühere, bereits stark romanisierte Gesetze wie das Freiburger Stadtrecht oder das Württembergische Landrecht kennen noch keine Generalklausel – als vielmehr ein Ausdruck fortschreitender Gesetzestechnik. In den Naturrechtsbüchern ist die Generalklausel, wenn auch in den unterschiedlichsten Formulierungen, dann ebenso kategorisch zu finden wie in den Gesetzen des 19. Jahrhunderts.

Bei den Kommentaren und theoretischen Abhandlungen die Frage nach der Generalklausel zu stellen, rechtfertigt sich insofern, als erst die Juristen des Naturrechts den Satz von der Nichtigkeit sittenwidriger Rechtsgeschäfte systematisch in ihre Darstellungen des Rechts einbauen. Mit dieser einmaligen Erörterung und abschließenden Behandlung in ihren Paragraphen über sittenwidrige Rechtsgeschäfte geben sie zu verstehen, daß sie die generelle Bedeutung dieses Rechtssatzes für das ganze Privatrecht erkannt haben. Zwar finden sich auch bei den Autoren der Rezeptionszeit und des Usus modernus Ansätze zur Generalklausel, sei es in Formulierungen wie „generaliter“ oder „sine exceptione", sei es in der Art des Kontextes, in dem sie die Aussage über die Nichtigkeit sittenwidriger Rechtsgeschäfte treffen. Da in diesen Werken aber nach wie vor die kasuistische Behandlung beibehalten wird, also neben solchen Ausführungen weiterhin die Sittenwidrigkeit von Stipulationen, Eheverträgen, mandata, Erbverträgen usw. an den verschiedensten Stellen Erwähnung findet, fehlt derartigen Sätzen die grundsätzliche Bezugnahme auf das ganze Privatrecht. Erst im 19. Jahrhundert hat sich dann unter dem Einfluß der Naturrechts-Theoretiker die systematische Darstellungsweise und damit auch die Generalklausel, in diesem Zusammenhang verstanden als einmalige, abschließende Erörterung der Sittenwidrigkeit von Rechtsgeschäften, durchgesetzt.

Um den Begriff der guten Sitten bemühen sich in Ansätzen einige Juristen der Rezeptionszeit und des Usus modernus. Sichard und Donellus umschreiben ihn mit moralischen Ausdrücken, bei den Autoren des Usus modernus handelt es sich im wesentlichen um eine Darlegung des Unterschieds zwischen boni mores naturales und boni mores civiles. Eine für die Praxis brauchbare Definition findet sich dagegen in dem der Arbeit zugrunde liegenden Zeitraum nicht. Selbst in den neueren Epochen wie im Naturrecht oder im 19. Jahrhundert bemüht man sich nicht um eine allgemeine Begriffsbestimmung; erst bei der Kodifikation des BGB bringt man erstmals die noch heute verwendete Formel von den guten Sitten als „das Anstandsgefühl aller billig und gerecht Denkenden", allerdings nicht zu § 138, sondern in den Motiven zu § 826 BGB[1].

Hinsichtlich des letzten Untersuchungskriteriums der Fallgruppenbildung finden sich bereits bei den Rezeptionsjuristen einige beachtliche Einteilungsschemata sittenwidriger Rechtsgeschäfte. Soweit Donellus, Cuiacius und Fichard nach den Rechtsgeschäften natura turpes und civiliter turpes differenzieren, orientieren sie sich noch an der römischrechtlichen Unterscheidung des ius naturae und ius civile. Darüber hinaus bringen Freigius und Mynsinger bei der Erörterung sittenwidriger Stipulationen sehr eigenständige Lösungsvorschläge, die ihren Systemwillen und das Bestreben, die rein kasuistische Darstellung des römischen Rechts zu überwinden, deutlich erkennen lassen. Derartig ausführliche Fallgruppenbildungen vollziehen dann erst wieder die Pandektisten des 19. Jahrhunderts, so insbesondere Windscheid, Dernburg und Lotmar, indem sie das sittenwidrige Rechtsgeschäft definieren.

Überhaupt kann diese Epoche der romanistischen, historischen Rechtsschule wohl als die wichtigste Stufe in der Geschichte der Lehre von der Sittenwidrigkeit der Rechtsgeschäfte angesehen werden. Die Verbindung der naturrechtlichen Systematik mit der römischrechtlichen Kasuistik führt zur Einordnung der verschiedenen Beispiele des Corpus Juris unter bestimmten Einteilungskriterien und damit zum Begriff des sittenwidrigen Rechtsgeschäfts und der sittenwidrigen

1 Motive, 2. Bd., § 705, S. 727

Bedingung. Daraus ergeben sich dann wiederum die grundsätzlichen Erörterungen, ob es bei der Sittenwidrigkeit eines Rechtsgeschäfts nur auf den objektiven Inhalt oder auch auf unsittliche Beweggründe ankommt, oder die Erwägungen, die selbständige Behandlung sittenwidriger Bedingungen aufzugeben. Diese Probleme in ihrer grundsätzlichen Bedeutung erkannt und herausgestellt zu haben, bleibt das Verdienst der Autoren der Pandektistik.

Quellenverzeichnis

I. Digesten-, Codex- und Institutionenstellen

II. Gesetze (in chronologischer Reihenfolge)

Preußisches Landrecht 1721	27
Österreichisches Wuchergesetz 1751	136
Codex Maximilianeus Bavaricus civilis 1756	77 f., 84, 136, 145
Codex Theresianus 1767	86, 88, 90
Entwurf Hortens zum ABGB 1786	86, 87, 88, 89, 90, 91
Österreichisches Wuchergesetz 1787	136
Allgemeines Landrecht für die Preußischen Staaten 1794	80 f., 84, 117, 118 f., 136, 141
Entwurf Martinis zum ABGB 1796	86, 87, 89, 90, 91
Österreichisches Wuchergesetz 1803	136
Code civil 1804 und Badisches Landrecht 1809	83 f., 141, 145
Allgemeines Bürgerliches Gesetzbuch Österreichs 1811	84, 86 f., 117, 122 f., 136
Strafgesetzbuch Hessen-Darmstadt 1841	139
Strafgesetzbuch Baden 1845	139
Strafgesetzbuch Nassau 1849	139
Strafgesetzbuch Sachsen-Weimar-Eisenach 1850	139
Dresdner Entwurf zu einem Allgemeinen Deutschen Obligationenrecht 1865	141, 142
Sächsisches Bürgerliches Gesetzbuch 1865	141, 142
Österreichisches Wuchergesetz 1866	137
Norddeutsches Bundesgesetz vom 14.11.1867	137
Österreichisches Wuchergesetz 1868	138
Reichsgesetz vom 24.5.1880	138
Österreichisches Wuchergesetz 1881	138
Motive zum BGB 1888	142
Protokolle zum BGB	142
Reichsgesetz vom 19.6.1893	138

III. Höchstrichterliche Rechtsprechung (in chronologischer Reihenfolge)

A. Reichsgericht

5.12.79, RGZ 1/ S. 22	130
30.6.80, Seuff.Arch. XXXVI, S. 256	131
20.10.80, RGZ 2/ S. 119 f.	130, 145
19.4.81, RGZ 4/ S. 125 f.	130
9.11.81, RGZ 6/ S. 227 f.	131
22.4.82, RGZ 10/ S. 115 f.	128
30.4.86, RGZ 15/ S. 325 f.	130
8.7.86, Bolze III, Nr. 656, S. 190/191	130
21.12.86, RGZ 17/ S. 129 f.	128
21.2.87, Bolze IV, Nr. 671, S. 205 f.	129
17.5.87, Seuff.Arch. XLII, S. 14	132, 134
24.4.88, RGZ 21/ S. 279 f.	132
4.5.88, Seuff.Arch. XLIII, S. 419	128
19.1.89, Bolze VII, Nr. 531, S. 196/197	129

B. Reichsoberhandelsgericht

C. Appellationsgerichte

Personenverzeichnis

Sachverzeichnis

FSC
www.fsc.org
MIX
Papier | Fördert
gute Waldnutzung
FSC® C083411

Kolibri 360 GmbH
Ferdinand-Jühlke-Straße 7
99095 Erfurt, Deutschland
produktsicherheit@kolibri360.de